橡皮擦

兩位天才心理學家，一段改變世界的情誼

麥可・路易士——著
吳凱琳——譯

THE UNDOING PROJECT

A FRIENDSHIP THAT CHANGED OUR MINDS

MICHAEL LEWIS

目次

人是一部宿命論的機器，
被丟到遵循機率法則的宇宙……

前言

《魔球》背後，一個動人的心理學故事

二〇〇三年，我在美國出版了《魔球》（繁體中文版於二〇〇五年出版），寫出了奧克蘭運動家隊（Oakland Athletics）的故事。

不像其他球隊，運動家隊沒有雄厚財力，去砸錢搶球員，因此只能逼迫自己探索別的可以贏球的方法。於是他們根據各種棒球數據，找到了讓球隊徹底改頭換面的關鍵。他們在過去不被看好的球員身上發掘出新價值，也打破了許多過去被奉為圭臬的棒球知識。這個發現，也讓運動家隊的成績超越其他球隊。這本書出版之後，有些棒球行家（包括資深經理人、球探、記者等）嗤之以鼻，但有不少讀者和我一樣，覺得這個故事有趣極了。

運動家隊的故事，確實啟發了許多人：倘若一家成立於一八六〇年代、歷史悠久、薪資高、公開受到監督的老公司，仍然會被市場誤判，那還有誰不會被誤判？如果棒球市場無法有效地評價球員，那麼還有哪個市場敢說自己是有效率的？如果棒球運動可以用新的分析方法，挖掘新的知識並擊敗對手，別的領域能不能效法呢？

過去十年，不少人將奧克蘭運動家隊視為典範——運用更科學的數據、更準確的數據分析方法，找出市場失靈的原因。我看過太多了，像是「魔球教育」、「魔球醫療」、「魔球高爾夫」、「魔球農業」、「魔球投資」、「魔球選舉」、「魔球政府」、「魔球銀行家」等等。「難道我們都成了魔球族了嗎？」二〇一二年，紐約噴射機足球隊一位進攻鋒線教練曾抱怨說。脫口秀主持人約翰．奧利佛（John Oliver）在看到北卡羅萊納州議會取巧地使用數據分析，立法提高非裔美國人的投票門檻後，也嘲諷州議員們是在擁抱「魔球種族主義」。

然而，那些一窩蜂聲稱能像運動家隊那樣顛覆傳統的人，大都只是講講而已。透過數據分析來做決策，是無法立即看到效果的。就拿波士頓紅襪隊來說吧，在開始倣效奧克蘭運動家隊的做法後，終於在二〇〇四年拿到了隊史上近百年來第一座世界大賽（World Series）總冠軍。緊接著在二〇〇七年和二〇一三年，再度高奏凱歌。但到了二〇一六年，紅襪隊連三季的成績令人失望，於是宣布放棄數據分析方法，重新走回老路子。「或許，我們太過倚賴數字了……」紅襪隊老闆約翰．亨利（John Henry）說。

知名作家奈特．席佛（Nate Silver）長年為《紐約時報》執筆預測選舉結果，準確率高得嚇人，也是我印象中，第一次看到有人可以如此準確預測。但是席佛後來離開了《紐約時報》，在總統大選中的預測失準，沒能預見川普會當選，緊接著他採用的數據分析方法也遭到質疑，而質疑他的不是別人，正是《紐約時報》。「實地採訪報導的價值無可取代，因為政治基本上是人為努力的結果，無法用預測和理性看待。」二〇一六年春季末《紐約時報》一位專欄作家寫道。（其實就算是實地採訪的記者，也同樣沒預見川普會當選。後來席佛自己說，川普的當選實在太違反常理了，他的預測也的確攙雜了過多他個人的主觀想法。）

理查・塞勒和凱斯・桑斯坦的那篇書評……

我讀了無數篇對《魔球》一書的回應，其中有一篇特別讓我印象深刻。那是二〇〇三年八月三十一日，任教於哥倫比亞大學的兩位學者：經濟學家理查・塞勒（Richard Thaler）和法律教授凱斯・桑斯坦（Cass Sunstein），發表在《新共和國》（*New Republic*）期刊上的文章。兩位學者說，《魔球》是個很有啟發性的好故事，但是，《魔球》這本書的作者似乎不理解導致職棒市場無效率的深層原因，這個原因——兩人直接點破——就是：人類心智。他們說職棒專家們誤判球員的原因，其實早就在多年以前，就已經被兩位以色列心理學家——丹尼爾・康納曼（Daniel Kahneman）和阿莫斯・特沃斯基（Amos Tversky）破解了。我的書並非原創，只是把幾十年前就已經問世、卻一直鮮為人知（包括我在內）的智慧，重新講一遍而已。

讀這篇評論之前，我從沒聽過康納曼和特沃斯基這兩個人，儘管其中一位還得過諾貝爾經濟學獎。而且，我也從未以心理學的角度，來思考《魔球》故事。職棒球員市場的確充斥著無效率，但：為什麼？奧克蘭運動家隊常說，市場普遍存在「偏見」，例如高估腳程的重要性，因為腳程很容易觀察到；或是低估打擊者製造保送的能力，因為保送通常很容易被遺忘（感覺上打擊者是靠著什麼都沒做而踏上壘包的）。另外，身材肥胖或體型不佳的球員，也容易被低估，長相帥氣、身材精壯的球員則容易被高估。當時奧克蘭運動家隊提到的這些偏見，我雖然覺得很有趣，但並沒有進一步追問：這些偏見從何而來？為什麼人們心中會存在這些偏見？我當時只是想寫一個故事，告訴大家市場如何運作，又為何失靈。

但顯然《魔球》故事背後，還隱藏著另一個故事，只是我當時沒繼續挖掘。這個故事，是關於人類心智：在判斷和決策時，我們的心智究竟如何運作，又為何失靈？面對各種不確定（例如投資、應徵），人類心智是如何產生結論的？從球賽、財報、實驗、體檢，到約會，我們的心智如何評估呈現在我們眼前的所有事實？人類的心智究竟做了什麼，導致專家們會誤判，並且讓拒絕專家、仰賴數據的球隊得以趁機崛起？

對於《魔球》這個現代美國的職棒故事，為什麼兩位以色列心理學家早在多年前，就已經有如此豐富的論述？是什麼原因讓兩位中東學者願意攜手，研究選棒球員、選股、選總統時的「心智」？還有，明明是心理學家，為什麼能拿到諾貝爾經濟學獎？

這些問題的答案，背後有著另一個故事，就在這本書裡。

| 第1章 |

那些年，NBA的選秀會上……

你錯過了多少個林書豪？

你永遠不知道，那些前來面試的年輕人，什麼時候會冒出驚人之語，讓原本打瞌睡的你不得不驚醒，豎起耳朵聽。而一旦你真豎起了耳朵，就會不自主地認真看待他所說的每一句話——雖然很多話你其實不必當真。

美國NBA最經典的球員面試過程正是如此，常會有出人意料的狀況。有時候，你甚至會懷疑，這些選手根本在故意擾亂你的判斷力。

例如有一次，休士頓火箭隊的面試官問某位選手：「你有把握通過藥物測試嗎？」對方竟然睜大眼睛緊張的說：「你是說……今天嗎？」還有一位曾遭控家暴（後來罪名不成立，經紀人也說這一切都是誤會）的選手，被面試官提起家暴事件時，竟然語無倫次起來——「我受夠了她，所以用手勒住她脖子……想讓她閉嘴！」

還有肯尼斯．法瑞德（Kenneth Faried），莫海德州立大學（Morehead State University）球隊的主力前鋒，他在ＮＢＡ面試時被問到：「我該叫你肯尼斯或肯尼？」「半獸人吧。」法瑞德說。他要人家稱他「半獸人」！換作你是面試官，當下該拿他怎麼辦？

來ＮＢＡ面試，或至少是來休士頓火箭隊面試的球員當中，有將近四分之一非裔選手的生父不詳。「這種情況很常見，當你問他們，人生中對他們影響最深的男性是誰時，他們會說『我媽』。」火箭隊人事總管吉米・鮑利斯（Jimmy Paulis）說：「還有人回答『歐巴馬』。」

再來看西恩・威廉斯（Sean Williams）。時間回到二〇〇七年，威廉斯身長兩米，是波士頓學院籃球隊的高人氣球星，因持有大麻被捕（後來罪名被撤銷）而遭禁賽，前兩個球季因此報銷。大二時，他只出賽十五場，卻累計了七十五次蓋火鍋的紀錄。只要有他出場的大學聯賽，球迷會形容為「西恩・威廉斯蓋火鍋派對」。威廉斯的表現完全不輸ＮＢＡ球員，大家也預期他會在第一輪就被選中，部分原因是他安然度過了大三，沒有被禁賽，外界相信他應該是戒除了藥癮。二〇〇七年ＮＢＡ選秀之前，經紀人要他特地飛去休士頓練習面試技巧，甚至還和火箭隊講好，威廉斯只跟火箭隊談，但交換條件是：火箭隊得先讓經紀人知道，威廉斯面試前要先做好哪些準備。面試當天，原本一切都非常順利，直到碰觸到大麻問題。

「你在大一和大二被抓到抽大麻，」火箭隊面試官問：「那大三呢？」威廉斯搖頭說：「他們沒有再要我接受藥檢，既然不用藥檢了，我當然照抽啊。」

此後，威廉斯的經紀人就打定主意，不再安排面試是最好的做法。最後，他仍在第一輪時被紐澤西籃網隊選走*，在去土耳其打球前，他曾短暫在NBA賽場上露面，總計出賽一百三十七場。

想做出正確判斷，就別讓垃圾訊息誤導你！

平均而言，NBA球員的薪資是所有團體運動中最高的。選球員這件事稍有不慎，數百萬美元很可能就付諸流水。休士頓火箭隊未來的成敗，就在一念之間。這些年輕人理當將自己的資訊提供給你，幫助你決定是否要任用他們。但很多時候，你實在不知道該怎麼辦。

火箭隊面試官：你對休士頓火箭隊了解多少？

球員：我知道你們在休士頓。

火箭隊面試官：你哪隻腳受傷？

*譯註：二〇一二年後球隊改名為布魯克林籃網隊。

球員：我跟大家說是右腳了。

球員：教練和我不對盤。

火箭隊面試官：你是指哪件事？

球員：上場時間。

火箭隊面試官：還有呢？

球員：他比較矮。

跟身材高大的球員面試十年下來的結果，休士頓火箭隊總經理達瑞爾・莫瑞（Daryl Morey）深信，他應該要避免與球員面對面互動，以免影響他的判斷。工作面試就像是一場魔術秀，他必須跟自己的主觀感受對抗，尤其是當他自己或在場其他人迷上了某位球員的時候。他發現，身材特別高大的球員通常都有種特別的魅力。「迷人的大塊頭非常多，」莫瑞說，但問題不在於他們的魅力，而是魅力會掩蓋其他真相，諸如嗑藥、人格障礙、運動傷害、耐力等等。這些身材高大的球員在談著自己如何熱愛比賽、如何克服萬難上場時，都會讓你感動到掉淚。「他們全都有自己的故事，」莫瑞說：「我可以告訴你每一個人的故事。」特別是當他們談到如何與困境搏鬥時，你會更容易被吸引，然後在心中默默為他描繪未來在NBA揚眉吐氣的畫面。

但是莫瑞相信——如果他真的還相信什麼的話——做決定，必須靠統計學方法。他的最重要任務，是決定誰可以加入他的球隊。「你必須時時調整好自己的心態，不讓各種垃圾訊息誤導你。」他說：「我們一直都在努力分辨哪些是騙術，哪些是真相。我們看到的，是完整的嗎？或只是一個幻覺？」會誤導你的垃圾訊息之一，就是面試。「這是我一定親自參加每一場面試的最大原因，」莫瑞說：「如果選中了某個球員之後，才發現他有嚴重問題，球團老闆會問：『為什麼你面試時沒發現這個問題？』如果我的回答是『在我們決定付給他一百五十萬美元之前，我沒和他說過話』，我肯定會被炒魷魚。」

當一個十九歲印度巨人坐在你面前，你要如何想像他的未來？

二〇一五年冬季，莫瑞和五位下屬坐在德州休士頓的一間會議室內，等著面試一位大個子。會議室只擺了張會議桌、幾張椅子，窗簾全都拉上了。桌上放著一個馬克杯，是有人忘了拿走的，杯上印有「我們需要你的支持……才怪／全國自戀協會」的字樣。至於這位大個子選手……呃，沒人認識，只知道他是個十九歲的大男孩，他的身材就算放在職業籃球場上還是非常巨大。據說是五年前，有球探在印度旁遮普的一個村莊發現他（至少莫瑞團隊得到的訊息是如此），當時這個巨人只有十四歲，身長卻已高達七呎（二一三公分），光著一雙大腳——也可能是鞋子太破爛，才讓他的腳露在外頭。

他們猜想，這孩子也許是窮到買不起鞋子，或是長太快了，家裡才不買鞋給他。又或者，這一切都只是球探在編故事。無論如何，此刻他們心中一直浮現著這樣一幅畫面：一個七呎高的十四歲男孩，光著腳站在印度街道上。但他們完全不知道，這個男孩到底如何離開印度村莊來到美國，想必是有某個人——也許是哪個經紀人或球探——安排他到美國，學習英文和打籃球。

NBA對他一無所知，也沒有半支他出賽的影片。火箭隊可以確定的是：他根本沒有出賽紀錄，也沒有參加NBA選秀前的體能測驗（專為業餘球員舉辦的徵選項目）。就在當天早上，火箭隊為他量身，他雙腳尺寸二十二號，手掌（從指尖到手腕）長度為十一．五吋，光腳身高為七呎二，體重三百磅，他的經紀人說他還在長高。過去五年，他在佛州西南部學打籃球，最近換到了IMG運動學院（IMG Academy，一家專門訓練業餘選手成為職業球員的體育學校）。雖然他們認識的人當中沒人看過他打籃球，但是少數幾位看過他打球的人都對他印象深刻，羅伯特．阿普蕭（Robert Upshaw）就是其中一位。阿普蕭身高七呎，體型壯碩，被踢出威斯康辛大學球隊，目前正在參加NBA球隊的徵選。幾天前，他在達拉斯小牛隊的健身房和這位印度巨人一起做重訓，當他從火箭隊球探那裡聽說兩人有可能又要一起做重訓時，阿普蕭眼睛發亮：「這小子是我見過的人當中最高大的一個，而且還可以投三分球！真是帥呆了。」

未來的「魔球」世界，正在等待他長大……

二〇〇六年，莫瑞接掌休士頓火箭隊，他必須決定誰可以留下、誰必須離開，當時的莫瑞就像是籃球界的怪咖之王，也可以說是業界第一人。他的工作就是捨棄過去倚賴籃球專家直覺的決策模式，改採數據分析。莫瑞沒有正式上場比賽的經驗，也不想假裝自己是籃球咖或圈內人。他一直保有自己原來的樣子，對數字的興趣大於對人生的探索。他從小就很喜歡用數據做預測，一直沒有放棄這項興趣，日後這項興趣成了他生命中的最愛。

「對我來說，這是最酷的事。」莫瑞說：「你要如何運用數據做預測？這就像你光用數據就能勝過別人，就是這麼酷。」他把時間花在建立預測模型，就跟其他孩子把時間用來組合飛機模型一樣。「一直以來，我預測的對象都是運動比賽，我不知道還可以把我的預測模型用在哪個領域。難不成用來預測我的成績？」

莫瑞十六歲時，基於對運動和統計的興趣，買了一本《比爾詹姆斯棒球歷史摘要》（*The Bill James Historical Baseball Abstract*）。詹姆斯把統計推論應用在棒球上，後來拜奧克蘭運動家隊之賜，數據分析在棒球界掀起了一場大革命，大聯盟的每支球隊背後實際上都有一群熱愛統計數據的怪咖。但回到莫瑞在邦諾書店（Barnes & Noble）意外看到詹姆斯這本書的當下，沒有人知道多年之後，擁有數字天分、善於運用數據進行預測的人，竟然能晉升職業球隊的專業管理階層。換句話說，球隊正等待著他長大。年輕的莫瑞當時只是猜想，那些有名的棒球專家也許並不如外界認為的那麼無所不知。

一九八七年的一則《運動畫刊》（*Sports Illustrated*）封面故事，報導了他最愛的球隊——克里夫蘭印第安人隊，並預測他們會奪得世界冠軍。「我當時心想：『就該這樣啊！』印第安人隊沉寂了這麼多年，現在我們終於要贏得世界總冠軍了。」但球季結束，印第安人隊卻創下大聯盟史上最差的成績。怎會這樣？「他們原本說得有多好，場上的表現就有多糟。」莫瑞回憶：「當時我就想：或許這些專家根本不知道自己在說什麼。」

然後，莫瑞發現了詹姆斯的書。當下他相信，自己或許可以透過數據做出比專家更準確的預測，就像詹姆斯一樣。如果他可以預測職業球員的未來表現，就可以組成一支贏球的球隊，如果他可以成立一支所向披靡的球隊……這些正是當時莫瑞心裡所想的。他人生的目標，就是成立一支能贏球的球隊。問題是：誰願意給他機會？大學時，他投了好幾封信給職業球隊，就算打雜都好，卻都石沉大海。「我沒有任何管道可以接觸這些職業球團，」他說：「所以當時我心想，一定要變有錢人。有了錢，就可以買下球隊，自己經營。」

但他根本不認識任何有錢人，出身美國中西部中產階級家庭的他，就讀西北大學時也沒有多認真讀書。不過此刻的他已經下決心要賺到足夠買下一支職業球隊的錢，這樣他就可以決定讓誰來打球。「每星期他都會拿一張紙寫下他人生最大的目標。他寫的是，」當時還是莫瑞女友、現在是他妻子的愛倫回憶說道。「有一天擁有一支職業球隊。」

你有沒有踩過地雷？有沒有看走眼過？

「我決定讀商學院，」莫瑞說：「因為我認為，想要賺大錢，就得進商學院。」二〇〇〇年，莫瑞從商學院畢業，應徵了幾家顧問公司，其中有家公司是替一家網路公司當顧問，而薪水就是給這家網路公司的股票。當時以為，這不失為一條致富捷徑，可惜後來網路泡沫破滅，所有的股票成了壁紙。「事後證明，這是最糟糕的決定。」莫瑞說。

不過，在他擔任顧問期間，倒是學到了寶貴的教訓。在他看來，顧問工作有很大一部分是對於不確定的事情，要裝作百分之百確定。他去麥肯錫面試時，他們說他對自己的想法沒有十足的把握。「他們告訴我，『我們每年向客戶收取五十萬美元的費用，所以你必須對自己所說的一切有完全的把握。』」後來雇用他的顧問公司也不斷告訴他，要展現自信，但在他看來，這些自信都裝出來的，例如公司會要他為客戶預測油價走勢。「我們會去拜訪客戶，告訴他們我可以預測油價。事實上，沒有人能預測油價，這根本是胡說八道。」

莫瑞終於了解，當人們在「預測」時，所做、所說都是騙人的：假裝自己知道很多，實際上並不然。這世上有許多重要的問題，但這些問題的唯一正確答案是：「無法確定。」就像「未來十年的油價走勢如何」這類問題，關鍵在於設法提高答案的可能性，而不是放棄追尋答案。

後來，每當有球探來應徵工作時，他要求的特質之一就是要有「自知能力」：認知到自己是在為沒有確定答案的問題尋找答案——因為答案都是不可靠的。「我會問他們：你曾經看走眼哪位球員？哪位球星過去曾被他們看衰？哪位球員曾被他們捧上天，如今卻表現平平？如果他們無法給我一個好答案，我只能說：滾吧。」

碰巧的是，有個集團想買波士頓紅襪隊，委託莫瑞的顧問公司協助分析。後來，這個集團競標失敗，買不成棒球隊，轉而買了一支NBA球隊——波士頓塞爾提克隊（Boston Celtics）。沒多久，他們要求莫瑞辭去顧問工作，加入塞爾提克隊球團。

「結果他們丟了一個大難題給我。」莫瑞說，他負責協助徵選新的管理團隊、訂定票價，當然無可避免地要解決NBA選秀會上選哪些球員的難題。「這名十九歲的小夥子未來在NBA的表現會如何？」這類問題，跟「未來十年油價的走勢如何？」如出一轍，沒有所謂的完美答案，但統計學可以幫你找出某個可能性相對較高的答案，而不是胡亂猜測。

「魔球人」——了解自己，所以不信任自己

莫瑞已經建立了一套統計模型，用來評估業餘選手未來表現。這套模型是他自己設計的，剛開

始只是為了好玩。二〇〇三年，塞爾提克隊鼓勵他在選秀會的最後，也就是第五十六個選秀順位，運用他的統計模型選出一位球員。通常到了這個階段，等著被選的球員都沒什麼知名度。當時出身俄亥俄大學、仍沒沒無聞的前鋒布蘭登．亨特（Brandon Hunter）成了第一個用統計模型被選中的球員*。兩年後，莫瑞接到獵人頭公司的電話，得知休士頓火箭隊在尋找新的總經理人選。「他說，他們想找魔球型的。」莫瑞回憶。

火箭隊老闆萊斯里．亞歷山大（Leslie Alexander）受夠了傳統籃球專家的直覺判斷。「他們的判斷不夠好，」亞歷山大說：「不夠準確。我們現在有全部的數據，還有電腦可以進行分析，我希望能更有效地運用這些數據。當時我雇用莫瑞，是希望他可以跳出傳統，不再用一般方法評估球員。我在想……我們會不會用了錯誤的方法經營球隊。」

當球員薪資越高，決策品質低落的代價就越高。他認為，莫瑞的方法可以讓他在球員市場上取得優勢，選中有價值的球員。他完全不顧其他人的反對，他願意賭上一把。「他們怎麼想干我什麼事？」亞歷山大說：「這又不是他們的球隊。」與莫瑞面試時，亞歷山大完全拋開外界的壓力，再加上他對球隊經營所秉持的理念，讓莫瑞吃了定心丸。「他問我：你的信仰是什麼？我覺得他不該

---

*亨特在塞爾提克隊待了一個球季，然後前往歐洲發展，成績相當優異。

問這問題，囁嚅的說著我家人是聖公會和路德會教友，但他突然打斷我說：你只要告訴我，你完全不相信這些狗屁就好。」

亞歷山大對於外界看法的不在乎，事後證明是很重要的助力。他雇用一位三十三歲的統計怪咖負責經營休士頓火箭隊的消息曝光後，球迷和同行普遍不看好，輕則感到困惑，重則帶有敵意。一位在休士頓電台工作的員工給莫瑞取了個綽號：「深藍」（Deep Blue）*。「籃球界罵聲不斷，但我本來就跟他們不是同一掛的，」莫瑞說：「贏了球，他們悶不吭聲；抓到我們的弱點時，就大肆張揚。」

莫瑞擔任總經理期間，火箭隊的成績是NBA三十支球隊的第三高，僅次於馬刺和達拉斯小牛隊；打進季後賽的次數則名列第五。沒有一次球季失手。那些批評他的人如今別無選擇，只能倣效莫瑞的做法。二〇一五年春季，火箭隊創下史上在NBA第二好的成績，與勇士隊爭奪西區冠軍。前NBA明星球員、當時擔任電視台球評的「惡漢」查爾斯．巴克利（Charles Barkley）砲轟莫瑞整整四分鐘，花掉了原本用來進行賽事分析的一半時間。「……我一點都不擔心達瑞爾．莫瑞，他只是相信數據分析那一套的笨蛋罷了……我認為數據分析根本就是鬼扯……聽著，如果達瑞爾．莫瑞現在就走進來，我壓根認不出他來……在NBA，球員才是最重要的，那些運用數據分析經營球隊的傢伙都有一個共通點：他們從未真正打過球賽，高中時從未交過女朋友，他們只是想盡辦法混進籃球界。」

類似的言論多不勝數。不認識莫瑞的人總以為，他運用理性的科學工具分析球賽，一定看到很多別人看不到的重點，但其實他用自己的方法，卻反而經常得出跟自己原先想法相反的結論。他很清楚，沒有人能對所有事情都有把握。他只是運用數據分析來下決策，提高準確度。他從不靠自己的直覺做決定，他賦予了怪咖一個新定義：**一個了解自己的心，所以不信任自己的人**。

得分低的人，才是你的重要資產

莫瑞來到休士頓之後所做的第一件事，對他來說也是最重要的一件事，就是安裝用來預測籃球選手未來表現的統計模型。這套模型也是累積籃球知識的重要工具，「知識，就是預測力，」莫瑞說：「知識就是可以提升你預測結果的能力，只是很多人沒發現這一點。」

統計模型可以幫你找出業餘選手是否具有成為成功職業選手的特質，並決定如何給予各項特質不同的比重。一旦你擁有數千名選手的資料，就可以找出他們在大學球隊與在職業球隊的表現之間，存在著什麼樣的關聯性。選手的比賽成績統計數據，可以透露這名選手的很多資訊。但是哪些

＊編按：這個綽號取自ＩＢＭ開發、專門用來分析西洋棋的超級電腦「深藍」（Deep Blue）。

資訊才是真正有用的呢？你或許會以為，籃球球員最重要的能力就是得分，不少人確實這麼認為。那麼，到底大學籃球球員的得分能力，是否可以用來預測他未來在ＮＢＡ的表現呢？

答案是：不能。根據莫瑞早期的模型版本，他發現傳統的統計方式，例如每場比賽的得分、籃板球、助攻等等數據只會誤導我們。通常，**得分高的球員很有可能會傷害整個球隊，得分低的球員反而是球隊的重要資產**。「利用統計模型，排除人們的主觀意見，會迫使你提出正確的問題。」莫瑞說：「為什麼球探看中的球員，在模型的排名卻吊車尾？為什麼球探不看好的球員，在模型裡卻名列前茅？」

莫瑞認為自己的模型不是「正確的答案」，而是一個「比較好的答案」。他也沒有天真的以為，完全要依靠模型來挑選所有選手。他必須隨時檢測和監控模型，因為有些訊息是模型無法得知的。舉例來說，如果球員在選秀前一天晚上頸部受傷，有必要讓模型知道。

回到二〇〇六年，莫瑞的方法算是ＮＢＡ首創。當時沒有其他人運用統計模型來評估籃球球員，也沒有人願意去蒐集模型所需要的資訊。為了取得必要的統計數據，他必須派人到全美大學體育協會（National Collegiate Athletic Association, NCAA）位於印第安納波利斯市的辦公室，用翻拍方式蒐集過去二十年每場大學籃球賽的成績，再將這些資料一筆一筆輸入系統。任何關於籃球球員的理論，現在都可藉由資料分析來進行驗證。今天，他們手上有了累積二十年的球員資料，你可以透過新的資料庫將現有的球員與過去近似的球員進行比對，找出是否有值得學習的新發現。

你手上的數據，可不可以幫助你預測未來？

休士頓火箭隊做的事，現在聽起來大部分都很簡單且理所當然。基本上，他們採用的方法，和華爾街交易員、美國總統大選的競選團隊，以及每家公司試圖從你的網路行為預測你可能會購買哪些產品或瀏覽哪些網頁所運用的方法，大同小異。但是，在二〇〇六年那個時空背景下，要做到這一切並不容易，也絕非理所當然。當時，莫瑞無法取得模型所需要的資料，因此休士頓火箭隊只好開始記錄過去不被重視的球賽相關數據，自行蒐集需要的資料。舉例來說，除了知道球員拿下的籃板球次數之外，他們也開始記錄球員有多少次機會可以搶下籃板球，又實際搶下了多少個籃板球。他們會比較某個球員在場上與在場邊坐板凳時，球隊的得分表現。

每場比賽的得分、籃板球、抄截數，或許不是太有用處，但**每分鐘**的得分、籃板球、抄截數就非常有價值。如果你整場都有出賽，一整場打下來得十五分，這樣的得分沒有太大意義；但如果你出賽時間只有一半，意義就大為不同。從比賽紀錄表，也可看出不同大學球隊的比賽節奏，也就是得分起伏的頻率。將球員的個人統計數據與球隊的成績變化進行交叉分析，就可以得出更準確的資訊。得分和籃板球雖然是重要的數據，但投籃數一百五十次和投籃數七十五次就代表了不同的意義。如果再加上比賽節奏的統計數據，就能比傳統方法更能清楚得知球員的實際表現。

休士頓火箭隊蒐集了過去沒有任何球隊蒐集過的數據，而且除了比賽數據，他們也蒐集球員生活的相關數據，試圖歸納出可能的模式。雙親健全，是否對球員有幫助？左撇子，是否有優勢？作風強勢的大學教練帶領的球員，未來在NBA的表現是否比較好？家族中有NBA球員的選手，是否表現比其他人優異？從專科學校轉學到大學，對場上表現是否有影響？如果教練選擇區域聯防戰術，球員的表現會不會比較好？如果他在大學打過不同位置，今天的表現會怎樣？臥推的重量，是否會有影響？「我們蒐集的數據，幾乎全無法用來預測球員的未來表現。」莫瑞說。當然，並非所有的數據都是如此，例如每分鐘籃板球數，可以有效預測身材高大球員的未來表現；每分鐘抄截數，可預測身材矮小球員的未來表現。但球員的身高不是重點，關鍵在於他的手可以伸多高——重要的是長度，而非高度。

誰會是未來的NBA球星？有時數據會愚弄你

二〇〇七年，莫瑞的模型第一次面臨檢驗（二〇〇六年他報到時，休士頓火箭隊已完成選秀權交易）——這種不帶情感、沒有情緒、以證據為基礎的分析方法，是否優於業界普遍使用的主觀方法呢？

那一年，火箭隊在NBA選秀會上擁有第二十六和第三十一順位的選秀權。根據莫瑞的模型，以球隊的選秀權順位來看，選到優秀NBA球員的機率分別是八%和五%，而選到先發球員的機率大約是一％。他們選了艾倫．布魯克斯（Aaron Brooks）和卡爾．蘭德里（Carl Landry），後來兩人都成為ＮＢＡ先發球員，可以說成果豐碩*。「我們終於可以睡個好覺了，」莫瑞說。他知道自己的模型頂多只是比人力判斷較少犯錯，況且在模型出現之前，球隊用人為判斷來進行篩選已經有很長的一段時間。莫瑞知道自己當時的困擾，在於缺乏好的統計資料。「你取得的資訊，通常是某一年的大學球賽成績，但這些資料也有問題。除了比賽不同、教練不同、競賽程度不同之外，這些球員只有二十歲，還在成長，我們能怎麼辦？」

莫瑞知道問題在哪，也知道如何解決問題。時間來到二〇〇八年。那一年火箭隊取得第三十五順位的選秀權，最後選了來自曼菲斯大學、身材高大的喬伊．多西（Joey Dorsey）。面試時，多西給人的感覺既風趣又有魅力。當時他說，如果不打籃球，他就去當A片演員。被選上後，他馬上動身去聖塔克魯茲（Santa Cruz）和其他新選上的球員一起參加表演賽，莫瑞特地飛過去看他。「他的第一場比賽糟透了，」莫瑞說：「我只想大喊一聲『幹』！」多西的表現奇差無比，莫瑞實在不敢相信眼前這位球員是他選出來的。當時莫瑞心想，或許多西沒有認真打表演賽。「我和他碰面，

---

*目前沒有完美的方法可以評估選秀會決策的品質，但有一個比較好的做法：將球員頭四年（被球隊選上並接受球隊管理）的表現與所有被選上的新秀頭四年的平均表現進行比較。卡爾．蘭德里和艾倫．布魯克斯的成績在過去十年、將近六百位ＮＢＡ新秀當中分別排名第三十五和第五十五名。

一起吃了兩小時的午餐，」莫瑞苦口婆心地和多西解釋專心打球、留下好印象的重要性。「我當時想，下一場比賽他必定會專心打，結果他出場了，又搞砸了。」很快的，莫瑞知道自己遇到了比多西還要嚴重的問題，他的模型有問題。「多西是模型挑出來的超級明星，模型告訴莫瑞，不能錯過這個球員，模型給多西的評分非常非常高。」

同一年，經由模型的評估，德州農工大學的大一中鋒德安德魯．喬丹（DeAndre Jordan）被評為「不值得認真考慮」，其他用傳統評估方法的NBA球隊也都至少有一次以上沒有選中他，直到第三十五順位，洛杉磯快艇隊才選中他。對照多西第一場比賽就搞砸了一切，喬丹卻證明了自己是一位優秀的NBA中鋒，也是選秀會上表現第二優異的球員，僅次於羅素．維斯布魯克（Russell Westbrook）＊。

籃球場上的霸凌：遇弱則強，遇強則弱！

有些NBA球隊（應該說幾乎所有球隊），每年都會遇到類似的問題。每年，都有一些優秀球員沒有被球探相中，每年也都有原本極度被看好的球員，最後的表現不如預期。莫瑞從不認為自己的模型是完美的，但他也不相信模型會一無是處。知識就是預測力——如果你無法預測顯而易見的事件，例如多西的失敗或是喬丹的成功，那麼你能告訴我什麼？他這一生，就是為了要證明：運用數據，可以做出更好的預測。如今這個想法出了問題。「我一定是遺漏了什麼，」莫瑞說：「我後來才知道，我忽略了模型的局限。」

他發現，自己的第一個錯誤，就是沒有注意到多西的年齡。「他算是比較高齡的球員了，」莫瑞說：「我們選中他時，他已經二十四歲。」多西在大學球隊的表現相當傑出，那是因為對手的年紀都比他小。事實上，他的能力遠在那些小孩之上。如果提高年紀這項因素的權重，那麼多西便會被模型視為不值得入選的球員，模型對於資料庫內所有球員的評估準確度也會明顯提升許多。

莫瑞因此發現，大學籃球選手通常都是遇弱則強，遇到弱的對手會表現得更好，這就是所謂的「籃球霸凌」。莫瑞的模型也能針對這個因素進行預測，只要將對手較強的比賽權重提高即可。調整之後，模型的準確度就明顯獲得了改善。

莫瑞也許明白——或他自以為明白——模型如何被多西耍了，但模型無法正確預知喬登的價值，才是更嚴重的問題。喬登在大學球隊打了一年，成績並不理想。他在高中時是一名感情用事的球員，他痛恨球隊教練，所以不喜歡去學校。有哪個模型可以預測一位故意輸球的球員未來的表

＊在二〇一五年球季開打之前，德安德魯．喬丹便與洛杉磯快艇隊簽下四年合約，並保障八千七百六十一萬六千零五十元的薪資，這是當年球員薪資的最高上限。多西則與土耳其籃球聯盟的加拉塔薩雷球隊簽下一年合約，薪資為六十五萬美元。

現?在當時,如果你只靠喬丹在學校球隊的表現,根本無法預測他未來的成功,何況當時也無法取得有用的高中籃球隊資料。光靠分析比賽成績的數據,你一定會漏掉喬丹。要能慧眼相中喬丹,似乎得靠傳統籃球專家的眼光。確實如此,喬丹在休士頓長大,火箭隊球探長期都在關注他,果然就有一位球探看好他先天的身材優勢,想在選秀會上選他。

隨便幫人家取外號,最後你會害了自己

莫瑞也曾測試他的員工在做預測時,是否存在特定的模式。大部分員工都是他雇用進來的,他也認為他們非常優秀,但事實證明,在預測哪位球員可以加入NBA球隊時,沒有一位員工的預測準確或是優於市場。如果真有所謂的籃球專家,能預測誰將會是未來的NBA球星,顯然莫瑞還沒遇到這個人。他也不認為自己就是這個人。「我從來沒想過靠自己的直覺做預測,想都沒想過。」他說:「我完全不相信自己的直覺,太多證據告訴我們直覺判斷並不準確。」

最後莫瑞決定,火箭隊應該回歸數據,重新分析先前未曾被仔細分析過的資料:體能。除了要知道球員可以跳多高,還要知道離地的速度——也就是肌力可以多快速地讓身體往上跳。他們不僅要測量球員的速度,還要包括前兩步的速度。換句話說,他們要比之前進行更細部的數據分析。「當你的預測出了差錯,就必須這麼做,」莫瑞說:「所以我的做法是:回頭檢討最初設定的原

則，如果體能因素很重要，就必須運用更嚴謹的方式進行測試。大學比賽成績的權重必須降低，體能的權重必須提高。」

但是，當你測試的指標是球員的身體，以及在NBA球場上可以或不可以做到什麼時，即便是客觀的量化資訊，實用性也會受到限制。你需要專家去觀察這些體能指標的實際表現，並判斷當對手實力較強時，這些體能因素會如何受到影響。你需要球探去評估球員在其中幾項關乎球賽輸贏的重要指標的表現如何，例如：投籃、上籃、切入禁區、防守籃板等。你需要**專家**。任何模型都有它的局限，因此決策流程必須再度加入人為判斷——不論是否有幫助。

莫瑞開始嘗試他這一生從未實驗過的流程：將主觀的人為判斷與他的模型結合。他的目的不在於改善模型，而是要同時納入球探和模型的判斷結果。「你必須分別找出模型與人為判斷的優勢與缺點。」莫瑞說。舉例來說，人為判斷有時候可以取得模型無法取得的資訊，例如模型就無法得知喬丹在大一時的表現不理想，是「因為」他沒有盡力。至於人為判斷的缺點，這個嘛……莫瑞還要研究一下。

初次走進人類心智的研究領域後，莫瑞發現心智運作極為奧妙。一方面它會接收到有助於評斷業餘選手的資訊，但另一方面也會被幻覺所操弄，也因為這個原因，莫瑞的模型成了有價值的工具。舉例來說，二〇〇七年選秀時，模型看出馬克．蓋索（Marc Gasol）的潛力。當時蓋索二十二歲，身高七呎一，在歐洲球隊打中鋒，球探找到一張他上半身赤裸的照片，看起來矮胖、有著娃娃臉、肌肉鬆垮。火箭隊的員工替蓋索取了個綽號叫「肥仔」，左一句「肥仔」右一句「肥仔」的叫。

「那是我第一次負責選秀，還不夠大膽。」莫瑞說。他任憑大家對蓋索身材極盡嘲諷，掩蓋了模型對於蓋索潛力的樂觀期待。莫瑞眼睜睜看著曼斐斯灰熊隊在第四十八順位選走了蓋索。要知道，在第四十八順位選中全明星的機率低於百分之一，甚至要在第四十八順位選出一位可用的NBA板凳球員，機率也是微乎其微。但蓋索證明了自己是個例外*。他們給蓋索貼的標籤，明顯地影響了對他的判斷。稱號真的很重要，「當時我立即訂了一條規定，」莫瑞說：「不准再替球員取綽號。」

人人都有選擇性記憶，親眼所見未必為真

這時，莫瑞陷入了困境，而這個困境，恰恰是當初球團雇用他，希望透過模型去化解的。如果他的決策過程，必須加入人為判斷，那麼他至少要對主觀判斷的脆弱性有所警覺。他已經發現了很多人為判斷不準確的例子，比方說，選秀會之前，火箭隊會讓一位球員和其他球員一起打球，測試他在球場上的速度。你怎能錯過看新秀上場打球的機會？對於莫瑞的下屬們來說，親眼目睹球員的場上表現是很有趣的事，但後來莫瑞明白，這存在著風險：一個優秀的射手，有可能在測試當天遇到低潮；一個優秀的籃板球員，可能被推擠得無法靠近籃框。如果你讓每個人都親自到場

看球並做出判斷，你也必須提醒他們，不要太過看重眼前所見的一切（問題是，又何必讓他們一開始就去球場看打球？）。也就是說，如果有個球員在大學時期的罰球命中率有九成，但當天練球時卻連續有六球沒罰中，其實一點也不重要。

儘管莫瑞提醒他的下屬，可以關注球員練球時的表現，但不必因為親眼所見而改變原先確認的想法，還是有很多人很難放下眼見為憑的證據。有些人認為，這太難了，就好比你被綁在桅桿上，被迫聽女妖賽壬唱歌**。某天有一位球探對莫瑞說：「夠了，我認為我們應該停止。拜託，別再搞我了。」莫瑞回答他說，只要試著去正確判斷自己所看到的，而不要太過相信你所見到的。「結果那個球探說，他做不到，好像我要他去戒毒似的。」莫瑞說。

不久，莫瑞又注意到了另一件事：習慣在球場觀察球員的球探，很容易在當下就形成某種既定印象，然後再根據這個印象選擇性地去蒐集與分析其他資訊。這就是「確認偏誤」（confirmation bias）——莫瑞以前聽過這個心理學的專業術語，人類心智會忽視原本不期待看到的事物，反之，

---

*蓋索兩度入選全明星賽（分別是二〇一一和二〇一五年），根據休士頓的統計數據，蓋索是過去十年NBA表現第三好的新秀，僅次於凱文．杜蘭特（Kevin Durant）和布雷克．葛里芬（Blake Griffin）。

**譯註：希臘神話典故，賽壬是人首鳥身的女妖，居住在西西里島附近海域的島嶼上，用天籟般的歌聲誘惑經過的水手，導致船隻觸礁沉沒。

會渴望看到合乎預期的事物。「確認偏誤是最難被察覺的，你甚至不知道自己正在偏誤當中。」莫瑞說。如果一個球探已經對某個球員的表現有了自己的看法，就會傾向去尋找相關的證據來支持自己的看法。「這是很常見的，」莫瑞說：「而且一直在發生，如果你不喜歡某個有潛力的新秀，你會說沒有合適他的位置；如果你喜歡他，你會說他可以打不同的位置。如果你喜歡某個球員，你會說他像另一個好球員；如果你不喜歡他，就會拿遜咖來做比喻。」不論一個人在挑選球員時會帶著怎樣的偏見，這個偏見都不會消失，他永遠都會尋找各種證據來佐證自己的偏見。

此外，莫瑞也發現，球探通常會偏好那些讓他們回想起自己年輕時代的球員。「我喜歡那種把對手壓著打、會偷偷打拐子、感覺有點壞的球員，」他說：「也就是比爾・藍比爾（Bill Laimbeer）那一款的，因為我自己以前就是這樣打球的。」看到某個球員，你會想起年輕時的自己，然後設法去找出喜歡他的理由。

還有，如果某位球員的體格和當下最火紅球員有幾分相似，也會產生誤導。十年前，一位身高六呎四吋（一九三公分）、皮膚偏白、擅長遠距離投籃、高中時只在某家大學球隊打球的混血球員，基本上不太可能受到關注。當時的NBA裡，沒有這類型的球員，至少沒有人打出特別出色的成績。直到史蒂芬・柯瑞（Stephen Curry）出現了，在NBA掀起一陣旋風，他帶領金州勇士隊拿下NBA總冠軍，成了人人眼中最有價值的球員。一時之間，所有表現還不錯的混血球員，忙著參加一場又一場的面試，強調自己與柯瑞有多相似；也因為這些相似之處，他們更容易被球隊選中*。

「我們選中小鋼砲阿隆．布魯克斯（Aaron Brook）的五年後，就有許多身材矮小的年輕球員把自己比喻成布魯克斯。」

莫瑞的解決方法，是不拿兩位同族裔的球員做比較。「我們告訴他們，如果要拿一個球員和其他球員比較，必須是不同族裔的。」比如說，如果你正在評估的球員是非裔美國人，球探只能說「他像某某」，而那個某某可以是白人、亞裔、西班牙裔、因紐特人或其他種族，總之就不能是黑人。結果很有趣：他們再也找不出相似之處。人的心智拒絕這種跳躍式的思考。

放任自己被誤導，你錯過了多少個林書豪？

或許，人類心智最狡詐的地方，就在於它會讓我們對於本質不確定的事物產生確定感。在選秀會上，許多球探都覺得自己清晰的看見未來，事後證明都只是錯覺。就好比林書豪，每位球探心中

＊二〇一五年，來自西華盛頓大學的泰勒．哈維（Tyler Harvey）和許多球隊面談。當被問到自己的球風最像哪位球員時，他說：「老實說，我最像史蒂芬．柯瑞。」接著他繼續說，知名大學對他不感興趣，就像柯瑞當初的遭遇一樣。但現在，如果大學籃球隊教練對哈維興趣缺缺，倒是好事一件。哈維後來在選秀會第二輪的第五十一順位被選中。「如果沒有柯瑞，他（哈維）絕不可能被選上。」莫瑞說。

對他都有自己的一套評價。

這位知名台裔美籍得分後衛在二〇一〇年從哈佛大學畢業，然後參加NBA選秀。「我們的模型相中他，」莫瑞說：「模型建議我們，在選秀會的第十五順位選他。」但這個建議與球探在球場上觀察到的評價，有明顯落差。球探們認為，他只是一個打得不錯的亞裔小子。莫瑞當時也不完全信任自己的數據模型，他不敢冒險，所以最後決定不選林書豪。但就在休士頓火箭隊沒有選擇林書豪的一年後，他們開始測量球員的前兩步速度：林書豪是所有球員中速度最快的。他的爆發力強，而且比起其他多數的NBA球員，可以更快速改變方向。「他真的非常靈活，」莫瑞說：「但每個該死的傢伙，包括我自己，都認為他缺乏運動天賦。為什麼會這樣？除了因為他是亞洲人之外，我想不到其他理由。」

人們在對他人做出判斷時，總會以某種奇怪的方式只看見他們想看的，對於不熟悉的事物，通常要更長時間才會看明白。這個問題到底有多嚴重呢？紐約尼克隊的教練後來終於讓林書豪上場（因為可用的其他球員都受傷了），他的精采表現讓麥迪遜花園廣場的球迷全場沸騰，但其實當時尼克隊已經決定要將林書豪釋出了。林書豪也決定，一旦被釋出就不再打球。這就是問題的嚴重性：一位優秀的NBA球員，始終沒得到好機會在球場上發揮，就只因為專家認為他不夠好。到底我們遺漏了多少個林書豪呢？

就在休士頓火箭隊和其他NBA球探在選秀會上沒能看出林書豪的價值（選秀會結束後他以自

由球員的身分簽約）後沒多久，聯盟的營運全面停擺。球員與球團之間因為薪資談判破裂，NBA被迫封館，完全無法運作。於是莫瑞報名了哈佛商學院的高階管理課程，並選了一堂行為經濟學的課。上第一堂課時，教授要求學生在一張紙上寫下手機號碼的最後兩個數字，然後她要求學生估計聯合國裡有幾個非洲國家，把答案寫在紙上。最後，教授收集了所有學生的答案，然後告訴大家結果：手機號碼最後兩位數較高的人，預估的非洲國家數也較高。

接著，她告訴大家：「我要再做一次同樣的實驗，這次我同樣會給你們某種暗示，看你們會不會被擾亂。」結果，儘管每個人都事先被提醒了，猜出來的數字依然受到擾亂。換言之，就算你知道自己有偏見，不等於你能克服偏見——發現了這一點，讓莫瑞感到不安。

後來NBA恢復比賽，莫瑞又發現了一個令他擔憂的事。選秀會之前，他接到多倫多暴龍隊的電話，希望用他們在第一輪較高的選秀順位，交易替補得分後衛凱爾・洛瑞（Kyle Lowry）。莫瑞和同事們討論，其中一位主管說了一段話，幾乎讓這場交易破局：「如果我們已經有希望交易的選秀順位，而他們希望交易的人選是洛瑞，我們根本不該考慮這筆交易的可能性。」於是他們停止討論，轉而進一步分析當下的情況：他們預期選秀會上的球員價值，會大幅超越被他們交易出去的球員。球隊「已經」擁有洛瑞這名球員，擾亂了他們對他的判斷*。回頭看過去五年，每當有球隊要和他們進行交易時，他們總是會高估自家球員的價值，特別是當有球隊用選秀權交易休士頓球員時，他們通常會拒絕原本應該要答應的交易。為什麼？

因為他們沒發現自己心智的弱點。

自此之後，莫瑞就特別留意行為經濟學所稱的「稟賦效應」（endowment effect）：當你「已經擁有」一樣東西，就很容易會覺得這樣東西的價值很高。為了避免發生這種效應，他不僅要球探改變，也同時調整了模型，重新評估自己球隊每個球員在選秀會上的價值。

到了下一個球季，趕在交易期限之前，莫瑞起了個大早，在白板上列出他擔心可能會干擾他們判斷的偏見，包括稟賦效應、確認偏誤等等。例如有一項是「當下偏誤」（present bias，高估現狀的偏誤），也就是做決策時更容易受到「當下」情境的影響，而低估了「未來」的影響。另外還有「後見之明偏誤」（hindsight bias）：人們通常在看到結果後，會誇大對這個結果的預測能力。莫瑞建立的數據模型，正是要抹除這些人為判斷的誤差。到了二〇一二年，他的模型在評估球員價值時所擁有的資訊優勢，似乎已到了極限。

「每年我們都在討論，模型中有哪些指標要拿掉、哪些該加入，」莫瑞說：「但每一年都讓人越來越沮喪。」

經營球隊這份工作，已經和他小時候的想像不同了。就好比他被指派去拆解一台精密複雜的鬧鐘，設法找出故障的原因，最後卻發現其中一個重要的零件，居然是在他自己的腦袋裡。

長這麼高，能打球嗎？拿了高薪，會繼續求進步嗎？

雖然莫瑞和他的員工見過不少身材高大的球員，但是二〇一五年冬天，當那位印度球員走進來面試時，他們的下巴還是差點掉了下來。

他穿著運動褲和嫩綠色的耐吉T恤，脖子上掛著兩張身分識別牌。他的脖子、手腳、頭，甚至耳朵，都大得像卡通人物，你會不由自主地在他的身上打量，猜想會不會有哪個部位打破了金氏紀錄。火箭隊有過一名身材嚇人的中鋒姚明，當時初見到他時，大家也有類似的反應：先是好奇打量，然後轉身跑開或笑到流眼淚。這位印度人從頭到腳比姚明要矮幾吋，但其他部位的尺寸卻比姚明還要大。實際測量過後，你很難相信竟然有人可以在十九年內長成這個樣子。

莫瑞要求員工找來他的出生證明，但這位印度人的經紀人回覆說，他出生的村莊沒有保留紀錄。莫瑞想起了迪肯貝·穆湯波（Dikembe Mutombo），身高七呎二的穆湯波，當年可是出了名的火鍋王，從剛果來到休士頓之前曾待過另外五支NBA球隊。他曾說，如果有任何大個子球員說出的年齡比看起來年輕，「你去切開他的腳，看看有幾條年輪。」

---

*最後這筆交易做成了，並運用選秀會完成最成功的一筆交易，得到了超級明星詹姆斯·哈登（James Harden）。

不過這位名叫薩特南・辛格（Satnam Singh）的印度球員，除了身材嚇人，看起來確實相當年輕。還不到二十歲的他，不太能正常溝通，彷彿發現自己置身在離家千萬里的異地而感到不安。他笑的時候表情略微緊張，整個人蜷縮在椅子裡。

「你還好嗎？」火箭隊的面試官問。

「我很好，很好。」喉音很重，不太像是人在講話，倒像是霧角發出的聲音，大夥兒過了好幾秒才搞懂他說的是什麼。

「我們希望能多認識你一點，」面試官說：「說說你的經紀人，他為什麼選你？」辛格非常緊張，語無倫次地自說自話了幾分鐘，也不知道有沒有人聽得明白。後來大家大概懂了，有人從他十四歲時就相信他未來可以成為NBA球員，一直栽培著他。

「告訴我們，你從哪裡來?你的家人呢？」面試官問。

他的父親是農民，母親是廚師。「我來這裡，但我不會說英文，」他說：「我沒辦法和任何人說話，這對我來說非常困難，什麼話都不會，零。」他很努力地告訴大家，他如何從一個只有八百人的小村落，來到休士頓火箭隊的球團辦公室。他一邊說著這段不可思議的驚奇之旅，眼神不斷在房內四處遊移，尋求認同。休士頓火箭隊的主管們一臉嚴肅看著他——嚴肅的臉不是不友善，只是在認真找尋判斷的線索。

「你認為你打籃球的優勢是什麼？」面試官問：「你最擅長什麼？」

通常，火箭隊面試官讀著預先擬好的逐字稿，然後辛格的答案會輸入火箭隊的資料庫，和其他一千位球員的回答進行對照，以便找出其中的模式。他們希望有一天或許可以用這些資料，來正確評估球員的性格，或是預測一位窮小子在賺到數百萬美元的收入後會有怎樣的表現——他還會繼續努力練球嗎？他還會對教練言聽計從嗎？

莫瑞發現，不論是籃球界或其他領域，沒有人可以回答上述問題。儘管總是有不計其數的心理學家裝作自己知道答案，火箭隊也雇用了不少這類的心理學家。「這真的很糟，」莫瑞說：「每年我都在想，一定會想出方法的，我們每年都會找來懂得各種方法的人，但結果都徒勞無功，每一年都在重蹈覆轍。我不得不懷疑，這些心理學家根本就是詐騙集團。」最後一位來應徵的心理學家，宣稱他可以運用ＭＢＴＩ職業性格測驗（Myers-Briggs test）來預測球員表現，但是卻刻意迴避各種隱而未現的問題，努力想說服莫瑞雇用他。這也讓莫瑞想起了一則笑話：「有個人走在路上，耳朵掛了一根香蕉，路人問他：你為什麼要在耳朵上掛一根香蕉？那個人回答：把鱷魚嚇走啊，你看，周圍不是沒鱷魚了嗎？」

當手上沒有任何數據，你該怎麼做決定？

印度巨人說，他的專長是低位單打以及中距離投籃。

「你在ＩＭＧ運動學院時，是否曾經違反球隊規定？」面試官問。

辛格一臉困惑，他沒聽懂面試官的問題。

「有沒有和警察發生過衝突？」莫瑞補充說。

「有沒有打架？」面試官問。

辛格的表情豁然開朗。「從來沒有！」他說：「這輩子都沒有，我沒打過，如果真打，會死人的。」

火箭隊的主管們已經研究過辛格的體格，有個人終於忍不住。「你一直都這麼高嗎？」他不看逐字稿，抬頭問辛格：「你從幾歲開始突然抽高的？」

辛格說，他八歲時身高五呎九（約一七五公分），十五歲時長到七呎一（約二一六公分）。這是遺傳，他的祖父身高六呎九（約二〇五公分）。

莫瑞有點不耐煩了，他想把問題導回到跟預測未來表現有關的方向。他問：「你覺得自己在哪方面進步最多——哪個部分是你兩年前做不好，現在表現得很好的？」

「我覺得我的腦袋很不好，我的腦袋。」

「不，我指的是籃球技巧，在球場上的表現。」

「禁區單打。」他回答。他繼續說了幾句，但言不及義。

「你覺得自己最像哪個ＮＢＡ球員——我指的是在球場上的表現？」莫瑞問。

「遊明和席基歐捏。」辛格想也不想就回答。

大家面面相覷，沒多久莫瑞恍然大悟。「啊，你是說姚明！」他大叫：「那……第二個人是？」

「席基歐捏。」

「你是說……俠客歐尼爾？」

「對對對，俠客。」辛格說，一副鬆了口氣的樣子。

「原來是俠客歐尼爾！」莫瑞終於懂了。

「沒錯，一樣體型，內線單打也一樣。」辛格說。

多數球員都會拿自己和外型相似的NBA球員來做比較。但事實上，沒有任何一位NBA球員的外型像辛格。如果他真的進了NBA，將會是NBA第一個印度球員。

「你脖子上戴的是什麼？」莫瑞問。

辛格低頭看著自己的胸口，抓著掛在脖子上的一串吊牌。「是我家人的名字，」他指著其中一塊牌說，接著秀出第二塊，念出刻在上頭的字：「我想念教練。我熱愛籃球。籃球是我的生命。」

要掛著吊牌來自我激勵？這似乎不是好兆頭。許多大個兒球員之所以打籃球，往往只是因為體型夠格而已。他們往往從很小的時候，就被教練或父母逼著上場打球，長大後順著大家的期待才繼續留在球場上。因此，這種球員通常不像身材矮小的球員那樣努力求進步，反正有薪水領就好。他們不是懶惰，只是他們這輩子之所以打球，通常都是為了取悅別人。他們習慣說別人想聽的話，而非出於真心。

辛格離開面談室後，「我們有找到他曾經正式出賽的證明嗎？」辛格前腳剛走，莫瑞就提出了這個問題。通常在面試後，你很難放下心中對球員的主觀感受，但你可以運用數據來控制這些感受對你的影響。問題是：你能做到嗎？

「他們說他在佛州的ＩＭＧ運動學院打過球。」

為什麼企業會被創新破壞？為什麼產業會走進歷史？

「我超討厭像這樣賭手氣！」莫瑞說。他只看過辛格練球三十分鐘，也已經做出了決定。他們手上沒有關於他的任何數據，沒有數據就無從分析。這個印度球員是另一個德安德魯．喬丹；就如同你在生命中遇到的多數難題，他是個謎，有太多待填補的空白。休士頓火箭隊不會選他，等到第二輪達拉斯小牛隊決定選他時，莫瑞還吃了一驚*。同樣的，沒有人知道結果如何。

你無從判斷，這就是問題所在。莫瑞在休士頓火箭隊運用數據模型的十年期間，凡是由他選中的球員，如果算上他們的選秀權順位，這些球員的平均表現要優於其他四分之三的ＮＢＡ球員。可見他的方法確實有效，因此其他的ＮＢＡ球隊也隨後跟進。莫瑞甚至發現，有球隊模仿了他的模型——二〇一二年的選秀會上，所有球員被選中的順序，幾乎都和火箭隊事前預測的排名順位相同。「完全就是照抄我們的名單順序，」莫瑞說：「看來大家現在有志一同了。」然而，即使像亞歷山大這樣有意願、有膽識在二〇〇六年就起用莫瑞的老闆，有時也會受不了莫瑞凡事只看概率的世界觀。「他希望從我這裡得到肯定的答案，但我必須告訴他，這是不可能的。」莫瑞說。他可以是撲克牌賭桌上的算牌高手，但是在現實世界，他頂多只能做到某種程度的準確性。和算牌高手一樣，他也是在玩機率遊戲。就像算牌高手的做法，他也會設法讓遊戲對自己更有利。但不同的是，他沒有太多局可玩——這點倒是和許多人生決策類似。畢竟每年他只能選擇少數幾個球員，牌局這麼少，任何事都有可能發生，即便機會站在他這邊。

有時候，莫瑞不再去想那些可以幫他實現夢想、成功經營一支職業籃球隊的可能助力，例如是否會出現一個比他老闆更棒的合作夥伴。如今，他已經不需要成為有錢人去買下一支球隊——他不用改變自己，是這個世界發生了改變。今天，大家都可以用更低廉成本，取得各種擁有強大運算能力的設備，加上數據分析的普及，莫瑞的方法也越來越受歡迎。那些職業球隊老闆們的心態也不同了，他們越來越能接受莫瑞的決策方法。「這些老闆多半自己從破壞式創新的市場賺到了錢。」他說，他們深切了解資訊優勢的重要性，對於如何運用數據來取得優勢的方法也抱持開放態度。不

*直到這本書截稿為止，最後的結果仍未有定論。

過，這又衍生另一個更嚴肅的問題：為什麼有這麼多傳統智慧，會變得一文不值？不僅是打球，整個社會都如此。為什麼有這麼多產業被創新破壞？為什麼有這麼多東西被掃入歷史？

一旦你開始思考，就會覺得奇怪：NBA這個被公認為競爭激烈的高薪球員市場，過去竟會如此沒有效率。你也會不解的是，這麼多年來他們竟心甘情願地選擇錯誤的指標，來衡量球員在場上的表現。更不可思議的是，一個半途出家的圈外人所開創評估球員、組建球隊的新方法，居然會普遍被圈內人採用。

職業運動決策模式會出現徹底轉變，根本原因之一，是我們今天對人類心智的運作方式，有了更深入的理解。我們也意識到，如果不檢視自己所做的判斷，我們有可能會犯下系統性偏誤（systematic error）——整個市場都如此。

這就是為什麼，籃球行家們沒能看出林書豪有能力成為NBA球員；為什麼僅憑一張照片就否定了馬克．蓋索的價值；只因為選手是個印度人，就否定他成為下一個俠客歐尼爾的可能性。莫瑞在提到人們是否意識到心智歷程缺失時說道：「這種情形就像一條魚不知道自己在水中呼吸，除非有人說出來。」的確，我們需要有人說出來。

｜第2章｜

少年康納曼的煩惱

難民、士兵、心理學家

關於丹尼爾．康納曼（Daniel Kahneman）這個人，最讓人津津樂道的話題之一，就是他特有的記憶力。一整個學期下來，他完全不需要筆記，靠著記憶就能滔滔不絕講完整堂課。學生們都覺得他根本是把教科書內容全部背了下來，而他也會建議學生們把課堂上的內容背起來。

但是，當被問到過去曾經發生的某些事，他常會說不相信自己的記憶，也建議你不要相信自己的記憶。這也許就是他的人生觀——別相信自己。「他最常見的態度就是懷疑，」他以前的學生說：「這非常管用，因為這會刺激他挖掘得更深、更深。」也許，他這麼做只是為了自我防衛，不讓別人輕易看穿。不管原因為何，他總是與那些改變他的力量與事件保持距離。

儘管說不相信自己的記憶，但有些事情他確實仍記得。

例如，他記得一九四一年末和一九四二年初的那段期間，也就是德軍占領巴黎之後的一年或一年多，在政府實施宵禁後的有一天他在街上被抓。新的法律規定他必須在毛衣正面別上黃色的大衛星標章，這個新的身分標章讓他深感恥辱，因此每天早上都比其他同學提早半個小時到校，這樣其他人就不會看到；而放學後走在街上時，他會把毛衣反穿。

有一天他太晚回家，半路上看到一名德國士兵向他走來。「他穿著黑色的制服，之前有人告訴過我，看到這種制服要提高警覺，因為這是黨衛軍的制服。」他在應諾貝爾委員會要求所寫的自傳中提到。「當我們距離越來越近，我的腳步也跟著加快，我注意到他兩眼直盯著我看，接著示意我走過去，然後抓住我，一手把我抱起來。我很害怕他會發現我毛衣上的大衛星。他用德語情緒激動地對我說話，然後把我放了下來，打開他的皮夾讓我看一張小男孩的照片，最後還塞了一點錢給我。我回到家，更加確信我媽說的沒錯：人性，是複雜且有趣的。」

他還記得，一九四一年十一月他父親在一場大肅清行動中被抓走。當時有數千名猶太人集體被送往集中營。對於母親，丹尼爾的情緒是複雜的，但是對父親，他就只有愛。「我父親總是神采奕奕，非常有魅力。」他說。他父親被關在巴黎市郊德朗西（Drancy）的臨時監獄，這個監獄原本是一座能容納七百人的公共住宅，當時關了將近七千名的猶太人。「我記得那時候跟著母親去探監，」丹尼爾回憶說：「一眼望去都是人，但你看不清他們的臉。你可以聽到女人和小孩的聲音。我還記得那裡的警衛，他告訴我：『這裡的生活很苦，他們只能啃樹皮。』」對多數猶太人而言，德朗西只是前往集中營的一個中途停靠站：許多小孩被迫與母親分開，搭上火車去奧斯威辛集中營毒氣室。

少年康納曼的自畫像：沒有軀殼的大腦……

丹尼爾的父親在關押六星期後獲釋——多虧了他認識尤金．舒勒（Eugène Schueller）。舒勒是法國化妝品集團巴黎萊雅（L'Oréal）的創辦人，丹尼爾的父親是這家公司的化學家。戰爭結束多年後，人們才知道舒勒曾參與建立某個組織，該組織在戰時協助納粹搜尋並殺害法國猶太人。舒勒想要為公司留下這位優秀的化學家，於是他說服了德國人，讓他們相信丹尼爾的父親是「打仗不可或缺的人才」，於是丹尼爾的父親被送回了巴黎。

那天的情景，丹尼爾記得一清二楚。「我們知道他要回來，於是出門去買東西。當我們回到家按門鈴，出來開門的他，身上穿著一套最好的西裝。我印象非常深刻，體重只剩下四十五公斤、整個人骨瘦如柴的他，忍著沒吃東西，他要等著和我們一起吃飯。」

由於舒勒無法保證他們在巴黎的安全，丹尼爾的父親帶著全家人一起逃亡。一九四二年，邊境關閉，沒有路可以到達其他安全地區，丹尼爾、他的姊姊羅絲跟著父母一起逃往南方。當時法國南部名義上仍是屬於維琪政權（Vichy），一路上有好幾次死裡逃生，場面驚險混亂。他們躲在倉庫裡，丹尼爾記得他們隨身帶著父親之前在巴黎小心保管的假身分證，上面還拼錯了字：丹尼爾、他姊姊和母親的姓是Cadet，而丹尼爾的父親卻是Godet。為了避免被識破，丹尼爾只好對著爸爸叫叔叔。他還必須代替他母親發言，因為他母親的母語是意第緒語（Yiddish）*，說法文會有口音。

他母親安靜不說話的情況相當少見，平常她總是有很多話要說。她怪丈夫害全家陷入這樣危險的境地，他們之所以留在巴黎，只因為父親被第一次大戰的記憶誤導了——認為上次德國人沒有占領巴黎，所以這次也不會占領巴黎。但母親並不認同。「我記得我母親很早就知道接下來會發生什麼可怕的事，她個性比較悲觀、容易擔憂，而我爸則是生性樂觀、比較陽光。」當時的丹尼爾已經知道，自己的性格比較像母親，一點都不像父親。

一九四二年冬天，他們一家人抵達一個叫胡安萊潘（Juan-les-Pins）的臨海小鎮。承蒙納粹友人的幫忙，現在他們有了自己的房子，裡面還有一間化學實驗室，讓丹尼爾的父親可以繼續工作。為了融入新社區，父母將丹尼爾送到當地學校就讀，並警告他少說話，不要表現得太聰明張揚，「他們很怕我被認出是猶太人。」從小，他就比其他同學早熟，也更愛閱讀，但是他的身體似乎跟不上心智的腳步，體育成績非常差，有一度同學們還取笑他簡直像「活死人」，體育老師還因此不讓他領取成績優異獎。儘管如此，丹尼爾的心智一點也不弱，他相信自己長大後會成為學者。他為自己勾勒的形象，是一副沒有軀殼的大腦。

不過現在，他為自己勾勒了一個新形象：一隻被追捕中的兔子。活下來，是他唯一的目標。

在上校家中，把《環遊世界八十天》讀了一遍又一遍

一九四二年十一月十日，德國軍隊推進法國南部，穿著黑色軍服的德國士兵把所有人從公車上拖下來，剝光衣服，確認是否行過猶太割禮。「被抓到就必死無疑。」丹尼爾回想。他的父親早已不相信上帝，年輕時他就失去了信仰，離開立陶宛前往巴黎，放棄成為猶太拉比的家族傳統。倒是丹尼爾，仍然相信宇宙存在著守護者。「我和父母睡在同一個蚊帳裡，」他說：「他們睡大床，我睡小床。當時我九歲，我會向上帝禱告：我知道你很忙，但我的要求不多，只希望再多活一天。」

再一次，他們逃過了鬼門關。他們沿著蔚藍海岸走，最後落腳在卡涅（Cagnes-sur-Mer），住在法國軍隊一個陸軍上校的房子裡。接下來幾個月，丹尼爾被禁止出門，只能在家看書消磨時間。他捧著一本《環遊世界八十天》讀了一遍又一遍，還因此愛上了英國的一切，尤其是書中的主人翁英國紳士霍格先生（Phileas Fogg）。那位陸軍上校留下一整櫃關於凡爾登（Verdun）壕溝戰的資料，丹尼爾全讀完了，從此成了這個領域的專家。他父親仍舊在先前臨海小鎮的實驗室裡工作，週末時搭公車回家。每個星期五，丹尼爾會和母親坐在花園裡，看她縫補襪子，等父親回家。「我們

＊譯註：流亡於中歐與東歐的猶太人所使用的語言，說這種母語的人有時也被稱為「德國猶太人」。

住在小山坡上，可以看到公車站。我們從來都沒把握他到底回不回得來，從那時候開始，我就討厭等待。」

德國人抓猶太人的手法越來越厲害。丹尼爾父親有糖尿病，就當時情勢來看，就醫的風險更高，只能繼續與糖尿病共處。他們再次逃亡時，一路不停更換旅館，最後全家被迫躲在雞舍裡。雞舍就在利摩日（Limoges）城外小鎮的酒吧後面，這裡沒有德軍，只有民兵部隊，他們與德國人合作圍捕猶太人，鎮壓法國反抗運動。丹尼爾不知道父親是如何找到這個地方的，但必定是透過萊雅創辦人的幫忙，因為這家公司仍持續寄來一包包的糧食。他們在房間中加了一道隔牆，讓丹尼爾的姊姊保有一些隱私，然而雞舍畢竟就不是給人住的，冬天時天寒地凍，大門因凍結而打不開，他姊姊試著睡在暖爐上，結果睡袍留下了火燒的痕跡。

為了冒充基督徒，丹尼爾的母親和姊姊星期天會上教堂。當時丹尼爾十歲，已經回到學校上課，理論上比起躲在雞舍裡，在學校反而不容易引起注意。這所鄉下學校的學生，成績遠不如胡安萊潘的學生，老師很親切，但教學實在不怎麼樣。丹尼爾記得他第一次聽到關於男女床第之事，他覺得太荒謬，確信一定是老師講錯了。「我告訴老師絕對不可能是這樣！我問過我媽，她不是這麼說的！」直到有天晚上，他與母親睡在床上，夜裡他想去屋外小便，於是從母親身上跨過，但就在這時母親突然驚醒，發現兒子趴在自己身上。「我母親嚇壞了，我那時心想，看來老師說的是真的！」

從小，丹尼爾就對周圍的人有極大好奇：他們為什麼這樣思考？為什麼會有這樣的舉動？他很少跟別人有直接互動，雖然他有上學，為了活命只能避免和老師同學有任何私底下的接觸。他沒有朋友，即使只是點頭之交，都有可能讓他的性命受到威脅。另一方面，也因為身為旁觀者，他反而觀察到一些有趣的行為。他相信，他的老師和酒吧老闆一定都知道他是猶太人。這個早熟、來自城市的十歲小男孩，為什麼會出現在這間滿是鄉下土包子的教室裡？為什麼這個明顯看起來家境富有的四口之家，會蝸居在雞舍裡？但是，他們照樣對他很好，老師給他很高的分數，還邀請他到家裡作客，酒吧老闆安德里爾女士（Madame Andrieux）請他幫忙，還給他小費（他其實用不到），甚至遊說他母親和她合夥開妓院。

不過，還是有很多人完全不知道他們一家人的來歷。丹尼爾記得有一位年輕的法國納粹黨，同時也是民兵部隊的成員，一直想追求他的姊姊，但最後並沒有成功。他姊姊當時十九歲，擁有明星般的漂亮臉孔。大戰結束後，她還故意讓這位納粹男子知道，其實他當年愛上的，是一個猶太女人。

丹尼爾記得非常清楚，一九四四年四月二十七日的晚上，他父親和他一起散步。那時他父親嘴巴裡面長了黑色斑點，雖然只有四十九歲，外表看起來卻很蒼老。「他告訴我，我可能要開始負起責任了，」丹尼爾回憶道：「他告訴我，要把自己視為一家之主，還告訴我要如何和母親管理好所有的事，我必須是家中頭腦最清醒的那個人。我把一本自己寫的詩集交給了他，當晚他就過世了。」父親過世的細節，他能記起的不多，只記得母親要他去安德里爾夫婦家過夜。當時還有另一名猶太人躲在鎮上，丹尼爾母親找到這個猶太人，請他幫忙在丹尼爾回家前把他父親的遺體運走。他母親舉行了猶太葬禮，卻沒有讓丹尼爾參加，或許是因為太危險了。「我很氣他就這麼走了，」丹尼爾說：「他是個好人，但不夠堅強。」

六星期之後，盟軍在諾曼第登陸。丹尼爾沒有看到任何士兵，他居住的村莊也看不到坦克車載著美國大兵分發糖果給小孩。有一天丹尼爾醒來，發現空氣中瀰漫了一股歡樂氣氛，民兵不是被帶走槍斃，就是被關進監獄，許多女人的頭髮被剃光，懲罰她們曾經跟德國人上床。到了十二月，德國人全被逐出法國，丹尼爾和母親終於可以自由地返回巴黎，看看家中還剩下哪些東西和財產。丹尼爾保留了一本筆記，封面寫著「我的思考隨筆」，會有這本筆記，是因為在巴黎時他從姊姊課本上讀到巴斯卡的文章，覺得自己也要把想法寫下來。當時德國正在發動最後一波反攻，希望重新奪回法國，丹尼爾和母親擔心德軍會突破防線。丹尼爾寫了一篇文章探討人們為何需要宗教，他引用巴斯卡的一段話做為開場：「信仰就是心有所感。」接著他用自己的話繼續寫道：「教堂和機關組織，是用人為方式創造出相似的感受。」

多年後，當他回顧自己的人生時，想起小時候寫下的文章，雖然感到驕傲，卻也有點不好意思。他認為自己過於早熟的寫作，「與內心認知到自己是猶太人有密切相關，我思考能力很強，但身體太差，我也知道自己與其他男生格格不入。」

為了活下去，他必須遠離人群，不讓別人看穿他

巴黎那間他們一家戰前所居住的公寓內，如今只剩下兩張綠色椅子，但他們還是住了下來。五年來，這是丹尼爾第一次上學不需要偽裝。接下來幾年，他和兩位身材高䠷、長相帥氣的俄國貴族成了好友，這是一段難得的美好回憶。這段記憶之所以如此深刻，或許是因為有好長一段時間，他身邊沒有半個朋友。多年後，他得知這兩位貴族兄弟的近況，一位成了建築師，一位當上了醫生。為了測試自己的記憶是否準確，他還寄了短箋給對方。兩位兄弟回信給他，信上寫說他們還記得他，並附上一張合照。但丹尼爾發現自己根本不在照片裡，很顯然這對貴族兄弟把他誤認成另一個人了。原來，這段美好的友誼，只是他一廂情願。

他們一家在歐洲待得不愉快，於是決定在一九四六年離開。丹尼爾仍留在立陶宛的其他親戚，連同住在同一城市的六千多名猶太人，後來全遭到屠殺。只有一位擔任拉比的叔叔幸運保住性命，當德軍入侵時，他正好出國。這位叔叔和丹尼爾母親娘家的其他家人，現在都住在巴勒斯坦，丹尼爾全家後來也搬到巴勒斯坦。他們母子三人投靠娘家是家族大事，有人特地拍了影片記錄（可惜影片遺失了），丹尼爾記得當時他舅舅還給了他一瓶牛奶。「我到現在還記得牛奶的顏色很白，」丹尼爾說：「那是五年來我喝到的第一瓶牛奶。」

丹尼爾和母親、姊姊，還有母親娘家的人一起住在耶路撒冷。一年後，十三歲的丹尼爾終於確

定了自己的信仰。「我還記得，當時我在耶路撒冷的街上，心裡做了決定：這世上沒有上帝，我的宗教信仰到此畫上句點。」

被問到童年生活時，以上就是康納曼所記憶的或是他選擇記憶的。從七歲開始，他就被告誡，不要相信任何人，他也一直謹記在心。為了活下去，他必須遠離人群，不讓別人看穿他。他注定要成為全世界最具影響力的心理學家之一，也是研究人類非理性思考及行為的創始學者之一。他的研究，主要是探討記憶在人們進行判斷時扮演了什麼角色。例如，法國軍隊對於第一次大戰德軍戰略的記憶，有可能導致他們在面對全新戰爭時，對德軍的戰略產生誤判。一個人在上一場戰爭中對德國人的記憶，有可能導致他在面對下一場戰爭時，誤判了德國人的行動。一個專門追捕猶太人的黨衛軍人，會因為自己對家鄉小男孩的記憶，而在巴黎街上抱起一個猶太小男孩。

然而，丹尼爾自己的記憶並沒有對他造成類似的影響。後來他一直堅信，他的過去對於他看待世界的觀點以及世界看待他的觀點，沒有太大的影響。「人們總是說，你的兒時經驗會影響你後來成為怎樣的人，」他說：「但我不確定這是否為真。」即使面對後來被他視為朋友的人，他也從未提及自己與納粹大屠殺的經歷。確實，直到他獲得諾貝爾獎、記者不斷向他詢問過往生活的細節時，他才吐露實情。許多他認識很久的朋友，也是看了報紙才得知他的過去。

康納曼一家人抵達耶路撒冷時，適逢另一場戰事開打。一九四七年秋季，英國對巴勒斯坦的託管終止，轉交由聯合國處置。十一月二十九日，聯合國通過分治決議，正式將巴勒斯坦託管地分割為二。猶太人的新國家大約是康乃狄克州大小，而劃分給阿拉伯人的國土則略小於前者。聖城耶路撒冷不屬於任何一邊，住在聖城的居民屬於耶路撒冷「公民」。但事實上，聖城已經分裂為阿拉伯人的耶路撒冷及猶太人的耶路撒冷，雙方都恨不得幹掉對方。丹尼爾和母親居住的公寓，就在雙方陣營的邊境，曾經有子彈飛過丹尼爾的臥房，他所屬的童軍團領導人也被殺害了。

不過，丹尼爾說，當時他沒有覺得特別危險。「情況完全不同了，因為現在我是在戰鬥中而不是逃亡中，感覺反而比以前好。我恨死了在歐洲扛著猶太人的身分，我不希望被追殺，不想成為被四處圍捕的兔子。」一九四八年一月的某個晚上，他第一次看到以色列軍人，就藏在他家公寓的地下室裡，把他嚇出一身冷汗。阿拉伯人的軍隊封鎖了南邊的猶太人屯墾區，這三十八名士兵正要從丹尼爾家的地下室出發去解救屯墾區的猶太人。半路上，有三名士兵往回走，其中一人扭傷了腳，另外兩個人攙扶著他走回來。到了真正出發成行，便是後人所熟知的「三十五人軍團」（The 35）。他們原本希望藉由夜色掩護出發，但直到太陽升起仍在行軍路上。途中遇到一名阿拉伯牧羊人，他們決定放他一條生路，至少丹尼爾聽到的故事是如此。後來這名牧羊人向阿拉伯軍人通風報信，阿拉伯軍人一舉殲滅了三十五名年輕的以色列士兵，所有屍身都被嚴重殘害。談到以色列士兵致命性的決定，「你知道他們為什麼被殺嗎？」他說：「他們之所以被殺，是因為他們沒有殺掉那個牧羊人。」

幾個月後，一群掛著紅十字會旗幟的醫生和護士車隊從以色列出發，穿越狹窄的道路前往斯科普斯山（Mt Scopus），那是希伯來大學以及附設醫院的所在地。斯科普斯山位於阿拉伯國邊境後方，是一座被阿拉伯人包圍的以色列孤島。進出的唯一通道是一條僅有一．五英里寬的狹路，由英國軍隊負責保護通行車輛的安全。通常不會有什麼事情發生，偏偏就在這一天發生了炸彈爆炸，前導的福特卡車停在路上，阿拉伯士兵用機關槍向後面的巴士和救護車瘋狂掃射。車隊的其他車輛立即調頭，逃離現場，但載運乘客的巴士卻動彈不得。等到掃射停止，一共有七十八人喪命，屍體被燒得面目全非，只能集體埋葬。其中一位死者，是心理學家恩佐．伯納文圖拉（Enzo Bonaventura），九年前他接受希伯來大學的邀請，遠從義大利來此設立心理學系，後來這項計畫也隨著他的離世而胎死腹中。

面對生存威脅，他一點都不害怕。「很難相信，我們竟然擊敗五個阿拉伯國家。但話說回來，我們有什麼好怕的？有人戰死沒錯，但對我來說，自從經過了二次大戰，這一切對我來說太小兒科了。」不過，他的母親可不這麼認為，她帶著十四歲的兒子從耶路撒冷逃到了台拉維夫。

一九四八年五月十四日，以色列宣布成為主權獨立的國家，第二天英國軍隊全面撤出。約旦、敘利亞、埃及軍隊，加上來自伊拉克和黎巴嫩的部隊，聯合發動了攻擊。接下來好幾個月，以色列持續遭受阿拉伯國家的圍攻，台拉維夫的生活已無法正常運作。洲際飯店旁的清真寺尖塔，成了阿拉伯狙擊手的藏身之處，對準了往返學校的學童開槍，「子彈四處亂飛。」希蒙．沙米爾（Shimon Shamir）說。戰事爆發時他只有十四歲，住在台拉維夫，後來他成了唯一一個曾擔任過以色列駐埃及與駐約旦大使的外交官。

沙米爾是丹尼爾第一位真正的好朋友。「班上的其他同學都覺得和他格格不入，」沙米爾說：「他一直都是個獨行俠，這是他的選擇，而他也只需要一個朋友。」一年前丹尼爾來到以色列時，一句希伯來語也不會說，後來他到台拉維夫上學時，已經能說得一口流利的希伯來語了，而且英文程度比班上其他同學都好。「大家都認為他很聰明，」沙米爾說：「我常跟他開玩笑說：你以後一定會成名。他聽到後很不自在，我不是事後諸葛，我就是有那種感覺，他日後必定會功成名就。」

所有人都很清楚，丹尼爾和其他男孩很不一樣。他不是故意裝酷，而是真的天生與眾不同。「他是班上唯一努力練就一口標準英文的學生，」沙米爾說：「我們都覺得很有趣，在許多方面他都跟別人不一樣。某種程度來說，他就像個局外人——並非因為他是移民，而是他的個性。」

十四歲的丹尼爾不像個小男孩，而是像一個被困在男孩身體裡的學者。「他常常沉迷於某個問題，」沙米爾說：「我記得有一天，他給我看一篇他寫的長文，真的很特別。學生通常都是因為學校要求、由老師指定主題才會寫作文，但他卻是因為自己對某個主題感興趣，所以寫了一篇與課程無關的長文。我印象非常深刻，那篇文章的主題是比較赫拉克勒斯時代英國紳士與希臘貴族的個性差異。」沙米爾認為，多數小孩在需要指引時，通常會詢問周遭的人，丹尼爾卻是透過書本和自己的心智去探求。「我想他要追尋的是一種理想，」沙米爾說：「一個典範。」

獨立戰爭持續了十個月。在戰爭開打前，原本約等於康乃狄克州大小的猶太人國家，如今領土面積略大於紐澤西州。戰爭期間，有百分之一的以色列人口死亡（比率相當於紐澤西州死了九萬人）；而阿拉伯人的死亡人數為一萬人，巴勒斯坦有大約七十五萬人流離失所。戰爭結束後，丹尼爾的母親帶著兩個孩子回到了耶路撒冷，丹尼爾也交了第二個好友：具有英國血統的小男孩艾瑞爾・金斯伯格（Ariel Ginsburg）。

台拉維夫是一座窮城市，而耶路撒冷更窮。基本上沒有人有相機、電話，或甚至門鈴。如果要和朋友見面，你必須走路到他家，然後敲門或吹口哨。丹尼爾就是走到艾瑞爾的家，然後吹口哨，等艾瑞爾下樓後再一起走到基督教青年會（YMCA）去游泳、打乒乓球，途中兩人一句話也沒說。丹尼爾認為這樣非常好，金斯伯格讓他想起了霍格。「丹尼爾很不一樣，」金斯伯格說：「他有種疏離感，但某方面來說，這是他刻意保持的。我是他唯一的朋友。」

獨立戰爭結束後幾年，如今被稱為以色列的猶太人口已經是過去的兩倍，從六十萬人增加到了一百二十萬。有史以來，這是第一次有個自己的地方，讓猶太人能夠在此安居。但是在精神層面上，丹尼爾並沒有真的融入。他應當融入的這群人，全是土生土長的以色列人，而不是和他一樣隨後而來的移民。再說，他一點也不像以色列人。就跟其他以色列的男孩和女孩一樣，他也加入了童子軍，但後來他和艾瑞爾都覺得自己不適合這種團體，於是又一起退出。雖然他學習希伯來文的速度驚人，不過他和母親在家都說法文，只是兩人常吵架。「那不是一個快樂的家庭，」金斯伯格說：「他母親心裡苦悶，他姊姊則是想盡辦法要逃離那個家。」丹尼爾拒絕接受以色列為他帶來的新身分，他要的是另一種身分認同。

至於是什麼樣的身分認同，很難說得分明，連丹尼爾自己都說不清，他沒有特別想定居在哪個地方，對以色列也沒強烈歸屬感。露絲．金斯伯格當時正和丹尼爾最好的朋友交往，不久後即將結婚，她說：「丹尼爾很早就決定不要承擔責任，我感覺得到他似乎必須不斷合理化自己漂泊不定的行為。他是一個不想受到任何羈絆的人。他認為生命就是一連串的巧合，你只能全力以赴。」

如果把治理國家的任務交給驢子，你猜會如何？

在一個人人尋求歸屬感的這塊土地上，不需要任何歸屬感的丹尼爾如同異類。「我是一九四八年到的，我希望能變得和在地居民一樣。」與丹尼爾同年的希伯來大學地質學教授葉許．柯隆尼（Yeshu Kolodny）說，他許多親朋好友都死於猶太人大屠殺。「我希望能穿著涼鞋短褲到處走，熟記每一個村莊和山脈的名字——最重要的，我要去除我的俄國口音。我對自己的過去感到有些羞愧，我敬重我們的民族英雄。但丹尼爾不這麼認為，他看不上這個地方。」

這麼說好了，丹尼爾是很「納博科夫」（Vladimir Nabokov）式的流亡者：與周遭保持著距離、端著架子、像個旁觀者一樣對當地居民進行敏銳觀察。十五歲時，丹尼爾做過職業生涯測驗，結果顯示他適合當個心理學家。對他來說，這個結果一點都不意外，他一直知道自己會成為某個領域的教授。他對人類有諸多疑問，比任何人都有興趣研究這些問題*。「我對心理學有興趣，是為了研究哲學。」他說：「要真正了解這個世界，必須先了解人，特別是我自己。我對上帝是否存在，一點興趣也沒有，但為什麼人會相信有上帝，這個問題才讓我好奇。我不在意是非對錯，但我渴望知道人們為什麼會憤怒，這就是心理學家！」

多數以色列人在高中畢業後，會應召入伍，不過，丹尼爾被認定天賦獨具，可以直接讀大學拿心理學學位。但是要怎麼上學、如何取得心理學學位，卻沒有人知道，因為校園位於阿拉伯管區裡，而且在阿拉伯軍隊伏擊的意外事件之後，設立心理學系的計畫也被迫停擺了。

一九五一年秋季的某天早上，十七歲的丹尼爾正在耶路撒冷的一座修道院內上數學課，這裡暫時充當希伯來大學的臨時教室。即使在這裡，丹尼爾也覺得自己格格不入。多數的學生都是服完三年兵役後回到學校上課，親身經歷過戰爭的洗禮。丹尼爾年紀比他們小，卻穿著夾克、繫領帶，老成的樣子常被其他同學嘲笑。

接下來三年，丹尼爾選修的科目有很大一部分都要靠自學，因為沒有老師可以教。「我喜歡統計學老師，」丹尼爾回憶道：「但是她完全不懂統計學，我只能靠自己看書學統計。」他的教授不是學有專精的學者，只是一群願意在以色列生活的人，其中大部分是來自歐洲的流亡人士。「基本上，學校的教授都很有魅力，每個人都有自己的故事，不只是空有一張履歷而已。」阿維賽．馬格利特（Avishai Margalit）回憶道。他畢業於希伯來大學，後來成了史丹佛大學的哲學教授。「他們都是見過世面的人。」

其中最活躍的一位，是丹尼爾崇敬有加的耶沙亞胡．萊伯維茲（Yeshayahu Leibowitz）。萊伯維茲在一九三〇年代，從德國經瑞士來到巴勒斯坦，先後取得醫學、化學、哲學及據說還有其他學科的碩博士學位。但是，他一直考不上駕照，前後七次都失敗。「你會看到他在街上走著，」萊伯維茲的學生馬婭．巴爾─希勒爾（Maya Bar-Hillel）說：「褲子總是提得高高的，習慣聳著肩，下巴形狀跟脫口秀主持人傑．雷諾（Jay Leno）一樣。他常常會自言自語，做出誇張的手勢，他的才智吸引了來自全球各地的年輕人。」不論他教什麼，內容絕對精采，而且似乎沒有他教不來的課。「我上過他的生化課，但他基本上都在談人生。」另一位學生說：「大部分時間他都在告訴我們班

---

*數十年後，當丹尼爾．康納曼四十多歲時，有一天他到加州柏克萊大學旁聽心理學家艾莉諾．羅許（Eleanor Rosch）的課。課堂上，羅許帶著研一的學生進行一項練習。她在帽子裡放滿了紙條，每張紙條上寫著以下其中一種職業：動物園管理員、機長、船長、小偷。每個人從帽子裡抽出一張紙條，然後看看對抽到的這個職業會蹦出什麼想法。比如說，我當然會成為動物園管理員，小時候我就愛把貓關進籠子裡。這個練習的目的是要強調人們具有強烈的本能，不管面對什麼結果都會試著找出原因。「所有人同時打開紙條，」羅許回憶道：「幾秒鐘內，有人開始笑出聲，最後全班人都笑了。是的，他們都很驚訝，因為他們真的想到要怎麼回答。」唯一的例外是丹尼爾。「我沒啥好說的，」羅許記得他這麼說。「我只會當兩種人：不是心理學家，就是拉比。」

古里安有多蠢。」他指的，是以色列第一任總理戴維．班古里安（David Ben Gurion）。萊伯維茲最愛講一則驢子與乾草的故事：一頭驢子旁邊擺著兩堆差不多等距離的乾草，但牠始終無法決定究竟要吃哪一堆，最後就餓死了。「萊伯維茲當時說，沒有驢子會這麼做；驢子通常會隨機選一堆乾草，然後吃掉。只有人類在做決定時，事情才會變得複雜。然後他會說：如果把該由人類做的決定，交給驢子去做，你猜這個國家會如何？每天看報紙就知道了。他的課，一直很受歡迎。」

丹尼爾對於萊伯維茲上課的印象比較妙：萊伯維茲上課時說過什麼話他全忘了，只記得當他要強調某個重點時，會拿粉筆敲著黑板——聽起來很像槍聲。

行為學派的性愛對白：你很爽，我呢？

雖然丹尼爾當時還年輕，而且生活在那樣的環境下，但從他的特立獨行，我們多少可以探知他心中的想法。當時佛洛伊德的主張大受歡迎，丹尼爾卻不願意別人躺在他的沙發上，也不想躺在別人的沙發上。他很多年前就說過，他的兒時經驗，甚至是他自己的記憶，一點都不重要，所以又何必去在意別人的記憶呢？一九五〇年代初期，有一派心理學家拒絕研究人類心智，因為他們堅持心理學必須符合科學標準。這些心理學家認為，科學家應該關注的是人類行為，而且是可透過科學方法研究的行為。

這個學派，正是所謂的「行為主義」。行為主義之父史金納（B. F. Skinner）在二次大戰期間開始他的研究，當時美國空軍雇用他訓練鴿子來引導飛彈的方向。每當鴿子在目標空照圖上找到正確的位置點啄食，史金納就會投餵食物（不過當有飛彈在身旁爆炸，鴿子的表現不理想，因此從未在實際戰鬥中使用）。這個訓練方式的成功，開啟了他日後影響深遠的研究：所有動物的行為，不是受到思想或感覺所驅動，而是外部的獎懲方式。他將老鼠關在「操作制約箱」（operant conditioning chamber，後來被稱為史金納箱）中，訓練牠們按下槓桿和按鈕。他還訓練鴿子跳舞和玩乒乓球，在鋼琴上演奏〈帶我去看棒球賽〉。

行為主義學者主張，他們對老鼠和鴿子進行的實驗成果，同樣也適用於人類——但是基於諸多因素，把人類抓來實驗不太可行。「想要把實驗運用在人類身上，必須非常謹慎才行。」史金納在一篇〈如何訓練動物〉的論文中寫道：「我們所採用的方法，有時候會強化、有時收斂，這很可能引發人類的情緒。然而，行為科學雖然可以成功形塑行為，卻仍無法控制人類情緒。」

行為主義的魅力之一，在於這門科學非常直截了當：刺激源可以被觀察，反應可以被記錄。看起來非常「客觀」，不需要有人說出心裡的想法或感受，所有重要元素都是可被觀察且可被衡量的。史金納很常講的一個笑話，最能代表行為主義這個特點：兩個人做愛後，其中一位對另一人說：「你很爽，那我呢？」

所有知名的行為主義學家，都是盎格魯撒克遜白人新教徒，但是一九五〇年代走進心理學領域的年輕學者，並沒有注意到這一點。回到當年，你很可能會以為「盎格魯薩克遜白人新教徒心理學」及「猶太心理學」根本是完全不相干的兩門學問。白人新教徒穿著實驗袍，手上拿著筆記板到處跑，絞盡腦汁想出折磨老鼠的新方法，完全不理會混亂失序的人類世界。而猶太學者則擁抱混亂——包括那些瞧不起佛洛伊德、重視「客觀性」、追求科學驗證方法的學者在內。

究竟是心智詮釋世界，還是世界烙印心智？

丹尼爾追求的正是客觀性。最吸引他的心理學派，是完形心理學（Gestalt）＊。完形心理學派起源於二十世紀的柏林，由德國猶太人創立，他們希望透過科學化方法來探究人類心智的運作。完形心理學家揭露了有趣的心理現象，並利用敏銳的洞察力提出證明：在一片漆黑中出現的一道光束會更加明亮；灰色的周圍若是紫色，灰色看起來會像綠色，如果周圍是黃色，灰色看起來會像藍色。如果你對某個人大喊：「別踩到地上的香蕉儀！」他會知道你說的是「皮」，而不是「儀」。完形心理學家證明，外部刺激以及人類的感知反應之間，沒有顯著的關係，人類的心智會因為各種奇怪的原因而受到干擾。特別讓丹尼爾印象深刻的是，完形心理學家如何在作品中，引導讀者親自感受心智的神祕運作機制：

如果在一個晴朗的夜晚，我們抬頭望向天空，有些星星一眼看去就自成一群，彷彿跟周圍別的星星沒半點關係。例如仙后座是其中一個例子，北斗七星也是。幾世紀以來，人們看到的都是相同的星座，現在的小孩不用你多說，大都能看出這些星座。同樣的，在下圖中，讀者也能一眼就看出有兩組碎片。

為什麼不是六個碎片，或是其他的分組方式？或是三組碎片，每組各兩個？當讀者第一眼看到這個圖形時，很自然會看成是兩組碎片，每組各三片。

完形心理學家提出的核心問題，正是行為學家選擇忽略的：大腦如何創造意義？大腦如何將感官所蒐集到的碎片，轉化成完

摘自沃爾夫岡．庫勒《完形心理學》（Wolfgang Köhler, *Gestalt Psychology*. 1947; repr., New York: Liveright, 1992）頁一四二。

＊譯註：這是德文，表示「形狀」或「形式」，完形心理學也稱為格式塔心理學，主張人腦的運作原理是整體的，有組織性的。

整的圖像？為什麼這幅圖像往往像是我們的心智加諸於這個世界、而不是世界加諸於心智的？一個人是如何將片段記憶，轉化為一個完整的生命故事？為什麼一個人對於眼前所見的認知，會因為所處的情境不同而改變？當有個一心要滅絕猶太人的政權在歐洲崛起時，為什麼有些猶太人看見了並趕緊逃走，有些人卻留下來等著被屠殺？正是這一連串的問題，引導丹尼爾走向心理學。即便是天分再高的老鼠，也無法回答這些問題。如果真的能回答，答案也只能從人類心智挖掘出來。

心理學家狂歡夜，三教九流各據山頭

丹尼爾後來曾經說，科學是一場對話。若是如此，心理學便是一場熱鬧的晚宴，賓客各說各話，頻頻轉換話題。宴會廳門外掛著討人厭的「心理學系」招牌，裡頭的完形心理學家、行為學家以及精神分析學家在一起交談，但他們絕不會浪費時間去聽對方說了什麼。

心理學和物理學不同，也和經濟學不一樣。它缺乏具有說服力的單一理論，來整合所有論述，也不存在一套大家都認同可以相互討論的共通規則。一個知名學者可以輕易指著其他心理學家的作品說：基本上，你做的和你說的全是垃圾。但就算有人這麼說，也不會有心理學家把這種話放在心上。

部分問題在於，想當心理學家的人形形色色，動機各有不同——有人想要知道自己為什麼不快樂；有人堅信自己能夠洞察人類的本質，只是寫不出好看的小說；有人因為考不上物理系，只好改讀心理系；有人只是單純地想幫別人擺脫痛苦。另一個問題則是這個領域長久以來的一大特質：所有不相關、看似無法解決的問題，全部都被歸入心理學。「我們確實有可能在學術界看到兩位有能力且多產的心理學家，當這兩人一道吃午餐，大概只有在討論明尼蘇達雙城隊有多少機會可以拿冠軍，或是『紅色殺手雷納德』的愛現手法時，才會在心理學的專業知識或興趣上有一點點重疊。」明尼蘇達大學心理學家保羅．梅爾（Paul Meehl）在一九八六年發表的論文〈心理學：如此駁雜的主題有可能統合嗎？〉（Psychology: Does Our Heterogeneous Subject Matter Have Any Unity?）寫道。「為什麼會這樣？我們可以做些什麼？或是最先要問的是，這很重要嗎？」

雖然性向測驗顯示，丹尼爾在人類學和科學領域都能發展得很好，但他只想從事科學研究。問題是，他也想研究人類。沒多久他就發現，自己根本不知道想做什麼。在希伯來大學的第二年，他去旁聽一位德國神經外科客座教授的課，課堂上教授提到，大腦受傷有可能導致抽象思考能力的喪失。這種說法後來證實是錯誤的，但是當時丹尼爾深信不疑，他決定放棄心理學，攻讀醫學學位。這樣一來，他就可以研究人類大腦，看看到底怎麼回事。後來有一位教授終於說服他打消念頭，這位教授告訴他，除非他真的想當醫生，否則取得醫學學位的過程太痛苦。

不過，這也是丹尼爾日後生涯發展的一種常見模式：一開始熱情擁抱某個想法或計畫，最後失望地割捨。「我一直認為，沒有哪個想法了不起到讓你緊抱不放，如果發現行不通，不需要拚了老命去堅持，另外找一個就行了。」

戰場歸來，不再是過去柔弱的康納曼……

在一般正常社會中，不太可能有人會發現丹尼爾．康納曼的想法有很高的實用性。但以色列不是一個正常社會。

丹尼爾自希伯來大學畢業取得心理學學位後，緊接著必須入伍服役，但性格溫和、疏離、缺乏組織能力、迴避衝突、體能不佳的丹尼爾，完全沒有半點軍人的樣子。他只有兩次差點與敵軍開戰的經驗，讓他一直忘不掉。第一次是他和幾位指揮官奉命率領部隊去突襲一個阿拉伯村莊，丹尼爾的任務是負責包圍村莊，準備襲擊阿拉伯軍隊。他還記得前一年，發生了以色列軍隊屠殺阿拉伯女人小孩的事件，丹尼爾當時就跟朋友沙米爾討論過：如果是他們奉命殺害阿拉伯人民，應該怎麼辦？當時他們的結論是：拒絕接受命令。

沒想到，丹尼爾還真目睹了這樣的命令。「我們不應該進入村莊，」他說：「下命令時我就在一旁聽著，上級沒有說要殺害平民，但也沒有告知我們如何避免傷及無辜，我又不能表示意見，因為這不是我被指派的任務。」幸好這一次，部隊還沒進村就撤退了。事後他們才知道，有其他部隊誤中埋伏，約旦軍隊早已在村子裡等他們上門了。如果部隊沒撤退，「死的會是我們。」

另一次的經驗，則是某天晚上他奉命設埋伏突擊約旦軍隊。他的部隊有三個班，他率領兩個班設好埋伏之後，便交由下屬負責；然後他親自帶領第三個班，負責約旦邊境的防衛工作。為了找到衛戍地點，他的指揮官詩人哈伊姆．高威（Haim Gouri）告訴他，往前直走，直到看見上面寫著「邊境勿入」的標示。問題是，入夜後一片漆黑，根本看不到任何標示。一直走到太陽升起，他抬眼一看，一名敵軍正好背對著他站在山坡上：原來，他已經跨界「侵入」約旦領土了。（要是被敵軍看到他，「我差點就引起一場戰爭。」他說。）這山坡往下一路延展到丹尼爾的部隊前方，在他看來，那簡直是被約旦狙擊手當靶子打的絕佳位置。

後來丹尼爾和偵察兵偷偷摸摸地退回到以色列境內，但卻發現有個士兵的背包掉了。由於把背包留在約旦會受到嚴厲處罰，他和其他士兵只好繼續在沙戮區邊緣匍匐前進找背包。「真的非常危險，我知道這很蠢，但是我們一直待到發現背包為止。因為我彷彿可以聽到回去後被斥責的第一個問題：你們怎麼可以丟下背包？這畫面一直在我腦中揮之不去。蠢爆了。」找到遺失的背包後，大家一起回到以色列。沒想到還是躲不掉上級的大聲喝斥，但原因不是背包。「他們罵我：看到敵軍，你為什麼不開槍？」

服役期間，丹尼爾無法繼續當過去那種冷漠的旁觀者。丹尼爾後來提到，在擔任一年排長後，「先前在法國那個性格脆弱、體虛力乏的人已脫胎換骨了。」但他還是缺乏開槍殺人的狠勁，實在不適合當軍人。一九五四年，他被派到心理學研究單位，當時以色列軍隊的心理學研究單位裡，其實沒有半位心理學家。丹尼爾加入後才發現，他的新上司其實是一位化學家。於是，年方二十、曾流亡歐洲的丹尼爾，如今成了以色列國防軍的心理問題專家。「他瘦瘦的，長得不怎樣，但非常聰明。」和丹尼爾一同在心理學研究單位服役的譚米．席夫（Tammy Ziv）表示：「當時我十九歲，他二十一歲，我覺得他老對我放電，只是當年的我完全沒察覺。他不是一個正常的男孩子，但大家都喜歡他。」

不只喜歡，其實他們也很需要他，只是一開始並不知道。

身為以色列猶太人，你必須學會假裝忘記一切

當時以色列正面臨一個嚴重的問題：如何將三教九流的人組織成一支有戰鬥力的軍隊。一九四八年，戴維．班古里安宣布，歡迎各地的猶太人移民到以色列。接下來的五年，以色列總計接收了七十三萬名移民，來自不同的文化，說著不同的語言。許多年輕人在加入以色列國防軍之前，就已經歷過難以想像的苦難——你可以看到很多人的手臂上，都被烙有數字；有時候，以色列的街道上會有媽媽驚喜地遇到自己的兒子——原以為兒子已經被德軍殺害了。整個社會並不鼓勵人們談論戰爭期間的慘痛，「有創傷後壓力症候群的人，會被視為軟弱。」一位以色列心理學家說。身為以色列猶太人，必須具備的能力之一，就是至少假裝忘記一切。

當時的以色列，比較像是個戰區，而不是國家。但以色列軍隊缺乏訓練，各單位缺乏協調，情況一片混亂。坦克車部隊指揮官使用的語言，竟然和底下士兵不同。一九五〇年代初期，阿拉伯和猶太人尚未正式開戰，偶爾發生幾起零星的暴力事件，卻也暴露出了以色列軍隊的不堪一擊。舉例來說，士兵往往遇上麻煩就逃之夭夭；軍官也不到前線，總是躲在大後方；步兵團試圖夜間突襲阿拉伯前哨基地，卻一再受挫，部隊大半夜迷路，走不到目的地。其中一次夜襲，還因為找不到方向，搞到最後排長選擇自殺。一旦兩軍打起來，往往都是人間慘劇。一九五三年十月，一支以色列軍隊突襲約旦村莊，不曉得出發前是否有接到不得傷害平民的命令，但結果是有六十九位平民被殺，其中半數是婦孺。

第一次大戰之後，軍隊裡甄選年輕士兵的工作，落到了心理學家身上，這主要是因為有心理學家說服了美國陸軍，讓他們來接下這項任務。如果你要選出數萬名年輕人，迅速將他們組成一支有戰鬥能力的軍隊，第一時間你不會想到你需要一個心理學家——何況這位心理學家只有二十一歲，只接受過兩年的課程訓練，其中有部分還是靠自學，而且還只有這麼一個。當以色列軍中要求丹尼爾負責篩選工作時，他真的嚇了一跳，他不認為自己有資格出任這個工作。當上司要求他負責評估哪些人有資格進入軍官訓練學校時，他心裡很清楚，要找出哪些人適合哪些任務，一點也不容易。

軍校的年輕人，必須完成一項奇怪的模擬任務：從牆的一面移動到另一面，但不准觸碰到牆面。他們唯一的輔助工具，是根長木條，但木條也不可碰到牆面或地面。「我們會觀察誰願意負責、誰在領導、誰拒絕合作。每個人都要同心協力，完成團隊任務。」丹尼爾寫道：「我們評估的特質，包括是否固執、服從、自大、耐性、脾氣暴躁、堅持不懈或輕易放棄等等。我們也會查看個性是否爭強好勝，是否心懷惡意，以及當自己的想法被團隊拒絕後是否心存報復，試圖破壞團隊行動，還有每個人對於危機的反應與處理等等。在肩負任務的壓力下，每個人的真實本性都會顯露，每個人的性格會一覽無遺。」

別懷疑，你絕對沒有自己以為的那麼理智與客觀！

丹尼爾覺得自己能一眼就看出哪些人有成為優秀軍官的資質，而哪些人不行。「我們會篤定地預言『這個人不行』、『這個人資質平庸』或『這個人會紅』。」但是當他將預測與實際結果（這些人選在軍校的表現）進行比對時，問題就出現了：先前篤定的預言，完全失準。但他是丹尼爾，他寫道，這樣的情況讓他想到「謬氏視覺錯覺」（Müller-Lyer optical illusion）。

左頁下圖的兩條平行線長度一樣，但我們的眼睛會產生錯覺，以為上面那一條的長度比較長：即使你用尺去量過後，發現兩條線等長，可是你的錯覺一直都會存在。如果在這個簡單的案例中，主觀認知可以一面倒地壓過事實，那麼面對更複雜的案例時，想想主觀認知的力量會有多大？

丹尼爾的指揮官認為，以色列國防軍的每支部隊都有自己的個性，其中有戰鬥機飛行員類型、武裝部隊類型、步兵類型等等，而他們希望丹尼爾可以研判，每一位被錄取者最適合分派到哪一個單位。於是，丹尼爾設計了一套性向測驗，可以有效地從以色列全國人口中，篩選出適合的人選，然後指派到適合的部隊。

首先，他列出了可以用來評斷一個人是否適合從軍的相關特質：體格、守時、社交能力、責任感、獨立思考的能力等等。「這些標準都是無中生有的，」後來他說：「全都是我想出來的，專業學者可能會花數年時間進行研究、分析、測試、改良，但是我當時不知道有這麼複雜。」

丹尼爾認為，困難之處在於要如何透過一般的工作面試流程，準確衡量出這些特質。早在一九一五年，美國心理學家愛德華．桑代克（Edward Thorndike）就已發現這個難題。桑代克要求美國陸軍軍官，根據某些身體特質（例如體型）為士兵評分，然後再針對某些較抽象的特質進行評估（智力、領導能力等）。他發現，第一次評等所產生的結果，影響到第二次評估結果。舉例來說，如果某個軍官對某位士兵

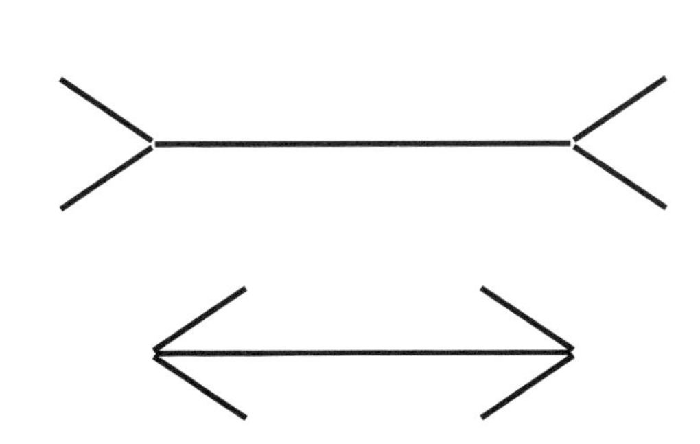

謬氏視覺錯覺（又稱箭頭錯覺）

的體格留下好印象，就會對該士兵的其他評估指標也有好評價；就算你將評估順序對調，情況也一樣：如果某個士兵的整體表現被評為優等，那麼他在個別項目的評估也會受到較好的評價。「很明顯，一個人優點的光環效果會擴散，影響到別人對他能力高低的評估，反之亦然。」桑代克說：「可以確信的是，即使是經驗豐富的工頭、雇主、老師或系主任，也無法將個人視為各種不同特質的綜合體，然後個別且獨立地給予每個特質評分。」這，就是有名的「光環效應」（Halo Effect）。

怕面談時看走眼？試試「康納曼計分」吧

丹尼爾也注意到了光環效應，而以色列軍隊的面試流程，正是這個效應的受害者：他們花二十分鐘分別跟每一位應試者面談，並完成對應試者的整體印象評估。事後證明，這樣的評估結果往往不準確，因此丹尼爾希望不要面試會更好。如果要避免被誤導，他主張人為判斷能免則免。

至於為什麼他會如此不信任人為判斷？這點連他自己也不甚清楚。回想起來，他懷疑自己一定讀過保羅．梅爾出版的一本書——《臨床與統計預測》（*Clinical versus Statistical Prediction*）。梅爾在這本書中提到，精神分析學家在預測什麼樣的人可能成為精神病患，其準確度遠比不上簡單的演算。這本書於一九五四年，也就是丹尼爾全面調整以色列軍隊評估新兵方式的前一年出版，從此激怒了精神分析學家，他們認為自己的臨床判斷及預測都是非常有價值的。這本書的出版，還引起人們思考另一個問題：如果連所謂的專家都有可能高估了預測價值，那麼還有誰不會被誤導呢？「我覺得從我後來所做的事情來看，我應該是讀過梅爾的書。」

丹尼爾所做的，便是教軍隊的面試官（主要是年輕女性）如何向應試者提出一連串的問題，盡可能降低光環效應的影響。他告訴她們，提出的問題務必要明確，設計這些問題的目的，不是要了解一個人如何看待自己，而是要知道一個人實際的行為表現。這些問題不只是為了找出真相，更是為了要找出被掩蓋的真相。面試官必須在「從未表現出這樣的行為」到「時常表現出這樣的行為」的兩個極端之間，給定一至五分的評分。舉例來說，在評估應試者「社交能力」時，會給「與團隊關係緊密，而且完全認同團隊」的人五分，相反的，如果是「疏離」則給一分。丹尼爾自己也知道，這種評分方式並不理想，例如他就很苦惱如果應試者得「三分」時要怎麼解釋——這表示這個人某些時刻的社交能力很好，還是這個人有些時候的交際能力很差？最後他認為：兩者皆是。

其中最重要的一點是：面試官不能表達自己的個人意見，他們要回答的問題不是「我如何看待這個人」，而是「這個人做了什麼」。至於應試者會被分派到以色列軍隊的哪個單位，就交給丹尼爾的演算法來決定。「面試官恨死了我這麼做，」丹尼爾回憶到：「我承受強烈的反彈聲浪，我還記得有人對我說：在你眼中，我們全成了機器人。他們認為自己有能力判斷一個人的潛力，但我剝奪了他們的能力，他們**真的**很不高興。」

有一天，丹尼爾要助理開車，載他到以色列各地，要求所有軍官為轄下士兵進行性格測驗評量，好讓他能將測驗結果與實際表現進行比對。當時他是這麼打算的：他要把那些在特定單位表現出色的軍人，整理歸納出共同具備的性格特質，再用這些特質去甄選人才，把這些人指派到同一個單位。（不過丹尼爾本人對於這趟旅程的記憶很有意思，他只記得某幾個細節，卻對整體印象非常模糊。他完全不記得與野戰軍官會面的情形，卻清楚記得他後來接手自己開車，以及當時駕駛員說了些什麼。在這之前，丹尼爾沒開過車，他發現前方有個減速丘，趕緊踩了煞車，一旁的駕駛員還稱讚他「你還滿紳士的」。）但跟野戰軍官碰過面後，丹尼爾發現跑這一趟根本白費力氣。大家對軍隊的印象根本是錯的，在不同單位表現優秀的軍人之間，人格特質沒有顯著差別。在步兵團表現出色的人，其人格特質跟砲兵隊或坦克車部隊的出色軍人大同小異。

不過，丹尼爾的性向測驗，還是具有一定程度的預測價值，可以用來預測應試者成功（無論從事任何工作）的機率。相較於以前的方法，丹尼爾的性向測驗可以協助以色列軍隊更準確地預測哪個人可能成為優秀的軍官、可以進入哪些單位（如戰鬥機飛行員或傘兵），甚至還可以預測未來誰有可能吃牢飯。或許最令人驚訝的結果，是他們發現一個人的智力及教育的相關性不大。換言之，他的方法提供了過去其他方法所無法提供的資訊。後來這套方法有個非正式的名稱叫「康納曼計分」（Kahneman score），在軍隊用人上成效良好，特別是在選擇軍隊領導人方面，除了有效降低智力（可衡量，但無法準確預測未來表現）的重要性，同時也提高了丹尼爾表列上那些性格特質的重要性。

別急著反駁，好好想想人家為什麼這麼說……

丹尼爾建立的篩選機制非常成功，以色列軍隊一直沿用至今，只進行過微幅調整。例如，當女兵應試戰鬥單位時，會把「體格」改成「體能」。「他們曾經想過要全盤改變，」《以色列士兵肖像》（*A Portrait of Israeli Soldier*）的作者魯文．蓋爾（Reuven Gal）說。蓋爾曾在以色列國防軍擔任首席心理學家長達五年，「但結果更糟，於是又改了回來。」一九八三年，蓋爾離開以色列軍隊前往美國華盛頓，在美國國家科學院擔任研究員。有一天，他接到五角大廈高階將官的電話，「對方說，能否請你過來和我們聊聊？」

蓋爾到了五角大廈，一群將官用各種方法提問：「請跟我解釋一下，為什麼你們的人和我們使用同款的步槍，開同款的坦克車、同款的飛機，但是你們卻能打贏所有戰爭，我們卻不能？我知道不是武器問題，一定是和心理學有關。你們如何挑選會打仗的軍人？」

「接下來的五個小時，他們只想從我腦袋挖出一件事：我們的選人過程。」蓋爾說。

後來，丹尼爾當了大學教授，他常告訴學生要問對問題：「當某人說了某件事，不要問自己這是不是真的，你要問的是：什麼情況下有可能是真的。」這正是他的知性本能，也是心智思考的第一步：聽完某個人說的話，先不去駁斥，而是找出其中的含意。今天回頭看，當年以色列軍方問他的問題——「怎樣的人格特質，最適合怎樣的角色？」——毫無意義，於是丹尼爾轉向另一個完全不同卻更有意義的問題：「我們要如何避免面試官受直覺干擾，影響了我們對軍隊應試者的判斷？」

他發現，預測他人的性格特質必須做到一件事：當你抹除自己的直覺感受，你的判斷準確度就會提升。「丹尼爾和其他無數的心理學家最大的不同，在於他能觀察到現象，然後採用同樣適用於其他情況的方法，去解釋這個現象。」英屬哥倫比亞大學心理學教授戴爾．格里芬（Dale Griffin）說：「你可能會覺得他只是瞎貓碰上死耗子，但他卻一直碰上死耗子。」

如果換作另一個普通人，必定會因為這段經歷而自滿。才二十一歲的丹尼爾．康納曼，對以色列軍隊的影響力已經超過其他任何一位心理學家。可以預見，他的下一步自然是離開軍隊，取得博士學位，在性向測驗與徵才領域成為以色列最傑出的心理學家。哈佛大學在這個領域曾經培育出多位優秀學者，丹尼爾覺得自己還不夠優秀到可以進入哈佛大學就讀，所以沒花什麼時間考慮就直接申請了柏克萊大學。

四年後，也就是一九六一年，丹尼爾回到希伯來大學出任助理教授，並從心理學家沃爾特．米歇爾（Walter Mischel）的人格研究成果得到新的啟發。一九六〇年代初期，米歇爾設計了一系列針對兒童的簡單測試，獲得許多新發現。後來，在大家所熟知的「棉花糖實驗」中，米歇爾分別找來三歲、四歲及五歲的小孩，讓他們一個人待在房間內，發給他們最愛的棉花糖，並告訴他們，如果能忍住幾分鐘不吃，就可以再多得一個。小孩的自制力，跟他的智商、家庭環境及其他因素都有關。持續追蹤這些小孩多年下後，米歇爾發現，五歲時越能夠抵抗誘惑的小孩，日後ＳＡＴ（美國大學入學的學力測驗）的分數及自我價值都會越高，而體脂肪及嗑藥機率會越低。

米歇爾的研究激發出丹尼爾的新熱情，他設計出一系列類似棉花糖測試的實驗，甚至為自己的研究命名為：單一問題心理學（the psychology of single questions）。他安排一趟露營旅行，邀請幾個以色列小朋友參加，小朋友可以選擇睡單人帳篷、雙人帳篷或八人帳篷。丹尼爾的想法是，從小朋友的選擇可以看出他們與團體的親疏程度。但最後卻沒有任何成果，就算有也無法應用到未來的實驗，所以他放棄了。「我希望自己是個科學家，」他說：「但我知道，除非我能自我複製，否則當不了科學家。」

再一次，他對自己沒了自信，決定放棄性格研究，他覺得自己沒天分。

第3章

遇見天才阿莫斯

從「抹除」世間的錯誤起步

安農．拉波博爾特（Amnon Rapoport）十八歲那年，被以色列軍隊的新篩選系統挑中，被視為是具有領導潛力的人才，希望訓練他成為坦克指揮官。

「我當時甚至不知道有坦克部隊。」他說。一九五六年十月的某天晚上，他駕駛坦克車進入約旦，報復先前以色列平民遭到殺害的意外事件。發動突襲時，你得快速做出許多決定——該開槍或停火？要一槍擊斃或留下活口？萬一被敵軍抓走，該不該自殺？不過幾個月前，才有一名年齡和安農相當的以色列士兵被敘利亞軍俘虜，在審訊前就自殺。後來敘利亞人把他的遺體送回，以色列軍方才在他的腳趾甲上發現字跡，寫著：「我絕不叛國！」

一九五六年十月的那個晚上，安農做出的第一個決定，就是停火。他原本的任務，是持續轟炸一棟警察大樓的二樓，直到以色列傘兵攻占一樓。但他怕錯殺自己的同袍，於是決定停止轟炸，就在這時，他從坦克的無線電聽到來自一樓的回報。「你不得不面對現實，這不是什麼英雄和惡棍決鬥的遊戲，是真正生死攸關的一刻！」傘兵是以色列的菁英戰鬥部隊，他們陷入肉搏戰，傷亡慘重，但安農聽到的回報，聲音卻非常鎮定，幾乎是輕鬆的語氣。「沒有半點緊張，」他說：「真的，他的語調沒有任何變化，而且幾乎不帶情緒。」這些猶太軍人已經成了斯巴達人，怎麼辦到的？他心想，如果換成他遭遇近身肉搏戰，會如何反應？他也好想成為一名戰士。

用報紙擦屁股，卻意外發現希伯來大學要成立心理系

兩星期之後，他開著坦克車進入埃及，開啟了後續軍事占領行動的序幕。他陷入戰雲密布之中，有來自埃及軍隊的猛烈砲轟，還有以色列戰機。他印象最深刻的一幕，是埃及一架米格十五戰鬥機直接朝向他的坦克車俯衝而下，當時他的頭部就露在砲塔之上，以便用全景視角觀察戰場的一舉一動。他趕緊大聲命令駕駛員，以Z字形路線前進，避免被砲彈擊中。當下他覺得那架米格十五戰機，就快要轟掉他的腦袋。幾天後，絕望的埃及士兵全數投降，他們高舉雙手走向安農的坦克車，懇求給水喝，並請求提供保護。不過才前一天，他看到埃及士兵見一個殺一個，但現在他對他們只有同情。他再度感到不可思議：「我竟然可以如此輕易地從一部無情的殺人機器，轉變成一個有同理心的人，怎麼會這樣？」

歷經多次激烈的交戰之後，安農想逃離這一切。「待在坦克部隊兩年，我變得有些殘暴，」他說：「我希望逃得越遠越好，但是出國費用太高。」一九五〇年代的以色列人不會抱怨戰爭也不會發洩不滿，他們會直接面對問題、處理問題。他在紅海北方一處沙漠銅礦場找到了工作，據說這處銅礦場是所羅門王時期的著名礦場之一。安農的數學比其他工人都要好，這些工人多數是囚犯，於是他成了礦場的簿記員。

在所羅門礦場最不方便的，是沒有廁所和衛生紙。「我必須走到外面去……大便。有一天我用報紙擦屁股時，正好在報紙上看到一則訊息，上面寫說希伯來大學要設立心理學系。」當時他才二十歲，對心理學的理解就只有佛洛伊德和榮格。「在希伯來大學沒有太多的心理學教科書。」他說，但他對心理學非常感興趣，為什麼如此他當時也不知道。總之，他的內心發出邀請，心理學的世界也適時回應了他。

不同於希伯來大學的其他學系，要考進以色列第一個心理學系的競爭非常激烈。在安農看到報紙廣告後又過了幾個星期，他站在做為希伯來大學臨時教室的修道院外，跟著人群排隊，等著接受一連串奇怪的測試。這些測試當中，其中一項正是丹尼爾設計的。丹尼爾用自己發明的語言寫了一段散文，要應試者破解這語言的文法結構。

排隊的人龍一直蜿蜒到街角。新的心理學系只有二十個錄取名額，卻有數百人報考。在一九五七年的以色列，竟然有這麼多年輕人想要研究人類的心智運作。這些人真的非常優秀：錄取的二十人當中，有十九個人之後取得博士學位，其中沒有繼續攻讀博士的是一名女性，她在入學考的成績名列前茅，但因為生了小孩，不得不中斷學業。沒有心理學系的以色列，就好比沒有美式足球的阿拉巴馬州。

在安農排隊的隊伍旁，站著一位個頭嬌小、皮膚蒼白、有著娃娃臉的小士兵。看上去大約只有十五歲，他穿著膠底高筒靴、硬挺的制服，頭上戴著以色列傘兵的貝雷帽，感覺有些不協調。後來他開口說話，說他名叫阿莫斯．特沃斯基（Amos Tversky）。安農已經不記得他說了些什麼，但是他清楚記得自己當時的感受：「他比我聰明，我當下就知道了這一點。」

特沃斯基是他們見過最出色的典型以色列人。他的父母在一九二〇年代初期加入了拓荒者行列，這些人逃離俄國反猶太主義的魔掌，為了建立擁護猶太復國主義的新國家而努力。他的母親叫吉尼亞．特沃斯基（Genia Tversky），是社會工作者及政治家，後來成了第一屆的以色列國會議員。她為人民服務，犧牲個人生活，對於自己的選擇沒有太多掙扎。她經常不在家，在阿莫斯還小的時候，她曾經有兩年時間待在歐洲，協助美國陸軍解放集中營，安置劫後餘生的倖存者。回到以色列後，她待在耶路撒冷議會的時間比在家裡還要多。

阿莫斯有一個姊姊，足足大他十三歲，所以他就像是家中獨生子。他父親叫約瑟夫．特沃斯基（Yosef Tversky），是拉比之子，但卻厭惡宗教，熱愛俄國文學，對於從任何人類口中吐出的隻字片語都覺得很有意思。擔任獸醫的父親，大半輩子都在治療家畜（以色列人養不起寵物），阿莫斯曾對朋友說，他父親之所以當獸醫，是因為「覺得動物比人類承受更多痛苦，卻從不抱怨」。約瑟夫．特沃斯基是個嚴肅認真的人，但每當談到自己的生活和工作時，都會笑著把阿莫斯抱到膝上。「我父親對工作很投入，是他教我要對任何事物都抱持質疑的態度。」阿莫斯在他的博士論文開頭如此寫道。

阿莫斯常說，有趣的事通常會發生在懂得將有趣的事編成有趣故事的人身上。他自己就具備了這樣的能力，而且很有原創性。他說話有些口齒不清，就像加泰隆尼亞人說西班牙語一樣。他的皮膚蒼白，不論是說話或聽別人說話，一雙淡藍色的眼睛總會來回看著，彷彿在尋求別人認同。

即便是說話的時候，阿莫斯總是讓人覺得他老在動個不停。他沒有人們熟悉的體育健將的外表（因為身材太矮小），但實際上他行動靈活且快速。他幾乎能以野獸般的速度一口氣跑上山再下山，他最愛玩的把戲之一是站在高處——不論底下是岩石、桌子或坦克車——往下跳。每次他談到這些都像是說故事一樣精采：剛開始，他下墜中的身體和地面保持平行，引得周圍的人開始尖叫，接著他會扭動身體，在最後一刻雙腳完美落地。他熱愛墜落過程的感官刺激，還有從上而下俯瞰的寬廣視野。

阿莫斯從小就勇於挑戰身體的極限。父母在一九五〇年代將他從耶路撒冷送往靠海的海法（Haifa），有一天，他和其他孩子在游泳池玩，泳池有一座十米高的跳水平台，那些孩子故意激他，要他從跳水台往下跳。當時阿莫斯才十二歲，還不會游泳（住在耶路撒冷期間，獨立戰爭仍未結束，居民連水都沒得喝，更別說在泳池蓄水，因此他沒機會學游泳）。阿莫斯找到一名身材較高大的孩子，對他說：我要去跳水，但我需要你在泳池內，當我跳下來後你要把我從泳池底拉上來。結果阿莫斯真的往下跳，那個小孩也成功救了他。

原來兩個都是天才，難怪會在一起！

和其他以色列小孩一樣，阿莫斯上高中後必須決定要主修數理或人文學科。在這個新建立的國家，男孩通常會迫於社會的壓力選讀數理，未來的社會地位和工作才能獲得保障。阿莫斯對數理一向很拿手，甚至可說是最有天分的孩子，也是班上的模範生。然而，他卻選了人文學科，讓所有人感到不解。

再一次，他又冒險地跨入另一個未知領域。阿莫斯說，他可以自修數學，但是他無法忘懷與人文學科的老師巴魯奇・科茲威爾（Baruch Kurzweil）學習時感受到的悸動。「多數老師的上課內容都非常無聊、膚淺，但是他的希伯來文學和哲學課卻很有趣，充滿了驚喜。」阿莫斯在寫給姊姊露絲的信中說道，當時露絲已經搬到洛杉磯。阿莫斯為科茲威爾寫詩，還告訴周圍的人，他未來要成為一名詩人和文學評論家*。

他和新來的女同學達麗亞・拉維科維奇（Dahlia Ravikovitch）私交很好，甚至帶有愛意。達麗亞性格孤僻，只上過一天的課，在她父親過世後，原本住在集體農場，但她討厭那裡，後來被送往不同的寄養家庭，過得很不快樂。社交疏離的她，正是一九五〇年代以色列社交疏離現象的縮影。然而，全校最受歡迎的學生阿莫斯，卻跟她成了好友。

沒人知道究竟是怎麼回事。阿莫斯看起來仍是個大男孩，而達麗亞從各方面看來都已經是個成熟的女人了。他喜愛戶外運動和遊戲，而她……當其他女孩都到戶外上體育課時，她會坐在窗邊抽菸。阿莫斯喜歡和一大群朋友一起，達麗亞卻喜歡一個人獨處。後來，達麗亞的詩作得到了以色列最重要的文學獎，成了聞名全球的大人物，大家才恍然大悟：「原來兩個都是天才，難怪會在一起！」其實還有科茲威爾，後來也成為以色列最出名的文學評論家，而阿莫斯早就很想向他學習。不過，阿莫斯和達麗亞畢竟還是天差地遠的兩個人——阿莫斯是所有人眼中最樂觀的人，而達麗亞和科茲威爾一樣，都曾試圖自殺（科茲威爾後來自殺成功）。

如同一九五〇年代初期居住在海法的小孩一樣，阿莫斯也參加了一個稱為「戰鬥先鋒青年軍」

---

*史金納年輕時發現自己永遠不可能寫出偉大的美國小說，他說當時的他極度絕望，幾乎要去看心理醫生。傳奇的心理學家喬治・米勒（George Miller）曾提到，他之所以放棄文學夢轉投心理學研究，是因為寫不出東西。想想哲學家威廉・詹姆斯（William James）讀完弟弟亨利的第一部小說後，誰能體會他內心複雜的情緒？「試想，有多少個心理學家曾做過短暫的作家夢？這不失是一個有趣的問題。」某個知名的美國心理學家曾說過：「這可能是最原始的動力。」

（Nahal）的左翼青年運動組織，而且在不久後就被推舉為領導人。Nahal 是 Fighting Pioneer Youth 的希伯來文字母縮寫，組織宗旨是讓更多年輕的猶太復國主義者從學校走進集體農場。這些年輕人可以擔任衛兵的工作，負責守衛農場，幾年後再轉為農夫。

阿莫斯念高中的最後一年，好大喜功的以色列將軍摩西．達揚（Moshe Dayan）來到海法對學生演講。在台下聽演講的一位學生，回憶當時情景說道：「達揚問大家，是戰鬥先鋒青年軍的人請舉手，結果在場有好多人舉手，沒想到達揚接著說：你們這些娘砲，你們不該去種什麼番茄黃瓜，你們應該去打仗！」隔年，以色列境內每個青年團都被要求，從每一百名孩子中挑出十二名，以傘兵——而非農夫——身分報效國家。當時阿莫斯的體型雖然看起來像是個童子軍男孩，但卻自願加入，剛開始他還一度因體重太輕不符資格，後來靠著一直喝水增重才順利入伍。

到了傘兵學校，阿莫斯和其他年輕人都被訓練成戰士和殺人機器。等他們證明自己可以從十八英尺的高度往下跳並順利落地後，就會被帶上一架二次大戰期間使用的木製老飛機。飛機上的螺旋槳就在飛機門的前方，當你踏出機門，會有一陣強風將你往回拉。他們相互檢查對方裝備，當機門上的紅燈轉為綠燈，便得一個接著一個往下跳。稍有遲疑，背後就會有人把你推出去。

剛開始，很多人都會躊躇。阿莫斯那一組，有一個人拒絕往下跳，此後一輩子都不再跳傘（「拒絕跳傘，真的需要勇氣。」一位前傘兵說）。但阿莫斯從沒遲疑過，「每次從飛機上往下跳，他總是興奮到最高點。」同為傘兵的烏里．沙米爾（Uri Shamir）說。阿莫斯前後共跳了五十次（也許更多），還曾經在敵軍大後方執行跳傘任務。一九五六年，他參加西奈半島戰役，有一次他不小心跳進大黃蜂巢，被叮得滿身包，當場暈厥過去。一九六一年，他完成大學學業，飛到美國攻讀研究所。當飛機降落美國時，他充滿好奇心地看著飛機下方的陸地，向隔壁座的乘客說：「我從來沒有搭飛機著陸。」

不再是穿著卡其色短褲、在機場揮別的小男孩了

阿莫斯加入傘兵後不久，就當上了排長。「一個人竟能如此快速地適應生活方式的變化，真的很不可思議，」他在寫信給洛杉磯的姊姊時說道。「我和同年齡的男孩其實沒有兩樣，除了臂膀上的兩條槓。現在他們得向我敬禮，服從我的每道命令。現在我也能接受這樣的從屬關係，而且覺得很自然。」阿莫斯寫給家裡的信件都必須經過審查，因此信中只透露少許的戰場經驗。他曾被指派參與一項復仇行動，雙方戰況激烈，他的隊員被俘，最後他成功救回這些隊員。「其中有次『復仇任務』，我救了一名士兵，獲頒榮譽獎章，」他寫信給姊姊說：「但我不是要逞什麼英雄，我只是想讓我的隊員可以平安回家。」

事實上，他還經歷了許多考驗，但是他既沒有寫出來，也幾乎絕口不提。曾有一位性格殘暴的資深以色列軍官，想測試一個人在缺乏糧食補給、長時間缺水的情況下可以步行多遠的距離，結果

害得阿莫斯部隊中有一名士兵因脫水而死，該實驗被迫終止。在軍事法庭上，阿莫斯作證指控這名軍官。

還有一次，阿莫斯的隊員趁著天黑，用地毯蒙住了另一位同樣作風殘暴的軍官，對他拳打腳踢。阿莫斯自己並未參與這次的暴力事件，但在稍後的調查中，他幫施暴的士兵免除被起訴的命運。「當他們問你問題時，你就提供一堆不相關的細節，他們會被這些線索干擾。」他教那位士兵，結果確實奏效。

一九五六年末，阿莫斯不僅是排長，還因為先前的英勇事蹟得到以色列軍隊的最高榮譽。在某次訓練演習的現場，阿莫斯的一位士兵被指派使用魚雷清除鐵絲網，當時以色列國防軍參謀長也在場。當士兵取出拉火繩、觸發引信後，只有幾秒鐘的時間逃離並尋找掩護。這名士兵將魚雷放在鐵絲網下方，取出拉火繩後卻昏厥倒地，幾秒鐘後魚雷即將爆炸。阿莫斯的指揮官大聲喝斥要大家留在原地不動，眼睜睜看著那名失去意識的士兵即將丟掉性命。此時阿莫斯不顧上司命令，從他們小隊身後的牆往前衝，抓起了那名士兵，拖著他走了十碼的路，然後把他放到地上，趴在他身上掩護他。那次的砲彈碎片一直留在阿莫斯體內，跟著他一輩子。以色列軍隊舉辦隆重的典禮頒贈榮譽獎章給他，全程在場的摩西．達揚在頒獎時對阿莫斯說：「你的行為愚蠢，但很英勇，下不為例！」

有時候，人們看到阿莫斯的舉動會有種感覺，他似乎很怕別人認為他不夠有男子氣概、不夠勇敢。「他真的很拚命，」烏里．沙米爾說：「我想或許是為了彌補削瘦的身材及蒼白的膚色。」不過某些時候，身體上的限制並不是問題，他只是習慣了強迫自己要勇敢。服役生涯接近尾聲時，他明顯感受到自己的變化。「我忍不住想，你可能會不認識現在的我。」他在寫給姊姊的信中說道：「信裡無法真實反映一位男孩在軍中服役十年歷經的劇烈變化，不久後你就會看到，我已不再是五年前那位穿著卡其色短褲、在機場跟你揮別的小男孩了。」

除了這一封短箋，阿莫斯幾乎不曾提到他在軍中的生活，不論是信件或口頭上，除非是好笑或有趣的故事。例如，在西奈半島戰役中，他的部隊是如何截獲一列載著埃及參戰駱駝的火車。阿莫斯從來沒有騎過駱駝，軍事任務結束後，他贏得競賽的獎賞是騎著領隊的駱駝回家。後來他上了船，十五分鐘後因為暈船，只好跟著在沙漠行走的商隊，花了六天時間穿越西奈半島。

另一則他提過的故事，是他的士兵即使交戰時也不戴頭盔，因為天氣實在太熱了。「反正如果一顆子彈真要了我的命，也是天注定的。」

阿莫斯的故事靈感，通常來自他對周圍事物的觀察。「每次與他碰面，他都會說：我跟你講過一個故事嗎？」以色列數學家山謬爾．撒塔哈（Samuel Sattah）說：「但是這些故事通常跟他無關，比如他會說：你知道嗎，在以色列大學開會，每個人都會急著跳出來發表意見，因為他們怕別人會把他們想說的搶先說了。但是在美國大學開會，大家都非常安靜，因為他們覺得別人會替他們說出心中想說的話……」他常會談起美國人和以色列人的不同——例如美國人相信明天會更好，以色列人認為明天只會更壞；美國小孩總會做好課前準備，而以色列小孩從來不預習，但總會提出很帶種的想法等等。

出口一針見血，智商又經常碾壓別人

對於熟識阿莫斯的朋友來說，愛講故事只是讓你喜歡他的理由之一而已。「他的為人確實無話可說，」認識阿莫斯多年的一位女性好友說：「我們喜歡聚在一起，不停地談論他。」

阿莫斯很愛糗那種自以為是的人。例如他曾聽一位美國經濟學家高談闊論，說怎樣怎樣是愚蠢的，怎樣怎樣是白目的。他聽完之後對經濟學家說：「你的經濟模型假定，人可以聰明又理性，但你認識的每一個人都是白痴。」有一次，他聽著諾貝爾物理學獎得主莫瑞．蓋曼（Murray Gell-Mann）上天下地東拉西扯地說個沒完，等到蓋曼終於打住之後，阿莫斯對他說：「你知道嗎，莫瑞，像你這麼聰明的人，全世界就只有你一個。」還有一次，阿莫斯結束演講後有位英國統計學家向他走來對他說：「我本來不喜歡猶太人，但我喜歡你。」阿莫斯聽了後回說：「我通常很喜歡英國人，但我不喜歡你。」

阿莫斯的故事影響了很多人，進而衍生出更多關於阿莫斯的故事。舉例來說，台拉維夫大學為一位贏得沃爾夫獎（Wolf Prize）的物理學家舉辦慶祝派對*。這是物理學界第二高的榮譽，贏得沃爾夫獎的物理學家日後很有可能會得到諾貝爾獎。以色列國內知名的物理學家都參加了這場派對。當晚，這位得主與阿莫斯聊了很久，隔天這位得主打電話給派對主辦人：「昨晚和我聊天的那位物理學家是誰？他沒告訴我他的名字。」主辦人搞了半天，才知道原來他指的是阿莫斯。他告訴對方，阿莫斯是心理學家，不是物理學家。「不可能，」這位物理學家說：「他是最聰明的物理學家！」

住在普林斯頓的哲學家阿維賽．馬格利特說：「不論是什麼主題，阿莫斯首先想到的，一定是其中最關鍵的核心。這種能力真是很不可思議，他對於任何問題，特別是學術問題的第一個回應，都能切中要害又有深度，真的令人佩服。感覺他能隨時中途加入任何討論。」南加州大學心理學家艾爾文．比德曼（Irving Biederman）說：「他的外型並不突出，在一個三十人的房間內，他會是你最後注意到的人。但每一個和他見過面的人都認為，阿莫斯是他們遇過最有智慧的人。」

密西根大學心理學家迪克．尼斯貝特（Dick Nisbett）與阿莫斯見面後，設計了一個搞笑的智力測驗：你越快發覺阿莫斯比你聰明，你就越聰明。「每當他走到一個地方，」阿莫斯的好友以及合作夥伴，也是數學家瓦爾達．利伯曼（Varda Liberman）說：「看起來一點都不搶眼，穿著很普通，他會默默地找地方坐下，然後開口說話。很快的，你會發現所有人都圍在他身旁，接著每個人就會

＊譯註：這是以色列沃爾夫基金會每年一次授予傑出學者的一個獎項（有些年度可能沒有獲獎者），包括農業、化學、數學、醫藥和物理領域，以及藝術領域中的建築、音樂、繪畫、雕塑四大類。

以崇拜的眼神看著他，想聽他說些什麼。」

何必為了微不足道的尷尬，而付出過高的代價呢？

不過，關於阿莫斯的眾多故事，人們最津津樂道的，大都與他說的故事無關，而是與他奇特的生活方式有關。他過著日夜顛倒的生活，太陽升起才就寢，等大家聚在一起的歡樂時光才醒來。他早餐吃醃菜，晚上吃蛋。他會盡可能減少日常的例行事務，因為他覺得那是在浪費時間。所以你會看到中午醒來的他，自己開車去上班，在車上趁著空檔用後照鏡刮鬍子和刷牙。「他從來不知道現在幾點，」他的女兒朵娜說：「不過這不重要。他活在自己的星球，你只是湊巧碰到了他。」

只要是他不喜歡的事，他絕不會假裝或勉強自己喜歡。想拉他去參觀博物館或參加董事會？門都沒有。「對於那些喜歡搞這種事的人來說，」他常引用穆莉爾・斯帕克（Muriel Spark）作品《布羅迪小姐的青春》（*The Prime of Miss Jean Brodie*）的一段話：「這種事就是他們喜歡搞的。」

「他從來不參加家庭旅遊，」他女兒說：「他只出現在他喜歡的場合。」他的孩子都不以為意，他們愛父親，也知道父親愛他們。「他愛大家，」兒子歐瑞恩說：「他只是不喜歡交際應酬。」

相反的，許多一般人不會想做的事，在阿莫斯看來卻理所當然。例如他想跑步就跑，從來不先做什麼伸展，不需要什麼行頭或裝備，也不需要……嗯，慢跑。當他決定要去跑步，他會回到家直接把外褲脫下，穿著內褲就往外衝，一直跑一直跑，直到跑不動為止。「阿莫斯認為，**人們常為了避免微不足道的尷尬，而付出昂貴的代價。**」他的好友阿維賽・馬格利特說：「他很多年前就確信，這麼做一點都不值得。」

所有認識阿莫斯的人都清楚，這個人擁有非凡能力，而且只做他想做的事。瓦爾達・利伯曼想起有一天去找阿莫斯，看到桌子上堆了一星期的信件，所有信件分成了好幾疊，每一天一疊。信件中有各式各樣的請託，包括介紹工作、頒發榮譽學位、採訪與演講邀約、請求解答艱澀問題，外加待繳的帳單等等。但每次拿到信件時，阿莫斯只會打開自己有興趣的，其他的就丟回當天的信件堆裡。當某一疊信件堆到無處可放時，阿莫斯連開都不開，直接就丟到身旁的垃圾桶。「緊急事件的美妙之處在於，」他常這樣說：「如果等得夠久，就變得不緊急了。」「當我對阿莫斯說，我必須做這個做那個時，」他的好友葉許・柯隆尼說：「他會說，不，你不需要。我心裡想：你還真好命！」

在阿莫斯的身上，你可以看見單純的美好，你可以很直接且精準地從他的行為，推斷他所喜歡和厭惡的事物。他的三個小孩都記憶猶新，有一次他們看著父母開車離家去看母親選定的電影，二十分鐘後，就看到父親開車回家。只看開場前五分鐘，阿莫斯就決定了這部電影是否值得看下去。如果不值得，便立刻打道回府，在家看他最愛的電視劇《霹靂警探》（*Hill Street Blues*），或是他從來沒錯過一集的《週六夜現場》（*Saturday Night Live*），或是ＮＢＡ球賽（他是籃球迷）。然後他會回到電影院，接看完電影的老婆回家。「他們已經賺了我買票的錢，」他解釋說：「難道還要賺走我的時間？」如果不小心和一群不喜歡的人在一起，阿莫斯也會默默消失。「他會逐漸淡出，最後消失於無形。」朵娜說：「這是一種另類的超能力，完全不用背負社交責任，而且還很優雅。」

有時候，阿莫斯難免會得罪人——光是他那雙淡藍色的小眼睛，就足以讓不認識他的人感到不舒服。他的眼睛會不停轉動，讓人覺得他似乎沒有在認真聽對方說話。其實，他聽得太仔細了。「對他來說，許多人不清楚自己到底懂不懂，」阿維賽・馬格利特說：「如果他認為你很乏味、沒內涵，他會掉頭就走。」

無論他想和誰交談，對方一定會答應，從來沒有例外。「當他想跟你結交時，他會設法討你歡心。」山謬爾・撒塔哈說：「對一位如此聰明的人來說，這實在很奇特。」「彷彿就像他想跟你談戀愛一樣，」葉許・柯隆尼說：「如果有幸他喜歡你，你會很容易就愛上他，非常容易，阿莫斯身邊的人都想得到他的喜愛。」

哲學問題都被柏拉圖解決了，只好踏上心理學之路

安農・拉波博爾特不缺仰慕者，他在戰場上的英勇表現遠近皆知。以色列女人第一次看到他的

金髮、古銅色肌膚以及立體的五官，就認定他是她們見過最帥的男人。他後來取得數學心理學的博士學位，在所任教的國際知名大學成了受人仰重的教授。他知道阿莫斯很喜歡他，但不知道為什麼。「我知道我被阿莫斯吸引，是因為他非常聰明。」安農說：「至於我是哪一點吸引他，我就不知道了。大家都說我長得好看，會不會是這個原因？」

不論原因為何，兩人的確非常投緣。從他們相遇的那一刻起，安農和阿莫斯就形影不離。他們上同一堂課，並肩而坐，住在同一間公寓，暑假一起在鄉間旅行。大家都公認他們是一對，「我想可能有人會說我們是同性戀什麼的。」安農說。

一九五〇年代末，希伯來大學要求學生必須選擇兩個主修，阿莫斯選擇了哲學和心理學。阿莫斯很有策略地規畫自己的學術生涯，上了兩年的哲學課之後，阿莫斯確定他不想再修哲學了。「我還記得他當時說的話，」安農說：「他說：在哲學領域，已經沒有我們可以做的事了。柏拉圖已經解決了太多問題，我們想要有一番作為不容易。哲學界裡聰明的人太多，懸而未解的問題卻所剩無幾。就算有問題，可能也無解。」

人類「身體與心智」之間的關聯，就是其中一例。各種心理狀態——你相信什麼、你在想什麼——跟身體狀態有何關聯？我們的身體與我們的心智之間，究竟存在著什麼樣的關係？這些問題可以上溯至笛卡兒時代，如今我們還是沒有答案。阿莫斯認為，哲學的問題在於它不遵循科學原則，哲學家研究人類本質理論的「樣本」其實只有一個，也就是哲學家自己。相較之下，心理學至少還披著科學外衣。

那些跟阿莫斯最親近的以色列朋友，都知道他為何會對哲學感興趣。因為，人類「為什麼這樣想？為什麼這樣做？」本來就是我們平常最關心的話題。「你不會討論藝術，」阿維賽・馬格利特說：「但你會討論人，關心人類行為背後的動機是什麼？尤其對猶太人而言更是如此。猶太人是心眼很小的商人，他們需要隨時隨地與人接觸，也特別關心哪些人是危險人物？哪些人可能會賴帳，哪些很重信用？基本上，我們都是靠自己的心智判斷。」至於為什麼腦袋清楚的阿莫斯，會跳入心理學這個模糊的領域，大家就百思不得其解了。這個極度樂觀、頭腦清醒、邏輯清楚、無法容忍廢話的傢伙，為何會跑來這充滿不快樂靈魂與神祕主義的領域蹚渾水？

阿莫斯很少談論這個話題，不過如果你問他，他的說法會讓你覺得這不過是偶然。他四十多歲時，心理學界最優秀的年輕學者都希望跟隨他學習，有一次他接受哈佛大學精神病學教授邁爾斯・修爾（Miles Shore）的訪談，修爾問他，為什麼會成為心理學家？「很難解釋，」阿莫斯說：「我們做出的重大決定，通常都是隨機發生的。反而是那些比較不重要的小決定，才能看出我們是怎樣的一個人。我們會選擇哪個領域，可能和我們在高中時遇到的某個老師有關。我們和某個人結婚，可能是因為在對的時間點遇到了這個人。反之，比較不重要的決定，通常更有系統性。因此關於我『為什麼會成為心理學家』也許並不重要，比較重要的是『我是個什麼樣的心理學家』。」

那麼，他是個什麼樣的心理學家呢？阿莫斯發現，心理學領域能引起他興趣的部分很少。在上完兒童心理學、臨床心理學以及社會心理學之後，他認為他所選擇的學術領域，絕大部分的內容都可以忽略。對於被指派的工作，他根本就沒太大興趣。他的同班同學阿米亞．里布利奇（Amia Lieblich）就曾親眼看到，阿莫斯接受教授的請託，為一個五歲小孩做智力測驗，但他完全沒放在心上。「工作期限到的前一天晚上，阿莫斯轉身對安農說：『安農，過來躺在沙發上，我要問你幾個問題，你要假裝自己是一個五歲小孩。』然後就此交差了事！」

阿莫斯是唯一上課不寫筆記的學生。每次考試前，阿莫斯都要看安農的筆記。「他只要瞄一眼我的筆記，就能理解得比我透徹，」安農說：「就像他如果在街上跟一位物理學家聊三十分鐘，原本對物理學一無所知的他，還可以說出對方不知道的物理知識。我原本以為他是個超級膚淺的人——只是在派對上唬唬人耍花招而已。但我錯了，因為那完全是真本事。」

在心理學界，的確有很多沒真本事的教授。例如一位來自蘇格蘭、負責教心理學史的教授，後來被發現博士學位造假，而被送回蘇格蘭。還有一位曾在大屠殺時躲在樹林裡僥倖逃過一劫、被邀請去教「人格測試」的教授，結果卻被阿莫斯和安農犀利的連番提問，搞到哭著離開教室。「基本上我們必須自學心理學。」安農說。

阿莫斯發現，當時崛起中的臨床心理學，與醫學的發展軌跡非常相似：在十七世紀，如果你生了病去看醫生，很可能反而讓病況加重。到了十九世紀末，看醫生是還算合理的提議：不去看醫生，身體變好的可能性，跟你去看醫生而情況變得更糟的可能性是五五波。阿莫斯認為，今天的臨床心理學，就好比十七世紀的醫學，他有非常多證據可以支持他的說法。

美貌、財富、才智，你怎麼挑選另一半？

一九五九年，也就是阿莫斯和安農在希伯來大學的第二年，安農偶然看到約翰．霍普金斯大學心理學教授沃德．愛德華（Ward Edwards）的一篇論文：〈決策理論〉（The Theory of Decision Making）。「許多社會學家而非心理學家，試著要解釋個人的行為，」他開頭寫著：「經濟學家和心理學家已經針對個人的決策行為，建立大量理論，並進行多項實驗。例如提供A和B兩種情境，讓一個人去選擇希望自己處於哪種情境。比方說，讓一個站在糖果店櫃檯前的小孩，在兩種情境中擇一：情境A，有〇．二五美元，但沒有糖果；情境B：有〇．一五美元，和一根十美分的糖果棒。決策經濟理論便是在研究，要如何預測這樣的決策。」愛德華還點出一個問題：經濟理論、市場設計、公共政策的制定，都必須依決策理論，但心理學家──最有可能測試這些理論，並確定人們實際上如何做決策的人──卻不太關注這個議題。

愛德華並不否定經濟學，也不認為心理學與經濟學是對立的。他只是建議，心理學家應該被邀請或自己主動去測試經濟學家提出的假設及預測。經濟學家假設人是「理性的」，到底是什麼意思？一個簡單的答案是：人們知道自己要什麼。只要你提供一些選項，他們就可以有邏輯地根據自己的喜好排序。例如菜單上有三種熱飲，假設人們喜歡咖啡勝過茶，喜歡茶勝過熱巧克力，那麼邏輯上來說，他們一定是喜歡咖啡勝過熱巧克力。換句話說，如果他們喜歡A勝過B、喜歡B勝過C，那麼一定是喜歡A勝過C。以學術術語來說，這是「遞移性」（transitive）。如果人們無法有邏輯地排序自己的偏好，市場要如何運作？如果有人喜歡咖啡勝過茶，喜歡茶勝過熱巧克力，然後又喜歡熱巧克力勝過咖啡，那麼他們永遠不可能做出選擇。理論上，他們可以花錢將熱巧克力換成茶，或是將茶換成咖啡，然後再花錢將咖啡換成熱巧克力，但這樣做，同樣會沒完沒了，陷入無止境循環中，不斷將手中的飲料換成更喜歡的飲料。

愛德華認為，心理學家可以來檢驗經濟學家提出的「遞移性」假設：現實世界的人，會做出符合遞移性的選擇嗎？如果他們喜歡咖啡勝過茶，喜歡茶勝過熱巧克力，那麼他們會喜歡咖啡勝過熱巧克力嗎？愛德華發現，已經有人開始研究這個問題，其中一位是數學家凱尼斯・梅（Kenneth May）。凱尼斯在一篇刊登於經濟學期刊《計量經濟學》（*Econometrica*）的論文中提到，他曾經測試學生在選擇配偶時的理性程度。他提供學生三種可能的配偶選擇，請學生根據三種特質為這三位配偶排序：長相好看與否、聰明與否、財富多寡。沒有一位配偶在這三項特質中都處於極端情況——也就是說，沒有人一貧如洗、沒有人愚蠢至極、也沒有人醜到不忍卒睹。相反的，這三個人都有相對的優點和缺點：每一個人都會在某項特質排名第一，在另一項特質排名第二，在第三項特質墊底。凱尼斯的學生在做選擇時，不會同時與三位可能的對象碰面。每一次他們會與其中兩位同時碰面，然後做出選擇。例如，他們必須在最聰明、長相第二好看、但最窮的一個對象，以及最有錢、第二聰明、但長相最不好看的對象之間，挑出一個。

當所有學生都寫下自己的決定後，他發現，有超過四分之一的學生——從經濟學的角度來說——是「不理性」的。根據他們的選擇來看，吉姆優於比爾、比爾優於亨利，但是他們卻選擇嫁給亨利而不是吉姆。如果人們像買熱飲一樣買賣配偶，那麼他們將永遠拿不定主意，會不斷更換配偶。為什麼？凱尼斯沒有完整的解釋，但是他開了一個頭，提出了進一步研究的可能：因為吉姆、比爾和亨利都有相對的優缺點，很難相互比較。「而這些無法比較的條件，才是最有意思的，」凱尼斯寫道：「把原本無法比較的條件放在一起比較，只會得出一個簡化卻沒有實質意義的理論。」

安農把沃德．愛德華的這篇論文拿給阿莫斯看，阿莫斯非常興奮。「阿莫斯總會在其他人尚未察覺之前，就聞到金礦的味道。」安農說：「這回他又看到了金礦。」

遠征美國的阿莫斯，竟然一百八十度轉變……

一九六一年秋季，就在安農飛往北卡羅萊納大學幾週後，阿莫斯也離開耶路撒冷前往密西根大學進修。沃德．愛德華因為沒有在所授課的班上現身，被約翰．霍普金斯大學解聘，接著也來到了密西根大學。

安農和阿莫斯兩人都對美國大學很陌生，安農接受傅爾布萊特（Fulbright）獎學金委員會的補助*，前往北卡羅萊納時，還得翻出《世界地圖》才找到北卡羅萊納的位置。阿莫斯看得懂英文，卻不太會說，當他告訴朋友他要去的地方時，大家以為他在開玩笑。「他能活得下來嗎？」他的朋友阿米亞・里布利奇很擔心。但安農和阿莫斯都說，他們其實沒得選擇。「在希伯來大學，沒有人可以教我們，」安農說：「我們必須離開。」安農和阿莫斯都以為離開只是暫時的，他們可以在美國學到關於決策領域的相關理論，然後再回到以色列一起工作。

剛到美國生活的阿莫斯・特沃斯基，簡直變了另一個人。上課的第一週，在同學眼中，阿莫斯是一個沉默、順從的外國人，上課勤做筆記，同學們總是帶著同情的眼光看著他。「非常非常安靜，是他給我的第一印象。」研究所同學保羅・斯洛維克（Paul Slovic）說：「這真的很好笑，因為後來才發現，他真的不是個安靜的傢伙。」有同學看到他從右寫到左，以為他精神不正常（其實他是用希伯來文書寫）。因為英語不流利，阿莫斯的行為變得不像他自己。保羅・斯洛維克猜想，沉默的阿莫斯只是在等待時機，在他知道自己想說什麼之前，不會吐出半個字。

---

*譯註：這是由美國政府資助的國際學術交流計畫，於一九六四年設立。計畫分為兩部分：美國學者接受補助前往其他國家學習，以及外國學者接受補助前往美國學習。

不過，第一年才過一半，阿莫斯就知道自己想說什麼了——從那時候開始，關於阿莫斯的故事就迅速流傳開來。有一次他到安娜堡（Ann Arbor）的一家餐廳吃晚餐，點了一份漢堡加酸黃瓜，服務生說沒有酸黃瓜。好吧，阿莫斯說，那我要番茄。我們也沒有番茄，服務生說。「那可以請你告訴我，你們沒有什麼配料嗎？」阿莫斯問。

還有一次，學生懼怕的統計學教授約翰．米爾荷蘭（John Milholland）要在課堂上考試，每個同學都膽戰心驚，但當天阿莫斯卻遲到了。他快步溜進座位，教授正在發考卷。整間教室鴉雀無聲，其他學生都很緊張不安。當米爾荷蘭回到他的桌前，阿莫斯轉向鄰桌同學，對他說：「永遠再會了，約翰．米爾荷蘭／如果我們再次見面，我們應當微笑／如果不再見面，就該好好道別。」這是《凱撒大帝》（*Julius Caesar*）第一場第五幕布魯特斯對凱撒說的話。結果，阿莫斯高分通過考試。

當時密西根大學要求，所有心理學系博士生必須通過兩種外語能力測驗。奇怪的是，校方的外語選項中沒有希伯來文，卻有數學。雖然阿莫斯的數學是自學而成，不過他還是選了數學做為應試的外語之一，還順利通過了考試。至於第二種語言，他選的是法文。考試內容是從一本書中摘錄三頁內容進行翻譯：學生先挑選一本書，再由監考老師選擇其中三頁。阿莫斯在圖書館找了一本法文數學教科書，沒有任何文字，只有數學公式。最後，密西根大學認定阿莫斯．特沃斯基的法文「流利」。

有時候，你做決定的方式就像一隻被溫水煮著的青蛙

阿莫斯想要研究的是：人到底是如何做決策的？他需要找到一群願意聽話、很窮的人來當他的測試對象，因為唯有這種人會接受他所提供的微薄金錢誘因。後來，他在安娜堡附近的密西根州立傑克森監獄（Jackson State Prison）的最高戒備區，找到了適合的測試對象。阿莫斯選出一批智商超過一百的囚犯，並提供他們包括糖果和香菸等物品的賭資，這些東西在監獄裡都跟貨幣一樣，每個人都知道它們值多少錢——一包香菸和一袋糖果在監獄商店的售價是三十美分，相當於囚犯一星期的薪水。囚犯可以拿走賭注，或是把賭博權賣給阿莫斯——也就是說，他們確定可以拿到酬勞。

結果發現，傑克森監獄的囚犯在選擇不同賭注時所表現出來的行為，與凱尼斯．梅的學生在選擇配偶時的表現很相似：雖然他們說喜歡A勝過B、喜歡B勝過C，但他們也有可能喜歡C勝過A。即便你事前問過他們，有沒有可能選擇C而不選A，他們都堅定地說絕無可能；但事後證明，他們確實可能這麼做。有些人認為，阿莫斯可能用了某種手段引導這些囚犯，事實上他沒有。「他沒有操弄這些違反遞移性的犯人，」密西根大學教授理查．岡薩雷茲（Richard Gonzalez）說。「他只是運用了俗話說溫水煮青蛙的方法。只要溫度上升得夠慢，青蛙就不會察覺到。顯而易見的，青蛙可以偵測到九十度和兩百度的改變，但無法感覺一度的細微變化。人類某部分的生物系統能觀察到劇烈變化，某部分的生物系統能察覺到細微變化——像是搔癢與戳的差別。阿莫斯認為，如果人

們察覺不到細微變化，就有可能違反遞移性。」

無論是囚犯還是哈佛學生，人類顯然不擅長察覺細微變化。阿莫斯寫了一篇論文說明自己的實驗：如何預測人們會在何時變得不可遞移。但是，他並沒有提出太多解釋。對於當前既有假設的缺失，他也沒歸納出重大結論。「這些行為真的是不理性的嗎？」他寫道：「我們傾向保留……當面對複雜且多面向的選擇時——諸如工作機會、賭博或政治候選人，你很難有效地依據現有資訊進行判斷。」之所以如此，未必是人們真的喜歡A勝過B、喜歡B勝過C，然後又喜歡C勝過A，而是有時候我們很難分辨其中的差異。阿莫斯不認為真實世界會像他設計的實驗一樣，讓人們做出自相矛盾的決定。

阿莫斯因為受到沃德·愛德華論文的吸引，而來到密西根大學，但後來他發現，愛德華見面不如聞名。愛德華被約翰·霍普金斯大學解僱後，在密西根大學找到了工作，但他仍然很沒安全感。每一位跟過他的研究助理，必定聽過他那套台詞，他們稱之為「鑰匙論」。愛德華會拿著研究室鑰匙，走到助理面前，告訴他被託付這把鑰匙，是多麼幸運的一件事。「說話時他一直拿著鑰匙，」保羅·斯洛維克說：「說什麼鑰匙的意義、鑰匙的象徵，實在太詭異了。正常的老師會直接把鑰匙給你，然後提醒你，離開時務必記得鎖門。」

愛德華會在研究室裡為客座學者辦派對，但卻要賓客自付啤酒費用。他差遣阿莫斯幫他做研究，但會拖到阿莫斯提出抗議，才把工資給他。阿莫斯在他研究室進行的研究，每一篇論文上都要加上沃德．愛德華的名字。阿莫斯常說，吝嗇是會傳染的，慷慨也是。慷慨可以讓你感到更快樂，所以你應該遠離吝嗇的人，與慷慨的人交朋友。因此，阿莫斯提醒自己，關注愛德華的著作，少理他這個人。

慢慢加糖，直到你滿意甜度為止

當時（至今仍是），密西根大學擁有全球規模最大的心理學系。有許多教授研究決策議題，其中克萊德．庫姆斯（Clyde Coombs）的研究特別吸引阿莫斯的注意。

庫姆斯區分出不同的決策類型，一種是有明確的好壞之分，例如假設其他條件相等，每個人都希望賺更多錢，而不是更少；都希望承受較少痛苦，而不是較多。另一種──也是庫姆斯更感興趣的──則比較模糊，沒有明確好壞之分，例如一個人要如何決定住在哪裡、和誰結婚或是買哪一種果醬？

食品大廠通用磨坊（General Mills）雇用庫姆斯，就是希望他可以開發出適合的工具，來測量消費者對於產品的感受。但是，要如何衡量一個人對於喜瑞兒麥片的感受強度？該使用哪一種量度單位？一個人的身高可以是另一個人的兩倍，但是我們可以說他喜歡某樣東西的程度是另一個人的兩倍嗎？某個地方的氣溫可以比另一個地方高十度，但我們可以說一個人對某家早餐麥片產品的熱愛，比另一家產品要高十度嗎？要預測人們會如何做決定，首先你得掌握他們的偏好，問題是，要怎麼做？

庫姆斯的第一步，是列出一連串「二選一」的選擇清單。在他所建立的數學模型中，「選擇」——例如選配偶——是一種多階段的過程。通常我們會假設，每個人心裡都有一套理想配偶的標準（或是希望在配偶身上找到的特質），然後會將現實中遇見的每一位可能配偶，與心中的完美形象做比較，最後選擇最符合理想的那一位。

但庫姆斯顯然不這樣想，他不認為人們真會如前述那樣做出選擇。那麼，到底人是如何做選擇的呢？他也不知道，他只是想設計一套工具，來預測人們在面對多種選擇時，會如何做出決定。為了解釋他的想法，庫姆斯用喝茶做比喻：一個人如何決定要在茶裡放多少糖？在那個人心裡，一定有個理想的甜度，因此他會慢慢加糖，直到最接近這理想甜度為止。庫姆斯認為，人生許多決定也是如此，只是更為複雜些。

以結婚為例。假設人人心中都有一個模糊的理想配偶形象，這個理想形象具備了一些他們認為重要的特質，但每項特質不是同等重要，人們會從現有的人選中，選擇最接近理想形象的那一位。那麼要了解他如何做決定，你必須先知道他對於不同特質的權重是多少？例如，對於男人來說，女人的才智相對於長相的重要性如何？長相相對於財富的重要性又如何？

此外，你也必須知道，他是「如何評估」這些特質的——一個在找另一半的女人，「如何」將眼前的男性，和她心目中的理想形象做「比較」？（天啊，她要如何比較幽默感？）庫姆斯猜想，我們會不斷在兩者——自己心中的理想與現實世界所遇到的人——之間，找尋相似性並做出選擇，而我們最後的決定，正是一連串選擇後的結果。

北韓像中國，但是中國不像北韓。Why？

和庫姆斯一樣，阿莫斯對於如何測量無法被觀察的事物，也特別有興趣。但是他也發現，想要測量這些事物會引發另一個問題：如果你假設人們會將自己腦中的理想典型，來跟現實世界的選項做比較，那麼你必須先弄清楚：人們是如何「比較」的？心理學稱之為「相似度判斷」（similarity judgements），那麼當進行相似度判斷時，我們的心智又是如何運作的？這個過程至為關鍵，但我們幾乎從未靜下心來思考。

「我們的心智一直持續不斷地進行相似度判斷，並依據判斷結果來理解並回應這個世界。」柏克萊大學心理學家達契爾．克特納（Dacher Keltner）說：「首先，也是最重要的，是你如何歸類——要不要跟她上床，兩者有何不同？這東西我吃與不吃，有什麼不同？我要不要送禮物給這個人？肚子裡懷的是男孩或女孩？如果你弄懂了這個過程，就能弄懂人類是如何理解世界的，也就等於理解了我們對於這世界的知識是如何組織起來的。就好比在我們腦中有條線，將萬事萬物串連起來。」

關於人們如何做判斷，所有主要的心理學理論都有一個共通點：距離。當你比較兩件事物時，你實際上是在問兩者間有多相近（closely）。兩個物件、兩個人、兩個想法、兩種情緒：依據心理學理論，這些都存在於心智中，就如同存在於地圖上、在格架上，或是其他的實體空間，而每個點之間有固定的關係。不過，阿莫斯對這樣的說法存疑。他曾讀過柏克萊心理學家艾莉諾．羅許的論文，羅許在一九六〇年代初期曾研究人類心智如何進行歸類——是什麼樣的原因讓一張桌子成為一張桌子？是什麼樣的原因讓某種顏色成為它特有的顏色？羅許要求受試者比較兩種顏色，並判斷它們彼此之間有多近似。

結果發現，受試者常會有奇怪的答案。例如，他們會說洋紅色和紅色相近，但紅色不像洋紅色。阿莫斯觀察到這些自相矛盾的說法，希望能找出它們的共通模式。於是他進一步問受試者：北韓是否像赤色中國？他們回答說是；他又問，赤色中國是否像北韓？他們說不像。他們還會說台拉維夫像紐約，但紐約不像台拉維夫；一〇三這個數字近似一〇〇，但一〇〇不像一〇三。他們認為玩具火車像真實的火車，但真實的火車不像玩具火車。人們通常會說兒子像爸爸，但如果你問他們爸爸是否像兒子，他們會覺得你很奇怪。「尤其當我們用隱喻時，相似關係的方向性（directionality）和不對稱（asymmetry）特別明顯。」阿莫斯寫道：「我們會說『土耳其人像老虎一樣善戰』，但不會說『老虎像土耳其人一樣善戰』；詩人會寫說『我的愛像海一樣深』，而不會寫『海洋像我的愛一樣深』。」

阿莫斯發現，當人們在比較兩個事物——兩個人、兩個地方、兩個數字、兩個想法——時，根本不在意對稱的問題。這一點在他之前沒有人看出來，這也意味著，過去所有關於相似度判斷的理論都是錯的。密西根大學心理學家理查．岡薩雷茲說：「什麼是距離？距離是對稱的，紐約到洛杉磯的距離，與洛杉磯到紐約的距離是相等的。」例如，照理說紐約與台拉維夫的差距有多大，那麼台拉維夫與紐約的差距就有多大，但實際上人們心中的「紐約與台拉維夫的差距」，往往不等於「台拉維夫與紐約的差距」。「阿莫斯發現，不管如此運作的原因是什麼，一切都跟距離無關。」岡薩雷茲說：「如此一來，等於否定了全部基於距離概念所建立的理論。如果你的理論是基於距離概念建立起來的，那你一定是錯的。」

阿莫斯建構了自己的理論，他稱之為「相似性特徵」（features of similairty）*。他認為，當人們在比較兩件事物、判斷兩者相似性時，基本上心裡會列出一份特徵清單。這些特徵，純粹是他們對於事物的觀察，然後再計算這兩個事物之間有多少共同特徵。共同特徵越多，代表兩者越相似，

*直到一九七七年，阿莫斯才寫了一篇以他署名的論文，不過論文內容取自於十年前他還是研究生時就已經發展成形的概念。

越少就代表越不相似。然而，並不是所有事物都能列出數量相同的特徵。例如，紐約擁有的特徵，就比台拉維夫多。於是，阿莫斯建立了一個數學模型來說明他的理論，並歡迎其他人來測試他的理論，證明他是錯的。

也真的有很多人曾經嘗試證明他的理論不正確。岡薩雷茲於一九八〇年代前往史丹佛大學攻讀博士學位並與阿莫斯合作之前，就已經讀過好幾次「相似性特徵」的理論。岡薩雷茲到了史丹佛之後，直接走進阿莫斯的辦公室自我介紹，然後提出了一個他自認為能讓阿莫斯啞口無言的問題：「如果是一隻只有三條腿的狗呢？」他說，兩隻三條腿的狗之間的相似度，應該明顯高於四條腿的狗與三條腿的狗。看，他推翻了阿莫斯的理論！「我當時想，我比阿莫斯厲害，」岡薩雷茲說：「但他只是看著我，像是在說：你是認真的嗎？然後對我說：沒有特徵其實也是一種特徵。」其實這句話，他發表的論文中就已經有提到：「當共同特徵增加，或是非共同特徵減少，都會提高相似度。」

阿莫斯針對人類如何做出相似度判斷所提出的理論，揭露了許多有趣的洞見。舉例來說，在比較兩件事物的相似度時，心智除了計算這兩件事物之間共同特徵的多寡，其實也會「同時」與別的事物比較。它們之間可能有很多共同點，也有很多非共同點，愛與恨、歡樂和悲傷、認真與糊塗……這一來，你會發現這些事物之間彼此相關，而且未必相互對立，有時彼此相似，有時相異。

此外，阿莫斯的理論也透過全新的觀點，讓我們看到當人們違反遞移性並做出看似非理性的選擇時，會發生什麼事情。例如，當一個人喜歡咖啡勝過茶、喜歡茶勝過熱巧克力，卻又喜歡熱巧克力勝過咖啡，這時候，也許他並不是以一種「整體性」的角度在做比較的。也就是說，在他的心智地圖上，可能不是以「熱飲」的角度在衡量，而是這些飲料的「特性」——只是有時候偏向選擇某些特性，有時候換成考量別的特性，端看他處於什麼樣的情境下。例如在比較咖啡與茶的時候，「咖啡因」的特性會比較明顯；在比較咖啡與熱巧克力時，就變成「糖」這個特性比較重要了。我們不只是在選擇飲料如此，在研判人、想法或情緒時也是。

一根香蕉，像不像一顆蘋果？

這個概念有趣極了：原來當人們在做決策的同時，也在進行相似度判斷。而判斷的方法，就是依據自己所能注意到的特徵。如果能引導他們去特別關注哪些特徵，我們就能操弄他們對相似度的判斷。舉例來說，如果你想讓兩個人覺得他們有著許多相似之處（即使他們實際上沒那麼相似），你可以把他們放到一個讓他們特別容易注意到兩人共同特徵的環境裡。比方說，在美國大學裡，兩位美國大學生會覺得自己與對方南轅北轍，但如果把他們一起放到非洲的東哥共和國，他們一定會覺得自己像極了對方：我們都是美國人呀！

換言之，只要改變環境，我們就凸顯某些特質，隱藏其他特質。「我們通常假設，人們會根據事物之間的相似性，來為事物歸類。」阿莫斯說，但他提出另一個觀點：「事物被歸類的方式，會倒過來改變彼此之間的相似性。因此，相似性存在著兩個面向：因果的（causal）與衍生的（derivative）。」

我們會因為某種理由，把某些事物歸類成某一群組。而一旦這些事物被歸類成同一群組之後，通常會讓這些事物之間的相似度提高。就像香蕉和蘋果的相似度高，正是因為我們常將兩者歸類為水果。換句話說，僅僅是歸類這個動作，就會強化刻板印象。想消除刻板印象？可以先從打破原本的歸類方式開始。

阿莫斯的理論，不只是加入這場心理學對話，而且是完全主導了對話內容。大家都圍繞著阿莫斯，想聽聽他怎麼說。「阿莫斯進行科學研究的方法不是漸進式的，而是跳躍式的。」理查・岡薩雷茲說：「他先找出一個典範，然後摧毀它。他常提到『否定』（negative）這個詞，還說自己從事的是『否定』科學。事後看來，這個方法非常適用於社會科學研究。」

阿莫斯就是這樣起步的：抹除別人的錯誤。確實，錯誤隨處可見。

第4章

戰火下，課堂裡

如何同時活在兩種人生

離家五年後，阿莫斯於一九六六年秋天返回以色列。他認識最久的朋友，很自然地會將回國後的阿莫斯，與他們記憶中的阿莫斯做比較。他們注意到他確實有些改變。他們感覺，從美國回來後的阿莫斯更認真工作，頗有專家學者的架勢。如今他是助理教授，在希伯來大學有自己的研究室。他的研究室是出了名的空蕩蕩，桌上什麼都沒有，只有一枝自動鉛筆。如果阿莫斯在位子上，桌上還會有橡皮擦和一疊排列整齊的文件，都是他正在研究的專案所需要的檔案。

幾年前當他飛往美國時，甚至連一套西裝也沒有。當他一身深藍色西裝出現在大家面前時，所有人都不敢相信自己的眼睛，原因不只是西裝顏色。「這簡直太不可思議了，」阿維賽．馬格利特說：「你以前絕對不會這樣穿，領帶是資產階級的象徵。我記得第一次看到父親穿西裝打領帶時的心情，感覺就像是看見自己的父親和妓女在一起。」

除此之外，阿莫斯可以說沒有任何改變：每天晚上，他還是最後一個上床的人，每場派對的注目焦點也總是他，身旁總有人圍繞著，還是那個最自由、最快樂、最有趣的人。他依舊只做自己想做的事。他穿著西裝的新喜好，讓他整個人看起來有些違和感，一點也不像個資產階級。阿莫斯選擇西裝的標準，是西裝外套的口袋數量和大小。除了偏愛口袋，他也是個公事包狂，買了十多個。他在一個全世界最強調物質的國家待了五年，但只熱愛能幫他把周遭環境弄得有秩序的東西。

失火了！失火了！請問，你有認識消防員嗎？

除了一套新西裝，這趟回來阿莫斯還多了一位老婆。三年前他在密西根遇見了同為心理學系的學生芭芭拉．岡斯（Barbara Gans），一年後開始約會。「他告訴我，他不想一個人回到以色列，」芭芭拉說：「所以我們就結婚了。」她在美國中西部長大，沒有離開過美國。對她來說，歐洲人對美國人的評語——粗俗、沒有禮貌、隨興——同樣適用於以色列人。「當你手上只有橡皮圈和膠帶，你就只能用橡皮圈和膠帶來解決問題。」她說。雖然物質缺乏，以色列人在其他方面很富有，所有以色列人——至少是猶太以色列人——似乎都相信，只要能滿足基本生活就別無所求了。

阿莫斯家裡沒有太多奢侈品，沒電話、沒車，不過話說回來，他們認識的多數人也沒有。這裡的店面大都狹小，而且都是只此一家別無分號，有磨刀店、石工店、沙拉三明治店。如果你需要找木匠或油漆工，不用麻煩打電話，因為即便你有電話，打了也沒人回應。你只能在下午走到市中心去，祈禱能在街上遇到他們。「一切得靠關係，所有的交易都是如此。最常聽到的一則笑話是：有個人從失火的房子逃出來，然後問一位在街上的朋友，有沒有認識消防局的人。」

那裡的家庭都沒電視，倒是收音機到處都有，只要BBC節目一開始，所有人都會放下手邊的工作專心聽廣播，播報內容聽起來永遠都如此緊急。「幾乎人人都保持戒備。」芭芭拉說。空氣中瀰漫著緊張氣氛，在以色列，危險就在身邊。芭芭拉說，如果邊境上阿拉伯人停止攻擊，所有人都會擔心幾小時後阿拉伯人會跑進以色列境內大開殺戒。

芭芭拉在希伯來大學心理學系教授一門課，讓她感到意外的是，這裡的學生愛挑釁，對教授缺乏尊敬。曾經有位學生打斷一位美國客座教授的講課，用嘲弄的言語羞辱對方，最後學校主管要求學生當面向教授道歉。「我很抱歉，讓你感覺受傷，」學生對教授說：「但你要知道，你的講課內容真的很糟！」據說有一堂心理學課的期末考，教授乾脆發給學生一份已公開發表的研究報告，要學生找出其中的錯誤。芭芭拉上課的第二天，才講了十分鐘，就有一位坐在教室後排的學生突然大叫：「你講錯了！」不過大夥兒似乎早就見怪不怪了。

其實相較於美國，以色列是一個更重視教授的國家。這個猶太國家能否存活下去，學者、教授都責無旁貸，至少他們必須假裝如此。在密西根，芭芭拉和阿莫斯就住在大學校園內，來往的都是學術圈裡的人。在以色列，他們會認識政治家、將軍、記者和其他直接參與國家事務的人。阿莫斯回到以色列後的頭幾個月，便在以色列軍隊和空軍將官面前發表他的決策理論。「我從未看過有哪個國家的官員，如此關心學術圈的最新發展。」芭芭拉在給密西根家人的信上寫道。

老天，戰爭真的爆發了！

在以色列，每個人都必須從軍，包括教授在內。所以，即使是最菁英的學者，也要與所有人共同面對戰爭的威脅，都得迎戰周圍反覆無常的阿拉伯世界獨裁者。抵達以色列六個月後，芭芭拉終於親身經歷了一場軍事衝突。一九六七年五月二十二日，埃及總統卡麥爾．阿卜杜．納賽爾（Gamal Abdel Nasser）宣布關閉蒂朗海峽（Strait of Tiran），禁止以色列船隻航行。由於大部分以色列貿易必須航經該海峽，埃及總統這道命令等於是在向以色列宣戰。「那天阿莫斯回到家，對我說：軍方會來接我。接著他翻箱倒櫃，找出一個箱子，裡面收著他的舊傘兵制服。他竟然還穿得下！當天晚上十點左右，軍方就來接他了。」

當時，距離阿莫斯最後一次從飛機上跳傘，已經有五年之久。不過這回，他奉命指揮一個步兵團。整個國家正處於備戰狀態，同時仔細評估可能的戰況。在耶路撒冷，對獨立戰爭仍餘悸猶存的居民，掃光了所有架上的罐裝食品。沒有人知道結果會如何——如果只與埃及開戰，也許會很慘烈，不過仍有存活機會；但如果與整個阿拉伯世界開戰，很可能就沒指望了。

以色列政府悄悄安排讓公園成為戰時墳場，動員整個國家，路上只剩下私人汽車，因為所有的公車都被軍隊徵收。學生則負責發送牛奶和信件。境內的阿拉伯裔以色列人不能從軍，於是接下以色列人從軍後留下的工作空缺。就在這時，狂風自沙漠襲來，芭芭拉從未經歷過這樣的氣候變化，不論你喝多少水，永遠都感到口渴；不論衣服有多濕，三十分鐘內全乾。氣溫高達攝氏三十五度，但是站在沙漠強風中，你幾乎感覺不到熱。她到耶路撒冷城外一座位於邊境的合作農場，幫忙挖掘戰壕。負責帶領這群志工的，是一名年約四十歲的男子，他在獨立戰爭時失去一條腿，後來裝了義肢。他是詩人，走路一瘸一拐，常邊走邊作詩。

戰爭開打前，阿莫斯回家兩次。每次回到家，他把烏茲衝鋒槍丟到床上後就去洗澡，這一幕讓芭芭拉嚇壞了。但這沒什麼大不了的，整個國家陷入戰火，但阿莫斯卻一副輕鬆自在的樣子。「他告訴我，不必擔心，一切決定於空軍戰力。我們的空軍比他們強，會擊落他們的戰機。」六月五日的早晨，埃及陸軍在邊境集結，以色列空軍發動突襲，完全出乎埃及意料之外。幾小時之內，以色列戰機便擊落四百架左右的敵機——幾乎是埃及空軍所有的戰機。然後以色列陸軍駛進西奈半島，六月七日，以色列在三個不同前線，與埃及、約旦和敘利亞開戰。芭芭拉躲進耶路撒冷的一個防空洞裡，靠著縫沙袋打發時間。

後來有報導指出，開戰前，納賽爾總統曾經向新成立的巴勒斯坦解放組織首領艾哈麥德．舒凱里（Ahmad Shukairy）提議，戰後倖存的猶太人可以回到他們的祖國。但舒凱里回答說，不用擔心這一點，因為不會有倖存的猶太人。戰爭自星期一開打，到了星期六廣播宣布戰爭結束。以色列一面倒地贏得勝利，對許多猶太人來說，這一切彷彿是出自聖經的奇蹟，而不是一場現代戰爭。短短幾天之內，國家領土瞬間增加了一倍，收復耶路撒冷舊城。就在一星期前，以色列的國土面積僅相當於紐澤西州的大小，如今比西維吉尼亞州還要大，而且還取得了擁有天然屏障的邊境。收音機不再播放戰爭消息，改播歡樂的希伯來歌曲。這是以色列與美國另一個不同點：戰爭為期很短，而且總會有一方勝利。

星期四那天，芭芭拉收到阿莫斯部隊一名士兵捎來消息，他是來告訴她，阿莫斯仍活著。星期五，阿莫斯開著軍隊的吉普車到他們米黃色的公寓前，要她上車。他們一同開車前往新占領的約旦河西岸，途中他們目睹一個又一個奇特的景觀——耶路撒冷舊城內的阿拉伯和猶太人，自從一九四八年分離之後首次重聚，氣氛溫馨感人。阿拉伯男人挽著手臂，沿著位於猶太區的魯平大道（Ruppin Boulevard）步行，遇到交通燈停下來，等待亮起紅燈、車子停下時鼓掌。約旦河西岸四處可見燒毀的約旦坦克車、吉普車，以及過去以色列人在此野餐留下的空鮪魚罐頭。他們一路開到西耶路撒冷，在尚未完工的約旦胡笙國王夏日行宮前停下，現在這裡是阿莫斯駐軍的地點。「這座行宮真是糟透了，」芭芭拉在寫給家人的信上說：「是最糟的阿拉伯品味和最糟的邁阿密海灘集大成。」

接下來還有葬禮。「今天早上，報紙公布了死傷人數——六百七十九人死亡，二千五百六十三人受傷，」芭芭拉在寫給家人的信上說：「雖然傷亡人數不多，整個國家的損傷也很輕微，但還是有認識的朋友受傷。」阿莫斯率領部隊在伯利恆山丘上的一座修道院進行攻擊時，手下一名士兵不幸喪生。一位從小就認識的朋友在戰場上遭到狙擊手槍殺，還有好幾位希伯來大學教授死亡或受傷。「我成長於越戰時期，但我的朋友沒有一個人參加過越戰，更不用說有人戰死。」芭芭拉說：「我在這裡認識的朋友中，有四個人在六日戰爭中失去性命，而我來到以色列也才六個月而已。」

戰爭結束後的第一個星期，阿莫斯在胡笙國王夏日行宮駐紮，並被委任為耶利哥（Jericho）軍政首長。希伯來大學校園暫時充當戰俘營，不過大學課程在六月二十六日恢復上課，所有教授立即恢復原有的職務，沒有引起太多紛擾。

我在戰場上殺過人，今天要怎麼站在台上教書？

安農．拉波博爾特便是其中一位。

當年他和阿莫斯一起從美國回到以色列，進入希伯來大學心理學系，很自然地成為阿莫斯的好朋友。當阿莫斯率領步兵團出發時，安農負責駕駛坦克車進入約旦。他所駕駛的坦克車做為開路先鋒，成功突破約旦軍隊的前線。這一次安農必須承認，突然被迫投入戰場，然後又得迅速回復正常生活，他的情緒很難保持平靜。「你想想看，這怎麼可能？我本來只是個年輕的助理教授，然後被迫加入軍隊，在二十四小時之內開始殺人，變成殺人機器。我不知道要如何處理這兩種身分，之後有好幾個月，我常常做噩夢。阿莫斯和我討論過這個問題：要如何同時過著兩種人生——『教授』和『殺手』。」

原本他和阿莫斯都以為，兩人可以一直合作研究下去，但如今，阿莫斯不願離開以色列，安農卻一心想逃離。對安農來說，問題不僅是戰爭，而是與阿莫斯合作再也不像過去那麼好玩。「他在學術上太強勢，」安農說：「我後來看清楚了，我不想一輩子都活在他的陰影下。」一九六八年，安農再度飛往美國，任教於北卡羅萊納大學。自此之後，阿莫斯再也沒有一個可以說上話的人了。

一九六七年初，年僅二十一歲的阿維賽・海尼克（Avishai Henik）在戈蘭高地（Golan Heights）的合作農場工作。敘利亞人不時向這座合作農場發動砲彈攻擊，但阿維賽沒別的選擇。他剛服完兵役，加入軍隊前他只是個貧窮的高中生，他希望可以繼續念大學。一九六七年五月，他試著決定想要讀的科系，但始終無法下定決心，然後以色列軍隊徵召他入伍。阿維賽當時想，軍隊再次徵召他，必定是要打仗了。他加入了大約有一百五十人的傘兵部隊，多數人他從未見過。

十天後，戰爭開打。阿維賽在這之前從未見識過真正的戰場，一開始，指揮官告訴他要跳傘進入西奈半島，與埃及作戰。然後改變決定，下令阿維賽的部隊坐上開往耶路撒冷的巴士，因為與約旦的第二戰線已經開打。在耶路撒冷，以色列軍隊發動兩個攻擊點，攻打駐紮在古城外的約旦軍隊。阿維賽的部隊沒有開任何一槍，便悄悄穿越約旦防線，「約旦人完全沒有發現。」他說。幾小時後，第二支以色列傘兵部隊跟進，卻遭受猛烈攻擊，阿維賽的部隊實在幸運。

他們通過約旦防線之後，向古城牆前進。「這時對方突然開火了。」他說。阿維賽和他很喜歡的一位名叫莫伊謝的年輕人一路狂奔。先前阿維賽只見過莫伊謝幾次，但這名年輕人的臉從此永留阿維賽心中——一顆子彈射中莫伊謝，他倒地不起。「沒多久他就死了。」阿維賽繼續跑，知道自己隨時沒命。「我怕死了，」他說：「真的很害怕。」

他的部隊繼續挺進，穿過古城，途中又有十個人喪命。「這邊一個，那邊一個。」阿維賽回想起當時一幕幕命在旦夕的危急時刻、莫伊謝死前的臉，還有約旦籍的耶路撒冷市長站在「哭牆」（Wailing Wall）邊，揮舞著白旗。這一幕讓他久久不能忘懷，「我非常震撼，以前我看過照片，但現在我就站在現場！」他轉頭告訴指揮官，說自己有多高興，結果他的指揮官回說：「阿維賽，當你知道有多少人犧牲後，你就快樂不起來了。」阿維賽找到一支電話，打電話給他媽媽，只簡單說了一句：「我還活著。」

阿維賽參與的六日戰爭還未結束。收復耶路撒冷古城之後，部隊中倖存的傘兵被分派到戈蘭高地：這次是要跟敘利亞開戰。途中有一位中年婦女走向他們，對他們說：「你們是傘兵，有人看到莫伊謝嗎？」沒有人有勇氣告訴她，她兒子發生了什麼事。他們走到了戈蘭高地的陰暗處，被告知此行的任務：所有人登上直升機，然後跳傘去攻擊戰壕裡的敘利亞軍隊。聽到任務後，說也奇怪，阿維賽老覺得他這次死定了。「我有種感覺，如果我沒死在耶路撒冷，就會死在戈蘭高地。」他說：「你不可能這麼好運，接連兩次上戰場都活命。」

但就在出發的那個早晨，以色列政府宣布當天下午六點半停火。他以為自己應該可以從鬼門關前撿回一條命了，沒想到指揮官卻堅持繼續前進，發動攻擊。阿維賽無法理解，他鼓起勇氣問指揮官，政府已經宣布幾小時後就要停戰，為什麼他們還要繼續攻擊？「他說：阿維賽你太天真了，停火歸停火，我們還是要拿下戈蘭高地！我心想，好吧，死就死吧。」當天阿維賽當前鋒，傘兵部隊在直升機上猛攻戈蘭高地，然後跳傘躍入戰壕。結果，敘利亞軍隊全逃個精光，戰壕根本空無一人。

當飛行員表現不好，該安慰他，還是臭罵他一頓？

戰後，二十二歲的阿維賽決定了他想進修的領域：心理學。如果當時你問他為何讀心理學，「我會說我想了解人類的靈魂，不是心智，是靈魂。」但希伯來大學沒有名額收他，所以他選擇台拉維夫南方剛成立的內蓋夫大學（University of Negev），學校位於沙漠第一大城貝爾謝巴（Beersheba）。他選了兩門丹尼爾．康納曼教授的課，當時康納曼其實是在這裡兼課，因為希伯來大學的薪水不夠用。其中一堂，是統計學入門，聽起來很無聊，其實不然。「他會從生活中舉例，讓你覺得很真實。」阿維賽回想起上課情形時說道。丹尼爾不只是在教統計學，他是在教：這些統計數字代表什麼意義？

當時，丹尼爾正協助以色列空軍訓練戰鬥機飛行員。他注意到，教練認為在指導學員如何操控噴射機時，批評比讚美有效。他們跟丹尼爾說，只要一旁觀察他們讚美一位表現優良的飛行員，或批評一位表現特別差勁的飛行員後會發生什麼事就知道了。通常，受到稱讚的飛行員下一次的表現會變差，而挨罵的飛行員下一次的表現都會變好。

丹尼爾觀察了一段時間之後，告訴他們真正的原因：不管是成績優異受到讚美的飛行員，或是成績特差而挨罵的飛行員，其實都只是回歸到該有的平均表現而已。即使教官一句話都沒說，他們也會表現得更好或更差。人們的心智錯覺，干擾了教練的判斷，讓他們誤以為說好聽的話，效果比不上說讓對方痛苦的話。

統計學不只是無聊的數字，它還隱含許多訊息，讓你可以更深入地一窺人類生活的真相。「當其他人表現良好時，我們會給予獎勵；表現不好時，我們會給予懲罰，但最後都會回歸到平均值。」丹尼爾寫道：「從統計資料來看，我們往往因為獎勵他人而受到懲罰，因為懲罰他人而受到獎勵。」

丹尼爾教授的另一堂課，教的是「認知」。「我告訴你，上了他兩堂課後，我很確定這傢伙真是聰明絕頂。」阿維賽說。丹尼爾從《塔木德》（*Talmud*）摘錄了一長段文字朗讀*，內容寫的是

---

*譯註：《塔木德》是猶太教的宗教文獻，記錄猶太教的律法和傳統。

拉比如何描述白天轉成黑夜、黑夜轉成白天的過程。朗讀完後，丹尼爾問學生：當白天轉為黑夜，拉比看到的是什麼顏色？拉比看待這個世界的方式，心理學可以如何解釋？然後，他向學生引介所謂「薄暮現象」的柏金赫現象（Purkinje effect，取名自十九世紀第一個發現這個現象的捷克物理學家）。柏金赫發現，白天時在人類眼中看起來最明亮的顏色，到了夜晚會變得最暗沉。例如，拉比在早上看到的鮮紅色（與其他顏色對比之下），到了夜晚幾乎看不到。

不能來上課？沒關係，把整本書背起來就可以了！

丹尼爾的腦袋中似乎總是裝滿了別人沒發現的奇特現象，而且又有辦法向學生清楚解釋，讓學生用不同的觀點去看待世界。「他永遠都是兩手空空走進教室！」阿維賽說：「他就這樣走了進來，然後開始講課。」但是，阿維賽不完全相信丹尼爾在課堂上的自然表現是信手拈來，他甚至懷疑，丹尼爾上課前已把內容都背了下來，然後在課堂上複述一遍。直到有一天丹尼爾走進教室，「他走向我，」阿維賽說：「然後說，『阿維賽，我在希伯來大學的學生要我提供他們書面講義，但我沒有任何文字紀錄，我看到你有在寫筆記，我可不可以把你的筆記給他們？』原來課堂上講的一切，真的都在他的腦子裡！」

不久後，阿維賽就了解到，丹尼爾真心希望他的學生也能像他一樣，腦袋塞越多東西越好。這堂認知課接近尾聲時，阿維賽再度被徵召入伍。他跑去跟丹尼爾說，他必須離開學校，前往遙遠的邊界負責偵察，接下來不知道要如何跟上進度。

「他說沒問題，只要看書就可以了。我說，什麼？看書就可以？他回答說，對，把書帶在身上，然後背下來。」阿維賽真的這麼做了，後來確實也把書背起來。後來他及時回到學校，趕上期末考。當丹尼爾把考卷發還給學生時，他要阿維賽舉手。「我舉起了手，心想我做錯了什麼事嗎？結果丹尼爾說：你考了一百分！」

上過這位來自希伯來大學的兼職教授的課之後，阿維賽做了兩個決定：一，他要成為心理學家；二，他要去念希伯來大學。他心想，希伯來大學必定是個神奇的地方，那裡的教授個個是天才，能夠激發學生做研究的高度熱情。後來，讀研究所時，阿維賽仍然選擇希伯來大學。研一結束後，希伯來大學心理學系的系主任進行學生意見調查時，把阿維賽拉到一旁。

「你覺得我們的老師怎麼樣？」他問。

「還可以。」阿維賽說。

「還可以？」系主任說：「只是還可以？你為什麼會這樣認為？」

「因為我以前有個老師在貝爾謝巴……」

阿維賽正想開始解釋，系主任馬上就明白了。「啊，」他說：「你竟然拿這裡的老師和丹尼爾・康納曼比較。你不該這樣，這對他們不公平，你不能拿這裡的老師與康納曼型的老師相比。你可以拿老師跟任何人比較，但就是不能跟康納曼比。」

他是伍迪．艾倫，只是少了幽默感

在課堂上，丹尼爾是一個無拘無束的天才，但是出了教室，阿維賽對於丹尼爾情緒起伏之大深感不解。有一天，阿維賽在校園巧遇丹尼爾，看見他一臉沮喪，阿維賽從未見過他情緒如此低落。丹尼爾告訴他，因為有個學生給他的評價很差，他覺得自己完蛋了。但對阿維賽來說，全天下（除了丹尼爾）都知道，這個學生才是個笨蛋。「丹尼爾是希伯來大學最優秀的老師，」阿維賽說：「但是你很難說服他，學生的評價不重要，一點都不影響他的優秀。」

這只是呈現丹尼爾．康納曼複雜面向的事件之一：他的確很容易相信別人對他的負面評價。「他非常沒有安全感，」阿維賽說：「這是他性格的一部分。」

對於每天和他碰面的朋友來說，丹尼爾是個很奇特的人。在他們心中，丹尼爾的形象不停變換，「他極度情緒化，」曾與丹尼爾共事的教授說：「你永遠不知道自己是和哪一個丹尼爾見面。他非常脆弱，渴望別人的崇拜和喜愛。個性急躁、敏感，很容易覺得自己受辱。」他每天抽兩包菸，已婚，有一子一女，但在其他人眼中，丹尼爾的生活似乎只有工作。

「他非常任務導向，」曾是丹尼爾學生的紐約大學教授祖爾．夏皮拉（Zur Shapira）說：「你不覺得他是快樂的。」他的情緒起伏，讓人選擇跟他保持距離。「女同事們常有一股想照顧他的衝動。」曾在以色列軍隊心理學研究單位與丹尼爾共事的亞法．辛格（Yaffa Singer）說。「他總是不斷自我懷疑，」曾經擔任丹尼爾助教的達禮亞．埃齊翁（Dalia Etzion）說：「有一次我去找他，他看起來心情很糟。他說：我確定學生不喜歡我。我心想：這有什麼關係？真是奇怪，學生明明很愛他。」另一個同事說：「他很像伍迪．艾倫，只是少了幽默感。」

丹尼爾的脆弱，是缺點也是優點，促使他不斷擴展自己的視野。說真的，丹尼爾不需要去決定自己要成為什麼樣的心理學家，他可以成為各種不同類型的心理學家，事後證明確實是如此。比如說，就在他缺乏足夠的信心、認為自己沒有能力研究人類性格之後，他弄了一間實驗室，專門研究「視力」。實驗室中有一張長椅，受試者會坐在實驗用的機械裝置上，不能移動，而且嘴巴必須固定在印有齒痕的模型上，接受丹尼爾發出的閃光訊號測試。丹尼爾認為，要了解人體感官（例如眼睛）的運作，就要知道感官是如何出錯的。錯誤不僅有用，也能揭開心智運作的深層本質。「我們要如何理解記憶？」他問：「想知道答案，**我們該做的不是研究記憶，而是研究遺忘。**」

心智會自我防衛，隔絕心裡不願接受的刺激或事實

在視覺研究室裡，丹尼爾試圖理解我們如何被自己的眼睛欺騙。例如，當我們的眼睛暴露在快

速明滅的閃光時，眼睛感受到的亮度與閃光的實際亮度是不一樣的。這也和閃光的長短有關——應該說，與閃光的長度和強度有關。一毫秒、十倍的閃光，以及十毫秒、一倍的閃光，兩者之間沒有太大差別。但是，當閃光超過三百毫秒，不論閃光的長度如何，對人類眼睛來說，它的亮度都是一樣的。至於他是如何想到這一點的，沒有人知道，丹尼爾自己也不清楚，反正這實驗對他來說也是很好的訓練。「我做的是科學研究，」他說：「我非常慎重看待自己的工作。我有意識地利用自己的工作，彌補我過去教育的不足，這是我成為真正科學家的必經之路。」

問題是，這類科學並非他原本擅長的領域。視覺研究講求精準，但他的個性就如同沙漠風暴一般不可預測。他的辦公室一團亂，助理受不了他一天到晚問剪刀在哪，最後索性用條線把剪刀綁在他的椅子上。他感興趣的題材也很雜亂：他可以帶著小學生到野外露營，問他們希望和幾個人睡在一個帳篷裡；他也會用鉗子固定住成年人的牙齒，然後研究他們的眼睛如何運作。這讓其他心理學家感到無法理解，一般來說，性格測驗學者會試圖找出某些特質和行為之間可能存在的關聯性，例如「帳篷選擇」與「交際能力」之間的相關性，或是「智商」和「工作表現」之間的關聯，這些研究都不需要了解人體的生理組織。而丹尼爾研究人類的眼睛運作，看起來比較偏向科學，而不是心理學。

他同時也在培養別的興趣。他希望研究心理學家所稱的「知覺防衛」（perceptual defense），而其他人則把這類研究稱為「閾下知覺」（subliminal perception）。（一九五〇年代末期，凡尼斯・

派卡德《隱藏的說服者》〔Vance Packard, *The Hidden Persuaders*〕一書探討廣告如何影響人們的潛意識，扭曲消費者的決定，掀起廣泛討論。有一度，一位市場研究員宣稱在戲院裡播放「餓了就吃爆米花」、「喝可口可樂」等訊息，能讓可口可樂與爆米花的銷量暴增，不過事後他坦承該研究是他捏造的。）一九四〇年代末期，心理學家已經發現人類的心智會自我防衛，隔絕心裡不願接受的刺激或事實。例如，當實驗者在受試者眼前閃過禁忌字眼，受試者看到這些字眼時會將他們視為普通字詞。同時，人們也會下意識地受眼前所見字詞影響而不自知：眼前的事物烙印在心中，但心智卻沒有察覺。

你已經學會了，只是你自己還不知道……

這種下意識是如何運作的？如果一個人不覺得自己「認得」某個詞，那麼他要如何理解並進一步扭曲這個詞的意思？莫非我們的心智，存在著兩套不同運作機制——一套負責接收外界訊號，另一套負責阻絕訊號？「我一直很好奇一個問題：研究人們的『經驗』（experience），是否存在著不同的方法？」丹尼爾說：「知覺防衛是有趣的議題，因為只要運用適當的實驗技巧，就可以觀察到人在無意識下表現出什麼樣的心理機制。」

丹尼爾設計了一些方法，想要驗證他先前的假想：人的確可以在潛意識層次進行學習。例如，他給受試者看一排卡片或數字，然後要求受試者預測下一張卡片或下一個數字是什麼。如果受試者能感覺出其中的規則，猜對下一張卡片或下一個數字的頻率會高於那些隨便猜的人。但不知何故，明明他們已經感覺出規則，自己卻沒有意識到。

丹尼爾的同事和學生注意到，他還有另一個性格特點：他的興趣轉換得很快，很輕易接受失敗。但他也不是退縮，而是繼續嘗試其他事情。他經常改變對自己的看法且樂在其中，很少人能像他這樣。「每當我抓到自己思考上的缺失時，就感覺自己更有動力。」這樣的態度，完全不受他的情緒起伏影響。低潮時，他很悲觀沒錯，因此就算失敗了他也不會煩躁；心情好的時候，興致高昂的他會完全拋開失敗的可能性，繼續展開新的計畫。「身邊的人因為他的亢奮而人仰馬翻，」同樣是希伯來大學心理學系教授的馬婭．巴爾—希勒爾（Maya Bar-Hillel）說：「他可以前一天大讚某件事，隔天卻轉而臭罵這件事，然後過了一天又把這事捧上天，再過一天把這事批評成垃圾。」這種讓周遭的人抓狂的性格特質，很可能是讓丹尼爾保持頭腦清醒的關鍵。陰晴不定的性格，則是刺激他靈感源源不絕的潤滑劑。

記憶很恐怖？全是假的啦！

丹尼爾對於不同領域的探索，其實存在一個共同特徵，只是一般人很難看得出來。「他不會分辨什麼是浪費時間，什麼不是，」達禮亞．埃齊翁說：「只要有趣，他都不會拒絕。」他質疑精神分析（他說那是「妖言惑眾」），卻接受美國精神分析學家大衛．拉帕波（David Rapaport）的邀請，在美國麻州的精神專科醫院——奧思丁瑞格中心（Austen Riggs Center）度過整個夏天。

該中心的精神分析學家（有些是心理學界鼎鼎有名的學者）每週五早上會聚集在一起，討論他們已經觀察了一個月的病患情況，並撰寫病患的醫療報告。完成診斷後，他們會與病患進行訪談。有一次，丹尼爾看到精神分析學家在討論一位年輕的女病患，就在接受訪談的前一個晚上，這位女病患自殺了。

然而，在這之前沒有一位精神分析學家——都是全球知名的專家——看出端倪，過去所寫的報告中也從沒有提到她有自殺風險。「這下專家都想知道：為什麼沒發現？」丹尼爾回憶道。「所有可能自殺的線索都在，事後看來再明顯不過，但事前他們竟然沒有發覺。」自此之後，丹尼爾原本對於精神分析僅存的一點興趣也蕩然無存。「對我來說，真是很有用的一堂課。」他說。

一九六五年，丹尼爾前往密西根大學，跟隨心理學家傑拉德．布魯姆（Gerald Blum）進行博士後研究。當時布魯姆正在研究人們的心智如何受到情緒左右。首先，布魯姆要受試者詳細說明曾經歷過的恐怖經驗，然後給受試者一個與事件有關的觸發工具（trigger），比如一張寫著「A100」的卡片。接下來，他開始催眠，並讓受試者看著那張卡片，讓他們立即再次想起恐怖經驗。然後，再讓受試者執行一些簡單的心智活動，例如重複念出一串數字。「非常詭異，我不是很相信這些受試者的表現，」丹尼爾說：「例如有一位身材高瘦的受試者，當我在他被催眠後拿出寫著 A100 的卡片給他看時，他的眼睛凸起，臉部漲得通紅。」

「有一天我提議，如果讓受試者選擇接受催眠或是輕微電擊，會怎樣？」他回憶說。他認為既然回憶如此痛苦，而如果受試者可以選擇，多數人應該會選輕微電擊才對。結果，沒有一個人選擇電擊，都說寧願重新經歷生命中最恐怖的經驗。「布魯姆非常震驚，因為他是那種連隻蒼蠅都不肯傷害的人。」丹尼爾說：「當時我就明白，這是一個非常愚蠢的遊戲。什麼人生最恐怖的經歷，都是假的。」

你的瞳孔，會洩漏連你自己都不知道的祕密

就在那一年，心理學家埃克哈德．海斯（Eckhard Hess）在《科學人》（*Scientific American*）雜誌發表了一篇文章，引起丹尼爾的注意。海斯的實驗，是測量瞳孔在面對各種刺激時的擴張與收縮情形。當你拿出一張穿著暴露的女子照片給男人看，他的瞳孔會放大；同樣的，當你拿一張長相帥氣的男人照片給女人看，她的瞳孔也會放大。相反的，如果看的是一張鯊魚照片，瞳孔就會收縮（拿出一張抽象藝術的照片，也會有同樣反應，這點倒是令人好奇）。如果是喝好喝的飲料，瞳孔會放大；不好喝的飲料（檸檬汁或奎寧水），瞳孔會收縮。即便給他們喝五種口味只有稍微不同的

飲料，他們快樂的程度仍可從瞳孔的變化看出。對於一件事情喜好與否，人們會迅速做出反應——只是稍後才會意識到這一點。「瞳孔反應的敏感度，」海斯寫道：「顯示了在某些情況下，可以反映一個人的偏好，即使味道差異微乎其微到受試者都無法分辨。」

也許，眼睛可以做為我們了解心智運作的一扇窗。在布魯姆的催眠實驗室，丹尼爾和另一位借將來的心理學家傑克森．比提（Jackson Beatty）一起工作，丹尼爾負責觀察當人們被要求處理耗費心智的事務時，瞳孔會產生哪些反應，這些事務包括：背一串數字，或是區分不同強度的聲音。他們希望了解眼睛是否能騙過心智，或是心智是否能耍弄眼睛。或者，就像他們所說的：「密集的心智活動如何妨礙認知。」他們發現，不僅情緒會改變瞳孔大小，從事耗費心力的工作時，瞳孔也會放大。

別小看噪音，其實你一直在默默接收

離開密西根後，丹尼爾希望在希伯來大學找到終身職。但希伯來大學一直遲遲無法決定是否要答應，因此他拒絕回去。「我非常生氣，」他說：「我打電話給學校說我不回去了。」一九六六年秋季，他飛往哈佛大學——在柏克萊大學三年，讓他有足夠自信，相信自己可以在知名的長春藤大學任教。

在哈佛，他聽了英國心理學家安妮．特瑞斯曼（Anne Treisman）的演講，這場演講又將他帶往不同的研究方向。

一九六〇年初，特瑞斯曼接手兩位同事柯林．柴瑞（Colin Cherry）和唐諾．布洛班特（Donald Broadbent）留下來的工作。柴瑞是認知科學家，發現「雞尾酒會效應」（cocktail parry effect）。所謂的雞尾酒會效應，指的是在吵雜如雞尾酒會的場所，當你專心聽某個人講話的同時，還能一心二用過濾噪音，聽到想聽的其他聲音。在當時，這是一個相當實際的問題。例如機場的塔台控制人員，就必須具備過濾噪音、辨認相關的班機組員聲音的能力。

特瑞斯曼和同事納維爾．莫瑞（Neville Moray）一起合作，試圖研究當人們選擇性聆聽時，他們究竟能選擇到什麼程度。「從來沒有人做過或有誰正在進行選擇性聆聽的研究，」她在回憶錄寫道：「所以基本上，就只有我們兩人。」她和莫瑞讓受試者戴上耳機，耳機線連接到一台雙軌錄音機，然後同步播放兩段不同的散文段落。特瑞斯曼挑出那些原本被認為會受到忽略的段落來問受試者，結果發現，他們並沒有完全忽略，他們雖然沒有專心聽這些段落，但段落中某些字和片語確實進入了他們的心智層次。例如，他們的名字雖然出現在應該被忽略的段落，但他們通常會聽到。

這個結果讓特瑞斯曼感到驚訝，其他研究專注力的學者也覺得不可思議。「當時我認為，專注力能替我們過濾掉所有雜訊，」特瑞斯曼說：「但結果顯示，人體有些偵測機制仍在持續運作。」在哈佛大學的演講中，她認為人類並不具備類似開關轉換器的裝置，讓自己只專注於想要專注的目標，但人類擁有某種更精巧的機制，可以選擇性弱化背景噪音而非完全屏蔽。

當時安妮．特瑞斯曼專程飛到了哈佛大學，因為想聽演講的人太多了，最後不得不移到校園內一座大型公開演講廳。丹尼爾聽完演講後，又燃起了滿腔熱情。他請求擔任特瑞斯曼的助手，幫忙陪伴特瑞斯曼和她的旅伴——包括她媽媽、丈夫和兩個小孩。他帶他們參觀哈佛大學校園。「他急於讓我留下深刻印象，」特瑞斯曼說：「我也真的對他印象深刻。」多年後，和原本的伴侶離婚後的丹尼爾和特瑞斯曼，在一起了。

應徵司機？來，先測試你的專注力！

一九六七年秋季，丹尼爾獲得終身職以及全新的研究計畫，也不再感覺自己被羞辱，於是重新回到了希伯來大學。現在，雙軌錄音機已經問世，他就可以用來衡量人們如何分割自己的專注力，或是將專注力從某件事情轉換到另一件事。我們可以合理推論，某些人的切割或轉換能力一定比其他人好，這樣的能力或許讓他們在選擇某些工作類型時占有優勢。

丹尼爾想清楚這一切之後，便動身前往英國，接受劍橋應用心理學單位的邀請，協助測試職業足球選手。他當時心想，或許第一聯盟球員的專注力轉換能力，和第四聯盟有差異。他搭火車從劍橋到阿森納（Arsenal）——這裡是孕育頂尖足球隊的地方——身邊還帶著沉重的雙軌卡帶錄音機。

他讓球員戴上耳機，測試他們區分兩隻耳朵聽到不同訊息的能力是否有差異。

結果發現……沒有半點差異，至少第一聯盟的球員和排名較差的聯盟球員之間，並沒有顯著差異。換句話說，要成為優秀的足球選手，並不需要具備切換專注力的特殊能力。

「後來我想，這種能力對飛行員很重要。」丹尼爾說道，根據過去與飛行教練的共事經驗，接受戰鬥機訓練的軍校生有時之所以失敗，是因為他們無法在不同任務之間切換專注力，或是無法快速掌握看似不重要、實則關鍵的背景訊號。丹尼爾後來回到以色列，測試以色列正在接受戰鬥機訓練的學生。結果顯示，出色的戰鬥機飛行員所具備的專注力切換能力，優於表現較遜的飛行員。以色列戰鬥機飛行員整體的專注力切換能力，又優於公車司機。丹尼爾的學生發現，只要知道司機們各自如何切換不同頻道的專注力，就能預測哪個司機比較可能出車禍。

七宗罪、七面海、七原色、七大奇景

丹尼爾的心智總是運轉不停，他一心要將自己的研究，轉化成可被應用在現實生活中的理論。心理學家，特別是成為大學教授的心理學家，通常對實務應用沒什麼興趣。也許是身為以色列人必須承擔的義務及責任，迫使丹尼爾發現了自己的天分，否則他永遠都發現不了。他的高中同學金斯伯格認為，軍隊的生活經驗讓丹尼爾變得更務實。丹尼爾在希伯來大學研究所最受歡迎的一堂課是

「心理學應用」的專題討論，每星期他都會在課堂上提出現實世界會遇到的問題，然後要求學生根據他們的心理學訓練來解決這些問題。

其中有些問題之所以被提出來，是因為丹尼爾希望心理學能對以色列這個國家有幫助。當時有不少恐怖分子將炸彈放置在市區垃圾桶內引爆，造成人心惶惶，一九六九年三月，希伯來大學的自助餐廳就被放置一枚炸彈，導致二十九位學生受傷。因此，丹尼爾提出的問題是：就你所學，心理學要如何幫助政府把大眾的恐慌情緒降至最低？（就在他們想出答案前，以色列政府已將所有垃圾桶移除。）

一九六〇年代初期，以色列持續在轉變。來自城市的移民被安置到集體農場，農場也不斷在進行技術革新。此時丹尼爾設計了一門課，教的對象是那些將要去帶領農夫的人。「改革總是會創造出贏家與輸家，」丹尼爾解釋：「而輸家永遠比贏家更頑強。」所以，你要如何讓輸家接受改變？過去，對於經營不善的農場，最常採用的策略就是強力施壓，硬逼他們改變。但心理學家科特．勒溫（Kurt Lewin）提出一個非常有說服力的建議，他認為必須找出人們抗拒的原因並加以解決，才是更有效的做法，而不是強行壓逼他們改變。

此外，丹尼爾也教過飛行教練，協助他們更有效地訓練空軍飛行員。（其實丹尼爾只能和教練們在地面上模擬，有一次他們帶他上飛機，結果他吐在氧氣罩內。）你要如何讓軍機飛行員記得一連串的指令？「一開始我們列出一長串清單，」祖爾．夏皮拉回憶道：「但丹尼爾說這樣不對，他告訴我『神奇數字七』的概念。」有一篇論文〈神奇數字七，加減二：處理資訊的限制〉，作者是哈佛大學心理學教授喬治・米勒（George Miller），他的研究證明人類的短期記憶最多只能處理七個物件，想要再增加只是白費力氣——七宗罪、七面海、一週七天、七原色、世界七大奇景，以及其他跟七有關的名詞，都是源自於這個心智運作的道理。

總之，要訓練人們記住更長的資訊，最有效的方法就是把這些資訊拆解成較小的群組。夏皮拉回想當初，丹尼爾同樣有自己的一套做法。「他說，你只要告訴他們一些資訊，然後要他們唱出來。」

丹尼爾很喜歡「唱口訣」這種背誦方法，在他的統計學課堂上，他都會要求學生把運算公式唱出來。「他會逼你去思考及解決問題，」當時的學生、後來任教於卡內基美隆大學的巴魯奇・費施霍夫（Baruch Fischhoff）說：「即使是那些複雜難解的問題也一樣。他讓你覺得，你可以運用這門科學去做一些有用的事情。」

不要躲在研究的背後，運用你的知識，找出方法來！

丹尼爾丟給學生的許多問題，有時會讓人感覺像是一時的突發奇想。比如，他要學生設計一套不容易偽造的貨幣。大家要去想：不同面額的紙鈔，大小是否應該一樣，就如同美鈔的做法，這樣拿到紙鈔的人才會更仔細檢查；還是說，不同面額的紙鈔要有不同的顏色和尺寸？他還問學生，辦公空間該如何設計，員工工作起來才會更有效率？（心理學研究的確顯示，有些牆壁的顏色可以提高生產力。）

有時候，學生會告訴他，得先到圖書館查資料再回來討論。「當我們這麼說時，」祖爾．夏皮拉說：「丹尼爾會不高興，然後說：你們已經完成三年的心理學課程，按理來說都已經是教授了。不要躲在研究的背後，運用你的知識，找出方法來！」

「有人說，所謂教育，就是在一無所知的情況下，知道自己該怎麼做。」他的一位學生說：「丹尼爾就是這句話的奉行者。」有一天，在課堂上丹尼爾要學生玩個遊戲，每個人要引導一顆金屬球穿越木製迷宮。他指派給學生的作業是：指導別人如何去教其他人學會玩這個遊戲。

「這種事情都能教？」其中一位學生回憶說，賣遊戲給丹尼爾的店員也覺得這實在太好笑了。但對丹尼爾來說，只要是實用的建議，再怎麼平淡無奇，都比沒有建議好。他要求學生想像：如果一個研究古埃及文物的學者，在破解象形文字時遇到了困難，他們會給他什麼建議？「他告訴我們，這位學者的進度越來越慢，遇到的困難越來越多。」曾是丹尼爾的學生，後來在以色列軍隊擔任研究員的丹妮亞拉．葛登（Daniela Gordon）回想：「然後丹尼爾又問一次：他該怎麼做？沒有人有答案。最後丹尼爾開口了：他應該去睡個午覺先！」

丹尼爾的學生每上完一堂課，就會覺得這世上的問題沒完沒了，但走出教室，又覺得丹尼爾發

| 第5章 |

在交會時互放的光亮

希伯來大學裡，改變歷史的一堂課

丹尼爾和阿莫斯曾有半年的時間，同時在密西根大學進行研究，但他們幾乎不曾碰過面。兩人也沒有任何交集，丹尼爾在一棟大樓研究人類的瞳孔，阿莫斯則是在另一棟大樓，建立關於相似性、測量與決策的數學模型。「我們之間似乎沒有太大關聯。」丹尼爾說。

這也就是為什麼，一九六九年春天，當阿莫斯現身在課堂上，丹尼爾在希伯來大學的研究所學生都非常驚訝。丹尼爾從來不會邀請其他人到課堂上，這堂課根本就是他的個人秀，阿莫斯則是盡可能遠離心理應用領域關心的實務問題，兩個人看起來不可能有交集。「這群研究所學生認為，丹尼爾和阿莫斯應該是處於某種敵對關係。」一位研究所學生說：「他們是系上兩位當紅明星教授，卻完全不同調。」

安農．拉波博爾特在前往北卡羅萊納大學之前，總覺得自己和阿莫斯在某種程度上似乎對丹尼爾造成困擾，但很難說清楚究竟是怎麼一回事。「我們覺得他有點怕我們，」安農說：「或是對我們有所質疑。」

不過丹尼爾自己說，之所以邀請阿莫斯．特沃斯基，純粹是對這個人感到好奇。「我希望有機會可以多認識他。」他說。

財報作假的機率有多高？醫生誤診的機率有多高？

丹尼爾邀請阿莫斯到他的班上演講，講什麼都行。讓他有些意外的是，阿莫斯竟然沒有談他自己的研究——也許是阿莫斯當時的研究太抽象、太理論性，自己覺得不適合在課堂上講。那些不了解阿莫斯的人常會不解，為什麼阿莫斯的研究和現實世界沒什麼連結，但他本人卻又與這世界如此親近和投入？相反的，丹尼爾的研究大都是為了解決現實問題，為什麼卻與人群如此疏離？

外界將阿莫斯視為「數學心理學家」，但對於丹尼爾這樣的非數學心理學家而言，數學心理學家們只是藉數學之名，進行毫無意義的研究而已，事實上他們對心理學一點興趣也沒有。但數學心理學家們則認為，非數學心理學家笨死了，根本聽不懂他們（數學心理學家）在講什麼。當時阿莫斯正與一群優秀學者合作撰寫教科書——《測量基礎》（*Foundations of Measurement*），共有三大冊、一千多頁，滿是各種專業術語和數學公理。如此龐大工程，確實讓人印象深刻，但又有多少人吞得下、消化得了這麼大部頭的作品呢？

在丹尼爾的課堂上，阿莫斯談的不是自己的研究，而是談沃德・愛德華在密西根大學實驗室進行的最新研究。

當時，愛德華和他的學生仍處於研究初始階段。根據阿莫斯的描述，他們主要是研究人們在做決策時，如何回應新資訊。研究人員邀請受試者到研究室，給他們看兩個裝滿撲克牌籌碼的袋子。每個袋子裡都有紅色和白色籌碼，其中一個袋子裡，七五％的籌碼是白色的、二五％是紅色的；另一個袋子裡則有七五％的籌碼是紅色的、二五％是白色的。受試者隨機挑選一個袋子，但不能看袋子裡面，然後從袋子裡取出籌碼，一次一個。每次取出一個籌碼之後，受試者都要告訴心理學家，他認為手上的袋子裡，是紅色籌碼多還是白色籌碼多？

這個實驗有趣的地方在於：它有標準答案。「我手上的這個袋子裡，紅色籌碼占多數的機率是多少？」我們可以運用湯瑪斯・貝葉斯（Thomas Bayes）的貝氏定理（奇怪的是，一七六一年他過世後，才有人在他的論文中發現這個定理）計算出來。首先，在取出籌碼之前，兩個袋子的機率相等，都是五〇：五〇。但是，每取出一個籌碼之後，機率會變成多少？

最後的答案，很大一部分取決於所謂的「基本比率」（base rate）：也就是袋中紅色籌碼與白色籌碼的比率。假如你知道袋子內九九％的籌碼是紅色的，另一個袋子內九九％的籌碼是白色的，在你抽出第一個籌碼後，可輕易猜出你手上拿的是哪一袋。但是，如果袋子裡的紅色或白色籌碼比率只有五一％，就沒那麼容易猜了。這時，只要將基本比率代入貝氏定理，便可得到答案。以上述實驗為例，每個袋子的紅色與白色籌碼的占比為七五％與二五％，每當你取出一個紅色籌碼，你手中袋子是紅色籌碼占多數的機率就會增加三倍；每取出一個白色籌碼，紅色占多數的機率就會減少為原來的三分之一。換句話說，如果你取出的第一個籌碼是紅色的，那麼你手中袋子是紅色籌碼占多數的機率為三：一（或是七五％）。如果你取出的第二個籌碼也是紅色的，機率就會增加為九：一，或是九〇％。如果你取出的第三個籌碼是白色的，機率就會降為三：一。以此類推。

基本比率（已知紅色與白色籌碼的比率）越大，機率改變就越快速。假設你手中袋子七五％的籌碼是紅色或白色，當取出的前三個籌碼都是紅色的，那麼袋子以紅色籌碼占多數的機率是二七：一，或是略高於九六％。

上述實驗中負責取出籌碼的受試者，對貝氏定理一無所知。如果他們知道的話，實驗就毀了。他們的主要任務，就是猜測機率，這一來心理學家就可以拿這些猜測的數據，與正確答案進行比較。從受試者猜測的答案，心理學家可以了解當人們取得新資訊時，他們心智所預測的機率，與統計計算出來的答案會有多接近？人類是天生的統計高手嗎？當他們完全不懂數學定理時，會有什麼樣的表現？

在當時，愛德華這個實驗很受矚目。因為心理學家認為，實驗結果有助於我們改善很多實際問題，例如：投資人如何回應企業的財報、病人如何回應診斷書、政治人物如何回應民調、教練要如何回應球賽成績？一位二十歲女性及一位四十歲女性，分別只經一次診斷就被判定罹患乳癌的誤診機率，前者是後者的好幾倍（因為兩者的基本比率不同：二十多歲女性罹患乳癌的機率要低許多），她們能猜測出自己的機率嗎？如果可以，有多精準？人生充滿了各種機率遊戲，一般人玩這個遊戲的技巧有多高明？對於新資訊的評估準確度有多高？如果看過各種數據，人們會如何研判全球局勢？他們會允許當下發生的事件，改變他們對於未來事件預測的準確度嗎？

很精采，但是……蠢斃了！

回到丹尼爾的課堂上。阿莫斯說，當下發生的事件，確實多多少少會影響人們預測的準確度。根據沃德．愛德華實驗室完成的研究顯示，當人們從袋中取出的是紅色籌碼時，他們會傾向判斷手中的袋子是紅色籌碼多。例如，如果他們取出的前三個籌碼都是紅色的，他們猜測袋子為紅色籌碼多的機率為三：一。確實，根據貝氏定理計算出來的答案是二七：一。換句話說，人們對於機率的猜測還是會轉向正確的方向，只是幅度不夠大。沃德．愛德華創造了一個名詞，用來描述人們如何回應新資訊——「保守貝葉斯」（conservative Bayesians），也就是說他們的行為表現或多或少像是已經知道了貝葉斯規則。

這個觀點，與當時社會科學界大力鼓吹的主張不謀而合。最具代表性的就是經濟學家米爾頓．

傅利曼（Milton Friedman），他在一九五三年發表的一篇論文中提到，人們打撞球時，不會像物理學家那樣仔細計算角度、母球撞擊的力道以及球與球之間的相互反應。他們只是運用適當的力道，將母球擊向正確的方向，彷彿他們也懂物理學一樣。同樣的，當一個人在評估某個情境發生的機率時，他並非在進行高等統計學計算，只是他的行為讓他看起來像是如此。

然而，沒想到阿莫斯講完後，丹尼爾的回應是：就這樣？「阿莫斯描述這個實驗的口吻，就像這個研究是出自一個多受仰重的大師似的，」丹尼爾說：「你認為這研究沒問題，只是因為你相信執行研究的人。具有公信力的期刊，也會讓我們對刊登在期刊上的論文深信不疑，否則不可能被發表在這個期刊上。」

對丹尼爾來說，阿莫斯口中的研究聽起來蠢極了。從袋子裡取出的是紅色籌碼，當然會更有可能認為這個袋子的紅色籌碼占多數，這不是廢話嗎？不然他還能怎麼想？針對人們做決策時會如何思考的相關研究，丹尼爾從來沒看過。「當時我不太去想跟思考有關的問題。」他說。對丹尼爾而言，思考跟幻覺沒兩樣，這類關於人類心智的研究，與真實世界的人類行為，丹尼爾認為一點關聯也沒有。人們的眼睛往往會被蒙蔽，耳朵也是。

他所熱愛的完形心理學，就讓我們理解人們如何經常被各種錯視愚弄，而且就算你明知道這是錯覺，依舊會被矇騙。既然感官會被矇騙，丹尼爾覺得思考也一樣會被誤導。想證明人們不是天生的統計學家，你只需要到希伯來大學旁聽一堂統計學就可以了。比如說，學生並非天生就認為基本比率有多重要，他們更有可能從少量樣本得出跟大量樣本所推論出的一樣結論。丹尼爾自己——這位希伯來大學最優秀的統計學老師——直至很久以後才搞懂，先前他從以色列小孩對於帳篷大小的選擇偏好所歸納出的結論之所以失敗，原因是他所採用的樣本數太少。換句話說，他測試的學童人數太少，以至於無法得出足以代表所有人的準確圖像。他當時認為，不論是靠幾個籌碼或一大把籌碼來猜測袋子裡的籌碼是紅色多或白色多，都無法百分之百判斷。

在丹尼爾看來，人類從來就不是保守貝葉斯，不是統計學家，但照樣經常在僅有少量資訊的情況下就妄下結論。在他眼中，沃德．愛德華實驗室裡的心理學家，就和奧思丁瑞格中心的心理分析醫師一樣——還記得，他們在病患自殺後有多震驚嗎？他更感興趣的問題，反倒是：為什麼這些心理學家無力面對自己的無知？

只要你細想一下，就會知道現實生活中多數的判斷，都無法像預測哪個袋子的紅色籌碼更多那般明確。這些實驗頂多只是證明，人類天生是糟糕的統計學家，糟糕到無法做出正確的選擇。即使被證明有能力做出最有利選擇的專家，在面對難以預測機率的情況——例如某個國家的獨裁者是否擁有大規模毀滅武器——仍有可能馬失前蹄。丹尼爾認為，這就是當人們盲目相信某個理論的結果。他們只會用理論來解釋所看到的證據，而不是依據所看到的證據回頭修正理論。

我們常會發現，有不少的蠢話被視為真理，只因為他們是出自科學家窮盡畢生之力所建立的理論。「你想想，」丹尼爾說：「數十年來，心理學家認為應該從學習的角度來解釋人類的行為，他們觀察飢餓的老鼠如何學會在迷宮中跑向目標箱子，然後用觀察的結論來解釋人類如何學習。有人說這種研究根本是狗屎，但其實罵人家狗屎也不等於自己比較高明。」

研究人類決策行為的學者，常被他們自己的理論蒙蔽。「保守貝葉斯」這類術語其實一點意義也沒有，不，應該說比沒意義還糟。「這個理論認為，人們明明知道正確答案，卻又表現出不知道答案，以至於無法做出較精確的預測。」丹尼爾說：「那麼請問，人們在預測機率時，到底真正做了什麼？」阿莫斯是心理學家，他所描述的實驗看似得到普遍認同，至少沒有出現什麼嚴厲的質疑，但其實這個實驗與心理學沒有關係。「它比較像是數學題，」丹尼爾說。就像任何一位典型的希伯來大學學者，聽到荒謬可笑的事，丹尼爾也絕不給臉。「我們就是要問個水落石出，即使平常跟朋友聊天也是如此。」丹尼爾說：「無論對錯，每個人都可以有自己的意見——這只是美國人的習慣，但在耶路撒冷，我們不來這套。」

當迷路和喪命，只有一線之隔

下課後，丹尼爾一定感覺到了阿莫斯不想再跟他爭辯。在伊拉（當時丹尼爾的老婆）的記憶中，那天丹尼爾回到家，喜形於色地對她說，他今天辯贏了一位自以為是的年輕學者。「這是以色列人討論問題的一大特色，」丹尼爾說：「我們就是這麼爭強好勝。」

阿莫斯這一生中，辯論很少輸給別人，改變心意更是罕見。「即使是他錯了，你也沒法說他錯了。」他的學生祖爾．夏皮拉說。這並不是說，阿莫斯明知道自己錯了也不肯改，而是他總是心胸開放，隨時接受新想法。當然，如果對方的想法和他沒有牴觸，那就更好了。過去，在任何爭鋒相對的場合中，阿莫斯通常都是贏家，只要是阿莫斯在場，你只要賭「阿莫斯是對的」就可以了。諾貝爾獎得主、希伯來大學經濟學家羅伯特．歐曼（Robert Aumann）在被問到對阿莫斯的印象時，第一個想到的是，有一次他提出的想法讓阿莫斯大吃一驚。「我記得當時他說：這我倒是從來沒想到過。」歐曼說：「我之所以記得，是因為很少有阿莫斯沒有想到的事情。」

丹尼爾後來猜測，阿莫斯應該不曾認真想過貝氏統計學家對人類心智的理論，因為籌碼機率問題原本就不是他的研究領域。「阿莫斯可能也沒有跟其他人認真討論過這個研究，」丹尼爾說：「即使有，也不會有人提出相反意見。」說人們天生就是貝氏統計學家，就等於在說人們是天生的數學家一樣。多數人都能算出七乘八是五十六，但如果有人算錯呢？算錯其實是隨機發生的，並非是因為在計算時採用的某些方法而導致系統性錯誤。

一九六九年春天，對當時的阿莫斯來說，理論就像一個公事包，用來存放你希望保留的想法，直到你找到更好的理論來替換現有的理論（例如可以更準確預測結果的理論），否則你不會輕易丟棄任何理論。理論讓知識變得有條理、有邏輯，可以協助人們更準確地預測。當時社會科學最受歡迎的理論，主張人類是理性的，會解讀新資訊，會判斷機率。當然他們會犯錯，但是錯誤是源自於情緒，而情緒的引發是隨機的，所以不是重點。

不過，就在從丹尼爾課堂離開的那天，阿莫斯的心裡動搖了。離開教室後，原本在他看來扎實合理的理論，開始出現裂痕。

阿莫斯親近的好友看到他竟然質疑起自己的想法，雖然感到驚訝，但也不以為意，阿莫斯本來經常對問題抱持某種程度的懷疑。例如，有一次他談到以色列軍官率領部隊穿越沙漠會碰到的問題，因為他自己就親身經歷過：在沙漠中，眼睛無法準確判斷目標物的外形和距離，因此很難進行偵察。「這讓阿莫斯深感困擾，」他的朋友阿維賽．馬格利特說：「在軍隊，你必須隨時進行偵察，但夜晚行軍時，你無法準確判斷前方的燈光究竟是近是遠。你可能以為很近，結果卻花了好幾個小時才走到。」

在以色列，軍人如果不了解自己的國家，就無法保護國家。問題是這個國家太難懂，一陣暴風就可能徹底改變沙漠地景。前一天，這個村莊在這裡，隔天就可能出現在另一頭。為了要在沙漠中帶領部隊，阿莫斯特別關注錯視的影響：錯視有可能會讓你送命。一九五〇以及六〇年代，缺乏判斷而迷路的以色列指揮官往往帶不動底下的士兵，因為士兵們知道，迷路和喪命只有一線之隔。阿莫斯懷疑：如果人類的演化結果是為了適應環境，為什麼感知環境時這麼容易出錯？

還有，阿莫斯對於同事提出的決策理論顯然不是十分滿意。例如，在他到丹尼爾班上講課的前幾個月，他被徵召回軍隊參加預備役，並奉命前往戈蘭高地。當時以色列沒有任何動武的軍事行動，他的工作只是負責在新占領的國土領導一支部隊去監視下方的敘利亞士兵，觀察他們是否有攻擊意圖。他手下有一名士兵叫伊茲．卡茨涅森（Izzy Katznelson），後來成了史丹佛大學的數學教授。和阿莫斯一樣，在一九四八年獨立戰爭期間，卡茨涅森還是個住在耶路撒冷的小男孩，心中也有揮不去的戰爭陰影。他記得猶太人衝進已人去樓空的阿拉伯人房子，洗劫所有財物的那一幕。「我當時想，那些阿拉伯人也是人，就跟我一樣，戰爭也不是他們挑起的。」他說。他走近發出聲響的房子一看，發現一群猶太人中學生正在破壞屋子裡的鋼琴，好取出其中的木材使用。

這些事，卡茨涅森和阿莫斯倒是從未聊起。他們討論的，通常是阿莫斯關注的事：對於不確定事件──例如敘利亞軍隊發動攻擊──的發生機率，人們通常是如何判斷的？「當時我們正在監視敘利亞軍隊，」卡茨涅森邊回想邊說：「他聊到機率問題，以及如何判斷機率。一九五六年，政府曾預測未來五年不會發生戰爭，還有些人預測未來十年都不會發生戰爭。阿莫斯很想知道，他們是如何做出這些預測的。阿莫斯想證明，機率不是一個已知的事實，事實上，人們不知道要如何準確預測機率。」

從希伯來語到英語，從爭辯到狂笑

自從阿莫斯回到以色列之後，這些疑惑不斷在他心中積壓，直到遇見丹尼爾後，終於引發崩塌。

沒多久，他又遇到阿維賽・馬格利特。「我在走廊上等著，」馬格利特說：「阿莫斯拉著我走進一間教室說，你一定不相信剛剛發生了什麼事。他告訴我去了丹尼爾的課堂演講的事，還有結束後丹尼爾如何吐槽他。他說，有件事讓他很困惑：判斷，怎麼可能與認知無關？思考本來就不是獨立的行為。」

「阿莫斯心裡的衝擊是非常巨大的，」丹尼爾說：「過去他一直認為沃德・愛德華的研究所建構的世界是合理的，但就在那天下午，另一種完全不同的世界觀引起了他的興趣，也讓沃德・愛德華的研究顯得荒謬可笑。」

從那次講課之後，阿莫斯和丹尼爾還約了幾次一起吃午餐，但之後兩人便分道揚鑣。那年夏天，阿莫斯前往美國，丹尼爾前往英國繼續他的注意力研究。對於自己的注意力研究，丹尼爾已經想到許多可能的應用情境，例如坦克車作戰。丹尼爾在實驗時，會在受試者的左耳播放一串數字，在右耳播放另一串數字，測試受試者可以多快速將注意力從一個耳朵轉向另一個耳朵，以及他們能否有效阻擋自己的心智去關注本就該被忽略的聲音。「坦克車作戰就像西部槍戰，選定目標並採取行動的速度非常重要，是決定生死的關鍵。」丹尼爾後來說道。他可以透過自己的研究測試，挑選出有能力快速熟悉環境的坦克車指揮官，也就是能迅速判斷信號的相關性，並專注於正確信號，避免成為敵人的槍下亡魂。

一九六九年秋季，阿莫斯和丹尼爾都回到了希伯來大學。在他們共同研究的期間，時常可以看到他們兩人在一起。丹尼爾是晨型人，想要單獨跟他碰面的人，可以在午餐前去找他。想要找阿莫斯的人，可以在深夜時找他。在休息時間，他們會選一間教室，關起門討論。有時候你可以從門外聽到他們你來我往地大聲爭論，不過多數時候聽到的都是笑聲。後來大家都說，不論他們討論的是什麼話題，一定都非常有趣。但是他們討論的內容，似乎也只存在於他們兩人之間，很明顯，他們的對話不歡迎其他人加入。如果你把耳朵貼近門上，你會聽到他們的對話夾雜著希伯來文和英文。兩種語言不斷交替，特別是阿莫斯，當他變得情緒化，就會用希伯來文講話。

蜷曲在角落的蟒蛇，聆聽著說不停的白老鼠

先前有學生一直無法理解，為什麼希伯來大學最頂尖的兩位明星教授，彼此保持如此遙遠的距離？現在他們同樣無法理解，為什麼想法如此南轅北轍的兩個人，可以找到共通點，甚至可說是成了靈魂伴侶？

「真的很難想像，兩人之間的化學作用是如何產生的。」同時跟隨兩位大師學習的心理學系研究生迪沙．卡佛瑞（Ditsa Kaffrey）說。

丹尼爾是大屠殺倖存的流亡者，而阿莫斯是自命不凡的以色列在地人。丹尼爾總是自我懷疑，總認為錯的是自己；而阿莫斯總認為自己是對的。阿莫斯喜歡人多熱鬧的場合，丹尼爾幾乎不參加

任何派對。阿莫斯個性隨性、不拘小節；而丹尼爾即便想放鬆，都會讓人覺得他出身自家規嚴謹的家庭。和阿莫斯在一起，你永遠可以從上一次中斷的話題繼續聊下去，不論你們相隔多久沒有見面；但是和丹尼爾在一起，每一次都要重來，即便你們昨天才碰過面。阿莫斯是音癡，卻也能興致勃勃地唱著希伯來民謠歌曲；丹尼爾則是明明有一副好嗓子，自己卻未曾發覺。阿莫斯可以一人戳破不合邏輯的爭論；丹尼爾聽到不合邏輯的爭論，他會問：會不會真的是如此？丹尼爾個性悲觀，而阿莫斯不僅樂觀，還希望自己更樂觀，因為他認為悲觀是愚蠢的行為。「**悲觀的人碰到壞事，等於歷經了兩次厄運，**」阿莫斯常常這樣說：「**第一次是你擔心某件壞事會發生，第二次是壞事真的發生。**」

「他們是兩個截然不同的人，」希伯來大學一位教授說：「丹尼爾總是急著想討好身邊的人，他容易被激怒、脾氣暴躁，但又很想要討好別人。阿莫斯一直不理解，為什麼有人會需要討好別人，他知道禮貌很重要，但渴望討好別人又所為何來？」丹尼爾嚴肅看待每一件事；阿莫斯則喜歡搞笑。有一次，在希伯來大學指定阿莫斯加入委員會，負責評估所有的博士候選人時，阿莫斯對一篇很糟的人文學科論文能夠過關感到不可思議。但他也不明講，只是跟大家說：「如果你們覺得這篇論文夠好，那我也沒意見——對了，這學生懂得分數除法嗎？」

除此之外，大部分的人認為，阿莫斯是他們見過最讓人心生畏懼的人。「大家很怕在他面前討論內心的想法。」一位朋友說，因為他們害怕他會毫不留情地指責他們隱約察覺到的錯誤。魯瑪．

佛克（Ruma Falk）是阿莫斯的研究生，常載阿莫斯回家，但因為怕被阿莫斯嫌她駕駛技術不好，所以堅持由他開車。而現在，阿莫斯所有的時間都跟丹尼爾在一起。丹尼爾對批評非常敏感，任何一位學生的意見，都會讓他深陷自我懷疑的黑暗隧道中。所以，這兩人成天在一起，就像把一隻白老鼠和一條蟒蛇關在同一個籠子，不久後你發現老鼠說個不停，而蟒蛇則是全身蜷曲在角落裡聆聽。

不過，丹尼爾和阿莫斯之間，其實有著太多人們不知道的共同點。他們的祖父輩，都是東歐的拉比。他們都想探究當人們處於「正常的」非情緒化狀態下，心智的運作方式。他們都希望從事科學研究，都希望尋求簡單而有力的真理。丹尼爾這個人雖然看起來複雜，但渴望研究「單一問題心理學」；阿莫斯的研究雖然看似複雜，卻天生就有辦法從雜亂的垃圾訊息中抓出核心關鍵。兩個人都有讓人驚豔的豐富思考力，兩個人都是猶太人，都生活在以色列，同樣不信仰上帝。

只是所有人看到的，卻都是他們的差異。

最能清楚展現兩人差異的實體證據，就是兩個人的研究室狀態。「丹尼爾的研究室一團亂，」後來成為丹尼爾教學助理的丹妮亞拉．葛登回憶說道：「四處都是小紙片，字跡潦草地寫著一兩句話，紙和書散落在各處，書本都是打開的，就停在他上一次讀到的頁數。有一次，我看到我的碩士論文被翻開到第十三頁，我想他應該是看到這裡就停下了。然後，我沿著走廊走，經過三、四間研究室，來到了阿莫斯的研究室……裡頭空蕩蕩，只有一枝筆放在桌上。在丹尼爾研究室，你找不到任何東西，因為實在太亂了。在阿莫斯的研究室，你同樣找不到任何東西，因為什麼都沒有。」這也難怪他們身邊的人都很好奇：為什麼這兩個人，會變得那麼要好？「丹尼爾很難搞，」一位同事說：「阿莫斯最不能忍受難搞的人，但卻願意和丹尼爾成為好朋友，這真的很神奇。」

他們在一起時都在說什麼，丹尼爾和阿莫斯都不太想跟別人說，這反而讓周遭的人更好奇。剛開始，他們常討論丹尼爾的假設：人不是貝葉斯、不是保守貝葉斯，也不是任何類型的統計學家，當人們在思考可以計算出正確統計數字的問題時，他們的心智並非是在進行統計學的計算。但是，你要如何說服那些或多或少已被理論蒙蔽的社會科學家，接受你的論點？你要如何測試？

後來他們決定，要設計與眾不同的統計學題目，然後交給科學家進行測試，看他們表現如何。這些題目幾乎都是丹尼爾獨創的，其中有許多是進階版的紅白籌碼機率問題：

某個城市的八年級學生平均智商大約是一百，你隨機抽樣五十位學生做為研究教育成果的樣本。第一位學生測試後的智商是一百五十。那麼，請問你預期全部樣本的平均智商是多少？

論文寫好了，誰的名字掛前面？丟銅板吧！

一九六九年夏天結束時，阿莫斯帶著丹尼爾列出的問題，出席在華盛頓舉辦的美國心理學協會年度會議，並在一場數學心理學家研討會上提出。他讓這些學者接受測試，研討會上的每位學者都很熟悉統計學，其中有兩個人還出版過統計學教科書。阿莫斯蒐集完所有人的測試結果，並帶著這些結果飛回耶路撒冷。

這是阿莫斯和丹尼爾第一次坐下來一起寫東西。因為研究室空間太小，他們在一間小型的專題討論教室工作。阿莫斯不會打字，丹尼爾又特別討厭打字，所以只好用筆記本寫。他們不斷反覆瀏覽修正每個句子，一天最多寫一到兩段的內容。「當下我已經有感覺：這不是一般的實驗，而是很重大的一件事，」丹尼爾說：「因為實在太有趣了。」

丹尼爾回想起那段時光，還記得爽朗的談笑聲，那就是別人常在教室外聽到的。「我記得，當時我把椅子後仰坐著，非常不穩，因為笑得太用力，差點向後摔倒。」特別是當阿莫斯講笑話時，笑聲特別大，阿莫斯習慣拿自己開玩笑。「他這個人很風趣，對於自己的玩笑也能笑得很開心。」

有阿莫斯的陪伴，丹尼爾也覺得一切都變得趣味盎然，他以前從未有過這樣的感受。同樣的，有丹尼爾的陪伴，阿莫斯也變成了另一個人：不妄加批評，至少不會隨便批評丹尼爾的說法。他甚至不會取笑丹尼爾。他讓丹尼爾感覺有自信，丹尼爾以前從未被這樣對待過。或許這是丹尼爾生平第一次採取攻勢。「阿莫斯寫東西時不會用防衛的低姿態語氣，」他說：「我覺得自己現在能不受拘束地展現自信，像阿莫斯一樣比任何人聰明，這真是很棒的感覺。」兩人合作無間地完成了這篇論文，標題是「相信小數法則」（Belief in the Law of Small Numbers），但誰也不願成為主要作者。最後，兩人決定擲硬幣決定誰的名字放在前面。阿莫斯贏了。

〈相信小數法則〉提出了一般人常會犯的心智錯誤，即便是訓練有素的統計學家也不例外。人們通常會將事件的部分事實，誤以為是全貌。即使是統計學家，也很容易僅憑少數無法定論的證據，就妄下結論。阿莫斯和丹尼爾認為，這些統計學家之所以犯下這種錯誤，是因為他們相信（即便他們不承認），光靠人口抽樣就足以代表整體。但，事實不然。

只要觀察人們如何看待隨機出現的模式，例如擲硬幣，就能理解這個現象有多麼常見。大家都知道，硬幣顯示正反面的機率，每一次都是相等的。但我們也知道，人們很容易認為，如果擲硬幣連續出現正面之後，下一回出現反面的機會較高，彷彿硬幣自己有意識會故意出現反面來平衡正面似的，這就是所謂的「賭徒謬誤」（gambler's fallacy）。「然而，即使是最公平的硬幣，它們的記憶和道德感仍然有限，不可能像賭徒期待的那樣公正。」他們寫道。這詼諧的一段話出現在正式的學術期刊上，讀來別有一番意味。

然後，他們繼續解釋，訓練有素的科學家或實驗心理學家，也容易犯下這種心智錯誤。例如，當心理學家被要求預測一群抽樣兒童的平均智商，假設第一個小孩的智商是一百五十，他們通常會猜測整體的平均智商為一百。他們認為，高智商的小孩屬於離群值，會被另一個離群值，也就是智商極低的小孩給抵銷（意思就像幾次擲硬幣都出現正面，下一次一定會出現反面）。但透過貝氏定理計算，正確的答案是一百零一。

要如何說服那些已被理論蒙蔽的社會科學家？

即使接受過統計學和機率理論訓練的學者，也很難憑直覺知道，相較於整體，一個小樣本的變異性有多高。當樣本數越小，代表全體的可能性就越低。如果樣本數龐大，準確度會較高。擲硬幣一千次，正反面出現機率各為一半的可能性，會高於擲硬幣十次。但是基於某種原因，很多人都不是這樣想的。

研究人類直覺所犯的錯誤，可以讓我們更進一步了解人類如何應對這世界，以及如何判斷和做決策。不過，丹尼爾和阿莫斯這篇發表於《心理學公報》（*Psychological Bulletin*）的論文，所著重的是它對社會科學的影響。社會科學實驗通常會從一大群母體中抽取少數樣本，然後測試理論的合理性。假設一位心理學家認為他發現了某種關聯：露營時喜歡一個人睡的兒童，比起喜歡睡八個人帳篷的兒童，前者比較不願意參加社交活動。心理學家針對二十位小孩進行測試，實驗結果證實了他的假設。但是，並非每個喜歡單獨睡覺的小孩都不善社交，也不是每個喜歡睡在八人帳篷的小孩都喜歡社交活動。於是這位認真的心理學家挑了第二批樣本，看看是否能複製上述發現。但是，他無法正確判斷到底需要多大的樣本數，才足以代表母體，因此還是只能憑運氣*。由於小量樣本具有變異性，因此實際上第二批樣本，也不足以代表多數的小孩。但是，他卻認為這群小孩具有代表性，足以確認或駁斥他的結論。

丹尼爾和阿莫斯認為，多數心理學家就犯了這種錯誤，丹尼爾自己也曾經犯過同樣的錯誤。丹尼爾和阿莫斯邀請心理學家，測試他們所設計的題目，最後結果也證實了他們的假設：當心理家學預測袋子裡是否紅色籌碼占多數時，他們會依據取出的少量籌碼來預測整體的結果。這些心理學家在追求科學真相的過程中，依據的是自己所相信的理論，而非對機率的正確認識。此外，他們完全相信小數法則，因此會合理化從小量樣本中觀察到的任何事實。

阿莫斯和丹尼爾也設計了一道題目，來測試這些心理學家：如果一位學生要測試某項心理學理論是否為真（例如鼻子長的人比較可能說謊），他們會給予什麼樣的建議？如果學生針對其中一群樣本測試的結果為真，但是針對另一群樣本的測試結果為錯，學生該怎麼辦？這是一道複選題，其中有三個答案是要學生增加樣本數，或回頭把理論弄清楚。但許多心理學家最後選擇了第四個答案：「他應該找出兩個樣本出現不同結果的原因。」

換言之，這些心理學家認為，應該找出原因去解釋，為什麼其中一組人鼻子較長也較有可能說謊，但另一組人卻不是這樣。由於心理學家太相信少數樣本，因此他們認為這兩組樣本的測試結果都是真的，即使兩組的結果南轅北轍。實驗心理學家「通常不會將結果與預期之間的落差，歸因於樣本存在的變異性。因為針對任何的不一致，他都可以碰巧找到『解釋』，」丹尼爾和阿莫斯寫道：「因此，他沒有機會看出樣本變異性的存在。盲目相信小數法則，讓他們永遠被蒙蔽。」

阿莫斯後來自己補充：「愛德華認為，人們無法從機率數據中掌握充分的資訊或確定性，他稱之為失敗保守主義（failure conservatism）。但事實上，我們的受試者並非是保守的。相反的，人們的行為符合『代表性假設』，他們認為數據本身具有一定程度的確定性，但其實並沒有。」「沃德．愛德華已經具有知名度，」丹尼爾說：「我們這麼做就是在攻擊他，結果阿莫斯對我吐舌頭。」

一九七〇年初，他們一起完成了這篇論文，但沒辦法分清楚兩個人的貢獻各是多少。隨便拿出一段內容，你都無法分辨這個想法是丹尼爾的貢獻較多，還是阿莫斯的貢獻較多。但至少對丹尼爾來說，論文中展現自信狂妄（幾乎是厚臉皮）的部分是出自誰手，還是不難判斷。「如果是我自己寫的，除了會顯得猶豫不決，並附上一百條參考資料之外，可能還會罵自己是個蠢蛋。」丹尼爾說：「我當然也可以自己獨立完成這篇論文，但如果是我自己一人完成，根本不會引起大家的注意。這篇論文散發出明星特質，得歸功於阿莫斯。」

他認為，這篇論文妙趣橫生、有啟發性、引起眾人興趣，而且語氣自大，他絕對寫不出這樣的文字。事實上，他從未想過這樣的寫法，他也不認為阿莫斯有想過。然後他們把論文拿給一位他們認為有可能會提出質疑的讀者，也就是密西根大學的心理學教授大衛．克藍茲（Dave Krantz）。

---

*當時許多心理學家，包括丹尼爾在內，使用的樣本數為四十，能正確反映全體的機率只有百分之五十。若要將正確反映母體的機率提高到百分之九十，樣本數至少要一百三十位。要蒐集到夠大的樣本數，需要更多的工作，也會拖延研究的進度。

克藍茲是一位認真的數學家，他正是和阿莫斯合作寫了那三冊高深莫測教科書《測量基礎》的人。「我認為這是天才之作，」克藍茲回想時說道：「我至今仍認為那是當代最重要的論文之一，過去從未有人寫過這樣的論文。它駁斥了在那之前的所有研究，論文中提到的每一個讀者答錯的問題，我覺得我也有可能答錯。」克藍茲認為，丹尼爾和阿莫斯的論文不僅有趣，而且非常重要，肯定很快就得到心理學以外其他領域學者的回響。

但丹尼爾就是丹尼爾，過了很久才能接受這樣的讚美。「當克藍茲寫說：這是重大的突破，我還認為他瘋了。」他說。事實上，他和阿莫斯要探討的，不只是人們如何運用統計學的問題。人類「基於直覺而產生的預期，會因為對世界的錯誤認知而遭到扭曲。」丹尼爾和阿莫斯在最後一段寫著。錯誤認知，源自人的心智。當人類心智在預測某個不確定事件的發生機率時，靠的不是統計學，那靠的是什麼？如果心智真正的運作方式，並不像主流社會科學家所說的那樣，那麼究竟人類的心智是如何運作的？

第6章

揭開心智之謎

他們肩並肩，一起打字……

一九六〇年，對於人類判斷行為特別感興趣的奧瑞岡大學心理學教授保羅．霍夫曼（Paul Hoffman），說服美國國家科學基金會提供六萬美元補助，讓他能辭去教職，成立「行為科學基礎研究中心」。

他不是特別喜歡教書，對自己的學術生涯進展緩慢也有點受挫，特別是升等這件事。因此他乾脆辭去教職，在綠樹成蔭的尤金大學城附近買了棟房子，這棟建築原是獨神派（Unitarian）教堂，霍夫曼將它改名為奧瑞岡研究院（Oregon Research Institute），致力於研究人類的行為。

當時世界各地還沒有類似的研究機構，因此很快便吸引了各種稀奇古怪的委託案和特立獨行的研究員上門。「在舒適宜人的氣氛中，聰明又有才華的人們在此默默埋首研究，試圖揭露人類行為的奧祕。」尤金地方報寫道。這段話有點不知所云，不過在介紹奧瑞岡研究院時，通常難免會這樣，因為沒有人確切知道這裡的心理學家究竟在做什麼研究。

阿莫斯研究所的同學保羅．斯洛維克離開密西根大學後，便去了霍夫曼新成立的研究院。當他年幼的孩子問他靠什麼維生時，他指著一張明信片，上面畫著人類大腦的不同功能區，然後說：「我研究心智的祕密。」

大樓晃得好厲害——請問，這是工程問題還是心理問題？

奧瑞岡研究院早期所接下的其中一件委託研究案，來自尤金城當地的一家公司。該公司負責興建曼哈頓下城的雙棟摩天大樓，也就是後來的世貿中心雙子星大樓。日裔建築師山崎實有懼高症，過去從未設計超過二十八層的大樓，但他所設計的這兩棟大樓高達一百一十層。雙子星大樓的業主是紐約港務局，他們打算向較高樓層的承租戶收取較高的租金，因此要求工程師萊斯里．羅伯森（Leslie Robertson）必須確保住在較高樓層、付較高租金的房客不會感受到大樓因風吹而搖晃。

羅伯森心想，要「讓一個坐在九十九樓辦公桌旁的人感覺不到搖晃」，這不只是工程問題，也是心理層面的問題，於是轉向保羅．霍夫曼和奧瑞岡研究院尋求協助。

於是，霍夫曼在尤金城內另一個綠樹成蔭的地區租了一棟房子，在裡面改造了一個房間，房間下方裝設了木材廠用來搬運木材的液壓輪，只要按下按鈕，整個房間就會開始搖晃——模擬曼哈頓摩天大樓高樓層晃動的情境。對了，這一切都是祕密進行的，因為港務局不希望未來的房客發現大樓會在風中晃動，霍夫曼也擔心如果受試者知道自己置身在會晃動的房間內，就會對晃動更敏感，破壞了實驗結果。「設計好房間之後，」保羅．斯洛維克回想：「接下來的問題是，要如何讓受試者在完全不知道實驗主題的情況下，走進這房間？」

這個「搖擺房」改裝完成後，霍夫曼靈機一動，在房子外牆掛上「奧瑞岡研究院視力研究中心」的招牌，告訴街坊鄰居，這裡提供免費視力檢查服務。他在奧瑞岡大學找到的一位心理學研究生，正好是領有證照的驗光師。當這個研究生為訪客進行視力檢查時，霍夫曼就會啟動液壓輪，讓房間前後晃動。結果，搖擺房裡的人很快就察覺到不對勁。「這個房間有點奇怪，」有位訪客說：「是我沒戴眼鏡的關係，還是有人給房子動了手腳？真好玩。」負責視力檢查的心理學家，每天晚上回家都感覺在暈船*。

世貿中心的工程師、建築師以及紐約港務局的負責官員，後來親自飛到尤金城，體驗霍夫曼

＊我得特別感謝由詹姆斯．葛蘭茲（James Glanz）以及艾瑞克．立普頓（Eric Lipton）撰寫的一篇文章，這篇文章在九一一恐怖攻擊一週年紀念日前幾天刊登於《紐約時報雜誌》（*New York Times Magazine*），詳細說明了世貿中心雙子星大樓的興建與崩塌。此外，威廉．龐德史東（William Poundstone）撰寫的《無價》（*Priceless*）這本書，對於搖擺房有更詳細的說明。

「搖擺房」的晃動，結果讓他們很失望。羅伯森後來接受《紐約時報》（*New York Times*）採訪時談到了自己的感想：「看來這筆大生意泡湯了！」他回到曼哈頓，自己建造了一間搖擺房，試圖複製霍夫曼的實驗結果。最後，為了要維持大樓的穩定，他修改設計，在兩棟大樓內總計安裝了一萬一千個金屬阻尼器，每個阻尼器長二．五英尺。後來的發展大家都知道了，大樓順利完工，而且這些額外加上的結構，讓大樓在九一一事件中，受到民航機撞擊時能夠支撐較久的時間，當天在大樓內上班的一萬四千名工作者，有部分的人因此得以在大樓倒塌前順利逃出。

對於奧瑞岡研究院來說，搖擺房研究只是一場意外的插曲。許多加入這個研究院的人都和霍夫曼一樣，對於人類的判斷行為感到高度興趣。他們對於保羅．梅爾所寫的《臨床與統計預測》（*Clinical versus Statistical Prediction*）充滿好奇，這本書主要是在探討心理學家在診斷或預測病人行為時，不如統計演算來得準確。丹尼爾．康納曼在一九五〇年代中期也看過這本書，後來他用簡單的統計演算徵選新的以色列士兵，取代傳統的人為判斷。梅爾本身是臨床心理學家，當時有許多研究都支持他的看法*。

股市會不會漲？有沒有得癌症？誰說了算？

如果人為判斷不準，全得靠心理學家的模型，那人類就有大麻煩了，因為絕大多數需要我們做出判斷的領域，並不具備豐沛的數據資料，多數的人類活動，直到今天都缺乏足夠數據來建立演算模型。

今天，面對人生中諸多的棘手問題，我們仍然仰賴不同領域專家的判斷：醫生、法官、投資顧問、政府官員、招生辦公室人員、電影公司主管、棒球球探、人事經理等等。霍夫曼以及加入奧瑞岡研究院的心理學家，就是想弄清楚，這些不同領域的專家們，究竟如何做出判斷的？「我們並沒有很具體的想法，」保羅・斯洛維克說：「我們只是覺得這件事情很重要，也就是：人類如何蒐集片段的資訊、處理這些資訊，然後做出判斷或結論。」

有趣的是，他們並不只是想知道「專家判斷」與「統計演算」比起來有多麼不精準，他們的目的，是希望為專家的思考過程建立模型。如同路易斯・高伯格（Lewis Goldberg）所說：「想知道人為判斷會在什麼時候、什麼地方比較可能出錯，這就是我們研究的目的。」高伯格在一九六〇年

＊一九八六年，就在他的著作出版後三十二年，梅爾發表了一篇文章〈我的麻煩小書的前因後果〉（Causes and Effects of My Disturbing Little Book），提到許多證據顯示，專家判斷有其問題存在。「當你推動九十項調查，」梅爾寫道：「並進行各項預測，從足球比賽到肝病診斷結果，如果你無法完成足夠多的研究，提出稍微有利於臨床醫生的證明，那麼就必須務實地做出結論……不要陷入人身攻擊的論證，只要根據事實提出解釋。我想，這只是人類行為普遍存在並難以消除的諸多不理性例證之一。」

離開史丹佛大學，加入奧瑞岡研究院。如果我們可以知道人為判斷在什麼地方出錯，就可以設法彌補專家判斷與統計演算之間的落差。「我認為，了解人們是如何做出判斷和決策，就可以改善判斷和決策的品質，」斯洛維克說：「幫助人們成為更好的預測者和決策者。這是我們的想法，只是當時還不是那麼明確。」

為此，霍夫曼在一九六〇年發表了一篇論文，分析專家究竟如何做判斷。當然，你也可以直接詢問專家，他們是怎麼做的，但這不是理想的方法，因為人們嘴上說的跟實際上所做的，往往是兩回事。比較理想的方法，是觀察專家如何思考。霍夫曼強調，先蒐集專家做決策時需要的資訊輸入（也就是「線索」，霍夫曼稱之為「資料輸入」），然後根據他們的決策分別設定這些線索的權重。例如，如果你想知道耶魯大學招生委員會如何決定要錄取哪些學生，你可以詢問他們是運用哪些指標來做決定，並取得這些指標的數據資料，例如平均成績、入學考試成績、運動能力、校友關係、高中學校類型等等。接下來，再觀察委員會如何決定誰被錄取。

霍夫曼將這篇論文取名為「臨床判斷的同質異象展現」（The Paramorphic Representation of Clinical Judgment），發表於學術期刊《心理學公報》（*Psychological Bulletin*）。這個標題看起來艱澀難懂，部分原因是霍夫曼希望會看這篇論文的人都能知道他在說什麼，他並不奢望在小小學術圈之外的人會讀到這篇文章；再說，這項心理學的新發展也只有少數圈內人會注意到。「在真實世界做決策的人，不可能會看到這篇文章，」路易斯．高伯格說：「不是心理學界的人，也根本不會翻閱心理學期刊。」

原本奧瑞岡研究院希望了解的，是臨床心理醫生的思考模式，但後來發現，同樣的研究普遍適用於任何專業領域的決策者，包括醫生、法官、氣象學者、球探等等。「也許全世界只有十五個人會關注這個問題，」保羅．斯洛維克說：「但我們都覺得自己正在做的研究非常重要，也就是：用數字來說明看似複雜、神祕的直覺判斷過程。」

一九六〇年代末期，霍夫曼和助理取得了某些仍未有定論的結論，在高伯格撰寫的兩篇論文中有很完整的說明。高伯格在一九六八年於《美國心理學家期刊》（*American Psychologist*）發表了第一篇論文，一開始他便指出，已經有多項研究顯示，專家判斷的可信度不如統計演算。「根據這些持續累積的文獻資料，」高伯格說：「就算是那些我們普遍認為得靠臨床專家才行、統計演算做不來的任務，我們用簡單演算法所做出的判斷，也不比臨床專家差。」

猜猜看，到底是醫生厲害，還是電腦模型厲害？

那麼……臨床專家們在幹嘛？高伯格認為，醫師為病患診斷時，他的思考過程必定是複雜的。因此，任何模擬這種思考過程的模型，也必定是複雜的。例如科羅拉多大學的一位心理學家，就曾經研究該校其他心理學家如何判斷「哪些大學生無法適應大學生活」，他將心理學家們在研究病患資料時，自言自語的內容錄音存檔之後，設計了一套複雜的電腦程式來模仿這些心理學家的思考過程。但高伯格說，他比較喜歡簡單的做法，因此就從簡單的方法開始。他第一個研究的案例，是了解醫生如何診斷癌症。

他說，奧瑞岡研究院先前進行過一項關於醫師的研究。他們在奧瑞岡大學找到一群影像診斷專家，詢問他們是如何透過腹部X光片，來判斷一個人是否得了癌症？醫師回答，他們主要會觀察七個重要的跡象：潰瘍大小、潰瘍邊緣的形狀、火山口狀潰瘍的寬度等等。如同先前霍夫曼的說法，高伯格將這些跡象稱為「線索」。這七個線索會出現許多可能的組合（例如潰瘍範圍的大小，會因為形狀是平滑或粗糙而有不同意義），醫師必須根據每一種組合進行診斷，判斷是否為癌症。高伯格指出，專家常說他們的思考過程難以描述，而且相當複雜，因此很難建立模型。

於是，奧瑞岡研究員從建立簡單的運算開始，根據上述醫師提到的七個因素，給予每個因素相同的權重，再套入研究員設計的公式，就可以計算出潰瘍為惡性的機率有多高。然後研究人員再要求醫師分別針對九十六種不同的胃潰瘍情形，分別從「確認是惡性」到「確認是良性」等七個不同等級，判斷罹患癌症的機率。研究人員事先不會告訴醫師測試的內容，而且會將相同的X光片隨機混合在同一疊照片裡，所以醫師不會察覺自己看到的是同一張。研究人員沒有電腦，而是將所有的數據填寫在穿孔卡片上，寄給美國加州大學，由那裡的大型電腦進行資料分析。研究人員的目標，是確認能否建立一個演算模型，成功模擬醫師的決策過程。

高伯格原本沒什麼把握，只是把這個簡單的第一步當做起點。畢竟演算模型其實沒那麼簡單，它必須運用更多高級數學概念，模擬醫師思考線索時的微妙過程才行。例如，當潰瘍特別大，醫師很可能會重新判斷其他六個線索的意義。

沒想到，加州大學送回來的分析資料，卻讓所有人嚇了一跳——照高伯格的話說，其實應該是「讓人震驚」。首先，研究人員設計的這個簡單演算模型，竟然可以精準預測醫師的診斷結果。醫師們或許覺得自己的思考過程微妙而複雜，但其實光靠一套簡單的模型，已經能精準模仿他們的診斷過程。這不是說醫師們的思考簡單，而是說，透過簡單的模型也能模擬他們的思考過程。

更令人驚訝的是，對於同一張X光片，醫師們的診斷結果南轅北轍，大家的看法都不一樣。更不可思議的是，當再度看到同一張潰瘍X光片時，每位醫師的說法又會和自己先前的說法不同。「這些分析結果顯示，臨床醫學在診斷上的一致性，並沒有比臨床心理學高多少，這點可以做為你下次看醫師時的參考。」高伯格寫道。如果醫師們的診斷如此不一致，當然就代表他們不可能全是對的。事實上，確實如此。

他會不會自殺？菜鳥醫師的預測，跟老鳥醫師一樣

接著，研究人員針對臨床心理學家和精神科醫師，進行以下相同的實驗：他們必須告訴研究人

員，在判斷讓病患離開精神病院是否安全時，他們會觀察哪些因素。同樣的，這些專家的意見也南轅北轍。更奇怪的是，在預測精神病患離開醫院後會發生什麼意外，資歷最淺的專家（研究所的學生），其準確度和資歷最深的專家（收費的專業醫師）是一樣的。在判斷一個人是否會自殺時，看診經驗的多寡似乎沒什麼用處，或如同高伯格所說：「這項任務的精準度，與專家的專業經驗或資歷無關。」

不過，高伯格當時並不認為這全是醫師的問題。在論文結尾時他提到，問題可能出在醫師和精神科醫師幾乎沒機會回去檢視他們的思考是否準確，然後在必要時改變診斷結果。他們缺乏的是「立即的回饋」。因此，後來奧瑞岡研究院的同事里奧納．羅瑞爾（Leonard Rorer），嘗試提供立即回饋的可能性。高伯格和羅瑞爾提供數千個假設的案例，請兩組心理學家進行診斷。其中一組的診斷結果會得到立即回饋，另一組不會，目的是為了了解得到回饋的那一組心理學家，其診斷的準確度是否會因此提升。

但最後沒什麼具體發現。就在這時，高伯格一位同事（他已經不記得是哪一位），提出了一個讓他跌破眼鏡的看法：「有人說，你用來預測醫師診斷準確度的模型當中，搞不好其中有一個比醫師的診斷還要準確。」

「我當時心想，別鬧了你，這怎麼可能？」高伯格回憶道。他們設計的簡單模型，怎麼可能比醫生更準確診斷出癌症呢？

但嚴格說，其實這個模型是醫師自己創造的，因為模型所需要的資訊，都是醫生們自己提供的。因此奧瑞岡研究院繼續往下研究，看看模型的診斷結果會不會比醫生準確。結果證明，果然如此。如果你想要知道自己是否得了癌症，最好是運用研究人員所設計的演算模型，而不要去找放射科專家判讀X光片。一套簡單模型的準確度，不僅高於一群醫師，甚至高於最優秀的醫師。換言之，**一個完全不懂醫學的人，只需問醫師幾個問題，然後寫出一套程式，就可以勝過醫師了**。

「如果這些發現，同樣適用於其他領域，」高伯格寫道：「意味著所有人為判斷的預測精準度，幾乎不可能超越模型。」為什麼會這樣呢？為什麼專家的判斷——例如醫生——會遠遠不如根據他自己的專業知識所設計出來的模型？針對這一點，高伯格最後只能雙手一攤，帶點無奈地說：也許，專家也是人吧。「臨床醫師不是機器，」他寫道：「他們具備了人類學習與創造假設的所有能力，卻缺乏機器的穩定性。他們會有各種情緒：倦怠、不舒服、生病、被環境干擾等等，因此當他們針對相同病徵進行判斷時，會出現不同的結果。」

那一年，他們抵達奧瑞岡尤金城……

一九七〇年夏季，也就是高伯格發表上述內容後不久，阿莫斯．特沃斯基出現在奧瑞岡尤金城。他正準備前往史丹佛大學，順道來這裡探望老友保羅．斯洛維克。他們兩人曾在密西根大學一起念研究所。斯洛維克在大學時期是籃球選手，他回憶起當時和阿莫斯在他家車道投籃的情形。

阿莫斯從未參加大學籃球隊，他的投籃動作不像是要把球拋向籃框，比較像是在表演健美體操。「他的速度只有一般人的四分之三，投籃動作好像是在擲鉛球，只差沒轉身。他會將球置於前胸中央，然後整個人往籃框的方向跳起，漂浮在半空中。」他兒子歐瑞恩如此形容。

「有些人喜歡邊走邊聊，阿莫斯則喜歡邊投籃邊聊天。」斯洛維克說，還刻意加了一句：「不過，他看起來不像是花很多時間練習投籃的人。」

一邊投籃，阿莫斯一邊對斯洛維克說，他和丹尼爾開始研究人類心智運作機制的問題，希望能更進一步了解人類如何做出直覺判斷。「他說，他們希望找到一個地方，可以整天好好坐著、相互討論，不需要被大學的瑣事打擾。」斯洛維克說。對於專家為什麼會犯下重大的系統性錯誤，他們已經有了一些初步想法，例如：絕對不只是因為這些專家剛好心情不好。「我真的很驚訝，他們的想法太有趣了。」斯洛維克說。

阿莫斯在一九七〇至一九七一學年度，到史丹佛大學任教，而丹尼爾仍留在以色列。他們希望利用分隔兩地的這一年，為他們先前所擬定的題目蒐集資料——也就是：答案。

首先，他們針對高中生測試這些問題，丹尼爾指派二十位左右的希伯來大學研究生，搭計程車到全國各地找高中生做訪問。研究生會對每一個高中生，提出二到四道對他們來說非常怪異的問題，然後給他們幾分鐘時間作答。「我們帶了好幾份問卷，」丹尼爾說：「因為沒有人能一次回答所有問題。」

請思考以下問題：

我們調查整個城市裡有六個小孩的家庭。發現其中有七十二個家庭，男孩和女孩的出生順序分別為：女、男、女、男、男、女。

那麼你認為，在所有接受調查的家庭中，有多少家庭的男孩和女孩出生順序為：男、女、男、男、男、男？

意思是說，在這個假設的城市，如果有六個小孩的家庭中，有七十二個家庭的小孩出生順序為：女、男、女、男、男、女，那麼有六個小孩的家庭當中，有多少家庭的小孩出生順序為：男、女、男、男、男、男？天曉得以色列的高中生願不願意回答這個奇怪的問題，但居然有高達一千五百名學生提供答案。

接著，阿莫斯將同樣怪異的問題，讓密西根大學和史丹佛大學的學生作答。例如：

有一個遊戲，每一輪會將二十塊大理石隨機分配給五個小孩：艾倫、班、卡爾、丹，以及艾德。以下是兩組分配方式：

第一組

艾倫	4
班	4
卡爾	5
丹	4
艾德	3

第二組

艾倫	4
班	4
卡爾	4
丹	4
艾德	4

如果連續玩很多輪，請問出現第一組的次數較高，還是第二組？

他們想試著弄明白，人類是如何判斷或誤判任何一種情境發生的機率，尤其是當機率很難預測，或是根本無法預測機率時。所有的問題都有正確及錯誤的答案，只要拿學生的答案跟正確答案做比較，就能找出他們犯錯的模式。「我們想了解的是：人們是怎麼做出判斷的？」丹尼爾說：「人們在判斷機率時，到底是在哪些難以理解的層面上運作的？」

兩人關在研究室裡，過得還不錯的一年

阿莫斯和丹尼爾並不懷疑，多數人都會答錯，因為他們自己在回答這些問題（或類似問題）時也答錯了。精確地說，是丹尼爾答錯，也發現自己答錯，並提出理論解釋自己為何答錯。

而對於丹尼爾答錯、以及丹尼爾自己對答錯的說明，阿莫斯覺得有趣極了。「我們不斷深入討論，最後把焦點放在**直覺**。」丹尼爾說：「如果我們沒答錯，就不好玩了。」相反的，如果他們兩

人都犯下相同的心智錯誤，或有可能犯錯，意味著別人也會犯下這些錯誤。

阿莫斯在很年輕時就發現，有一種人就是喜歡讓自己的生活變得很複雜，而阿莫斯天生就知道如何遠離那種「過度複雜」的人。但三不五時，他總會遇到某個人（通常是女性），然後被對方的複雜個性吸引。高中時，阿莫斯就對日後成為詩人的達麗亞．拉維科維奇著迷，他們之間的親密友誼讓同學們意外。

他和丹尼爾之間的關係，也是如此。阿莫斯的一位老友後來回想時說道：「阿莫斯會說：人沒有這麼複雜，人與人之間的**關係**才複雜。然後他停頓了一下，繼續說：丹尼爾除外。」不過，丹尼爾似乎具備某種特質，能讓阿莫斯願意卸下心防，而且願意在與丹尼爾相處時，讓自己變成了另一個人。「當我們一起工作時，阿莫斯會暫時放下他的多疑，」丹尼爾說：「但他不常對其他人這樣做，**這**就是我們合作的動力。」

一九七一年八月，阿莫斯帶著太太、小孩，還有一疊資料，回到了尤金城，搬進位於山丘上的一棟房子，從這裡可以俯瞰整座小城。當時，奧瑞岡研究院的一位心理學家正好要離開，他就接手租下了這棟房子。「溫度設定在二十九度，」芭芭拉說：「有觀景窗，但沒有窗簾。他們留下一堆要送洗的東西，其中半件衣服也沒有。」他們後來才知道，原來房東是裸體主義者（歡迎來到尤金小鎮！）。

過了幾星期，丹尼爾帶著太太和小孩，加上更大疊的資料，搬到了尤金城的另一棟房子。但這棟房子有個特點，比裸體主義者更讓丹尼爾困擾：屋外有大片草坪。丹尼爾無法想像自己整理庭院的情景，也沒有人會奢望丹尼爾做這種事。不過，他倒是出乎意料地樂觀：「我對尤金城的記憶是亮閃閃的陽光。」後來他說。雖然他來自全年陽光普照的地方，而且他待在尤金城期間，有一半以上的時間是陰天。

反正他多數時候都待在室內，和阿莫斯一起。他們的研究室，就位於過去的獨神派教堂內，兩人持續之前在耶路撒冷的對話內容。「我有種感覺，我的人生已經改變了。」丹尼爾說：「我們了解對方的速度，比我們對自己的了解還快。創作的過程，通常是你先起個頭，等過了一陣子（也許是多年之後），你才慢慢把整件事弄明白。但在我們兩人身上，這個過程是極度濃縮的，只要我說出口，阿莫斯當場就能明白。不論誰說了個怪主意，另一個人就會思索其中的意義。我們會自然而然地接住對方的話，而且經常如此。現在想起來，還是會全身起雞皮疙瘩。」這段期間，也是他們兩人生平第一次，身邊有人隨時供他們差遣。有人幫忙論文打字，有人幫忙尋找受試者，有人負責募集研究資金。他們唯一要做的，就是討論。

他們並肩坐在打字機前，一起寫作

關於人類心智出錯的運作機制，他們已經有一些想法，並開始蒐集這種運作機制可能會產生的有趣錯誤或偏見。後來他們培養出一種合作方式：丹尼爾會一大早到研究室，分析奧瑞岡大學生前一天針對他們的問題所提供的答案。丹尼爾的個性很急，他會責怪研究生沒有在當天就分析所收集到的數據——「這樣對你的研究生涯不太好。」他說。而阿莫斯則是到中午才會出現，兩個人一起走到一間難吃到沒人能忍受的速食餐廳吃午餐，然後再一起回到研究室，繼續討論到下班。「他們建立了某種工作模式，」保羅．斯洛維克說：「也就是連續不停地討論好幾個小時。」

奧瑞岡研究人員和希伯來大學教授都發現，不論阿莫斯和丹尼爾兩人談什麼，內容一定很有趣，因為他們有一半時間都在笑。

他們的交談中夾雜著希伯來文和英文，常會互相打斷對方的話。也許，是因為尤金城這裡很舒適——四處可見慢跑的人、裸體的人、嬉皮和西黃松林，但其實就算把他們倆放到蒙古沙漠上，工作模式也不會改變。「我不認為他們是那種對周遭環境很在意的人，」斯洛維克說：「他們在哪並不重要，真正重要的是腦袋裡的想法。」

大家也注意到了，他們的對話內容極度保密。兩人抵達尤金城之前，其實阿莫斯曾暗示要邀請保羅．斯洛維克加入合作，但自從丹尼爾到了尤金城後，斯洛維克就很清楚，他們兩人之間容不下第三者。「我們不太可能組成三人團隊，」他說：「他們不希望任何人介入他們之間。」

有意思的是，他們其實也不希望自己一個人待在研究室裡。每當兩人在一起，他們都會變成另一個人——他們希望成為的那種人。對阿莫斯來說，工作就是遊戲，如果不有趣，他就沒了工作的理由。現在，對丹尼爾來說，工作也成了遊戲。這對丹尼爾來說，是過去從未有過的經驗。丹尼爾就像個孩子，擁有全世界最好的玩具櫃，卻因為老在猶豫不決，而從未好好享受自己已經擁有的一切，反而一直杵在原地焦慮不已，無法決定要拿水槍或是騎上電動機車兜風。終於，在阿莫斯的陪伴下，丹尼爾放開了一切拘束：「去他的，我們一起玩這些好玩的東西吧！」

有時候，丹尼爾會陷入低潮，幾乎像個憂鬱症患者，他會邊走邊說：「我已經江郎才盡了。」但看在阿莫斯眼中，丹尼爾這種樣子實在太好笑了。他們的共同朋友阿維賽・馬格利特回想時說：「當丹尼爾說：完了，我完全沒有靈感。阿莫斯就會大笑說：你一分鐘內想出的點子，比一百個人在一百年內想到的還要多。」當他們坐下來寫東西時，根本就像一個人在寫，如果有人碰巧看到，都會覺得不可思議。「他們會並肩坐在打字機前，一起寫作。」密西根大學心理學家理查・尼斯貝特（Richard Nisbett）說：「我無法想像自己能像他們那樣，那就像有人幫我刷牙一樣。」對於這一點，丹尼爾說：「我們心意相通。」

如果不能像賭桌上的算牌高手，那你該如何思考？

他們所發表的第一篇論文，指出人類在面對可利用統計學計算出正確答案的問題時，無法像統計學家一樣思考——包括統計學家自己也是如此。很明顯，「相信小數法則」會讓我們聯想到另一個問題：如果人們平常不依據統計學思考，那麼當他們面對可以運用統計學思考並解決問題時，他們會用哪種方式思考？如果他們不仔細推算——就像賭桌上的算牌高手——那又是如何思考的？

答案就在兩人的下一篇論文中。論文的主題是……對了，阿莫斯對論文題目有個習慣：一定要先想出標題，才會開始動筆。他相信，標題能避免你離題，會迫使你緊緊扣住論文主題。問題是，他和丹尼爾為他們論文所下的標題，經常讓人覺得高深莫測。不過回到當年，畢竟剛起步，他們得遵循學術界的遊戲規則，如果標題一看就懂，很容易會被視為沒分量的論文。

這篇論文探討的，是人們如何進行判斷，他們兩人第一個想到的標題是：「主觀機率：代表性的判斷」（Subjective Probability: A Judgement of Representativeness）*。顧名思義，所謂主觀機率指的就是：當你在主觀判斷任何一種情境發生的可能性時，你或多或少是用猜的。例如你半夜起來，看到兒子搖搖晃晃地回家，你會心想：「這小子八成是喝醉了。」這就是主觀機率。但「代表性判斷」又是什麼意思？「主觀機率在我們的生活中扮演重要的角色，」他們的論文寫道：「我們做出的決策、結論以及解釋，都是基於我們對不確定事件發生機率的判斷，例如獲得新的工作機會、選

---

*兩人一開始合作時便認清，他們不可能清楚區分每一篇論文誰的貢獻較多，所以決定輪流當主要作者。他們擲硬幣決定，阿莫斯是〈相信小數法則〉這篇論文的主要作者，所以這篇論文的主要作者輪到了丹尼爾。

舉結果或是市場狀態。」在以上這些及其他許多不確定的情境中，我們的心智不會自然而然地去算出正確的機率。那麼，我們的心智在做什麼？

他們有了答案，也就是：用經驗法則取代機率法則。丹尼爾和阿莫斯稱這些經驗法則為「捷思法」（heuristics）。他們第一個想要探究的捷思法，稱為「代表性」（representativeness）。

他們認為，當人們在進行判斷時，會將要判斷的「標的物」與心中的某個「理想典範」做比較。「天空的雲朵」和「我想像的暴風雨將至的雲朵」，兩者的形狀有多近似？這個潰瘍與我心中認為的惡性腫瘤有多相近？林書豪是否與我設想的未來NBA球員典型相近？這位強勢的德國領袖，是否和我心中那位執行大屠殺的領袖形象相符？

世界不只是一座舞台，也是賭場，我們的人生就是一連串的機率遊戲。當人們評估生活中各種情境的發生機率時，他們判斷的依據通常是相似性，或是另一個奇怪的新詞——代表性。你對於母體（感興趣的研究對象全體）會有某種既定的想像——「暴風雲」、「大屠殺的獨裁者」或「NBA球員」，然後你會將特定的個案與母體做比較。

來來來，看你能答對幾題……

不過，阿莫斯和丹尼爾並沒有解釋，為何人們會在心中建立某種典型，以及他們如何判斷相似性？相反的，他們認為應該把重點放在理想典型比較顯著的那些個案上。當特定個案越接近你腦中的典型形象，你越可能認為這個案例是常態。「我們主要是在探討，」他們寫道：「在許多情況下，如果事件A比事件B更有代表性，人們就會判斷A的發生機率大於B。」如果某個籃球員與你心目中的NBA籃球員形象越接近，你越可能認為他未來會成為NBA球員。

他們也猜想，人們在做判斷時，不僅會犯下隨機性的錯誤，同時也會發生系統性錯誤。有時候，心智之所以在面對不確定的情境時會被誤導，是因為被誤導的結果未必是錯誤的。例如那些有可能成為優秀NBA球員的人，確實非常接近人們心目中「優秀的NBA球員」形象。

當然，很多時候並非如此。從人們所犯的系統性錯誤當中，你可以看到經驗法則的本質。例如，在有六個小孩的家庭中，出生順序為男、女、男、男、男、男的機率，與女、男、女、男、男、女的機率，其實是一樣的。但以色列高中生——就像世界上其他所有人一樣——很自然地相信，出生順序為女、男、女、男、男、女的機率比較高。為什麼？「連續五位男孩、最後才出現一位女孩的出生順序，不符合全體人口的男女比率。」他們解釋。也就是說，它比較不具代表性。此外，如果你問同一群以色列高中生，擁有六個小孩的家庭，哪一種出生順序發生機率較高，是男、男、女、女、男、女，還是女、男、男、女、男、女，他們幾乎都會選擇後者。但事實上，兩者的機率是相同的。為什麼會這樣？為什麼幾乎全世界的人都相信，其中一種情況的發生機率會大於另一種？丹尼爾和阿莫斯解釋，這是因為人們認為出生順序是隨機發生的過程，而第二種出生順序看起來比第一個更「隨機」。

這又很自然地引發出另一個問題：我們依據經驗法則來評估機率時，在什麼情況下會出現嚴重錯誤？其中一個答案是：當面對的是一個真正隨機的事件時。因為如果某件事具隨機特性，那麼在判斷這件事的發生機率時，不能只是將這個不確定事件與母體做比較，然後判斷兩者的相似性。這樣做不夠。丹尼爾和阿莫斯寫道：「如果某件事具有隨機特性，那麼事件本身必定會反映不確定過程的某些特性。」也就是說，如果過程是隨機的，最後的結果也必定是隨機的。

例如二次大戰時，倫敦市民普遍認為，德國炸彈並不是亂炸一通的，而是有鎖定特定攻擊目標，因為市內某些地區不斷受到砲火攻擊，其他地區卻毫髮無傷，但後來統計學家讓我們看到，其實被轟炸的地點，完全吻合隨機分布。還有，當班上有兩位學生的生日在同一天，大家會認為這真是太巧了，但事實上，在任何一個二十三人的組織裡，其中兩個成員同一天生日的機率都會提高。

我們對於「隨機性」的刻板印象，與真正的隨機定義不同，它缺乏真正的隨機序列會出現的群集現象和模式。如果你隨機將二十塊大理石分給五位小朋友，每個人平均分到四塊大理石（也就是第二組）的機率，會高於第一組的分配組合。但美國的大學生卻會告訴你，第一組的發生機率會高於第二組。為什麼？因為第二組「看起來太平均了，不像是隨機發生的……」。

丹尼爾和阿莫斯的論文顯示：對於可被測量且真正隨機發生的事件，我們會形成某種錯誤的刻板印象。如果我們的心智會被這種刻板印象誤導，是否也會被其他更模糊不清的既定印象誤導呢？

美國成年男性和女性的平均身高分別為五呎十吋、五呎四吋。身高分布符合常態分布，標準差為二．五吋*。

有一位調查員隨機挑選一群母體，並從中隨機抽樣。以下兩種情況，你認為他抽樣中都是男性母體的機率是多少？

1 樣本中有一位的身高是五呎十吋
2 樣本中有六位的平均身高為五呎八吋

對第一種情況，最常見的答案是八：一；對第二種情況，則是二．五：一。但實際上，正確答案應該是：第一種情況的機率為十六：一，第二種情況為二十九：一。其實六個人的樣本，會比一個人的樣本提供更多線索，但人們卻錯誤地相信，如果他們隨機挑選的樣本中有一個人的身高為五呎十吋，相較於挑選的樣本中有六個人平均身高為五呎八吋，前者的樣本更可能是從男性母體挑選出來的。人們不僅錯誤估算任何一種情境的真實機率，而且會將發

---

*標準差是測量母體離散程度的度量。標準差的數值越大，代表母體的離散程度越大。如果男性平均身高為五呎十吋，標準差為二．五吋，代表有六八%的男性，身高介於五呎七．五吋以及六呎〇．五吋之間。如果標準差為零，所有男性身高均為五呎十吋。

生機率較低的情境誤判為發生機率較高。阿莫斯和丹尼爾猜測，人們之所以會這樣，是因為當他們看到「五呎十吋」時就會認為：這肯定是男人。他們的刻板印象蒙蔽了他們的思維，以致沒想到可能會出現身材高䠷的女性。

某個城鎮有大小兩家醫院。大醫院每天接生四十五名新生兒，小醫院每天接生十五名新生兒。我們都知道，男寶寶的占比大約是五〇%，只是比率每天都不同，有時高於五〇%，有時低於五〇%。

接下來一整年，這兩間醫院會每天記錄新生男嬰比率超過六〇%的天數。你認為哪家醫院「新生男嬰比率超過六〇%的天數」比較多？

□大醫院

□小醫院

□兩間都一樣（誤差都在五%以內）

多數人的答案，同樣是錯的，因為他們都回答：「兩間都一樣。」其實正確答案是「小醫院」，因為醫院規模越小，母體數量不夠多，越有可能出現較異常的比率。「這並不是說，一般人不理解樣本規模對於樣本變異性的影響。」丹尼爾和阿莫斯寫道：「人都可以學習正確的規則，就算有些難度也無妨，重點在於：當人們做決定時，往往不會遵循正確的規則。」

一臉疑惑的美國大學生或許會問：這些是什麼鬼問題！和我的生活有什麼關係？關係可大了，丹尼爾和阿莫斯堅信。「在日常生活中，」他們寫道：「我們常會問類似的問題：這位十二歲男孩，未來成為科學家的機會是多少？這位候選人當選的可能性有多高？這家公司倒閉的機會有多高？」他們承認，兩人所設計的問題都鎖定在可以客觀計算機率的情境，但他們也確信，即便機率很難計算或不可能計算，人們還是會犯相同的錯誤。例如，當人們預測小男孩長大後會做什麼工作時，都會依據刻板印象思考，如果小男孩的樣子符合人們心中的科學家形象，他們就會猜測他未來可能會成為科學家，卻忽略了其實任何一個小孩都有可能成為科學家。

當然，如果機率難以計算或無法計算，我們無法證明一個人是否誤判機率，畢竟如果不存在正確答案，要如何證明人們的答案是錯的？然而，換個角度看：如果在機率可計算的情況下，人們的判斷照樣失準，那麼你覺得在沒有正確答案的情況下，判斷會比較準確嗎？

可得性捷思法：判斷事件發生次數或頻率的思維捷徑

丹尼爾和阿莫斯建立了第一個重要概念：我們的心智有特定的運作機制，所做出來的判斷與決定雖然很多時候管用，但也可能出現嚴重錯誤。

他們在奧瑞岡研究院發表的第二篇論文，探討的是第二種機制。這是他們發表完第一篇論文之後幾星期發現的，「問題不全然是代表性，」丹尼爾說：「還有其他原因，不只是相似性而已。」新論文的標題，同樣顯得高深莫測，難以理解——「可得性：判斷頻率與機率的捷思法」（Availability: A Heuristic for Judging Frequency and Probability）。同樣的，他們這次也是把問題拿給學生測試，並從學生的回答中找出新發現。

這次問卷，主要是以奧瑞岡大學的學生為主要測試對象，他們召集大批學生到教室，要他們在沒有字典和任何文本的情況下，回答以下的奇怪問題：

這個問卷主要是研究英文字母出現的頻率。假如我們選定某個文本，並記錄每一個字母出現在不同單字的第一個和第三個位置的頻率高低。少於三個字母的英文單字不在計算範圍內。

我們會給你幾個不同字母，然後請你判斷這些字母出現在第一個位置的頻率較高，還是第三個位置的頻率較高，並預估這兩個位置出現頻率的比率……

字母K

K較有可能出現在　□第一個字母的位置

□第三個字母的位置（請選擇一項打勾）

我預估兩個數值的比率是：＿＿＿＿：一

如果你認為字母K出現在單字第一個位置的機率是第三位置的兩倍，請在第一選項打勾，然後寫下你的預估比率為二：一——這正是許多受試者所給的答案。丹尼爾和阿莫斯之後又選擇了R、L、N以及V等字母，重複相同的測試過程。這些字母出現在英文單字第三位置的機率，都高於出現在第一位置，比率為二：一。同樣的，這回我們又可以看到人們的判斷出現嚴重的系統性錯誤。

丹尼爾和阿莫斯認為，之所以出現錯誤，是因為人們的判斷被記憶扭曲。要記起以字母K開頭的單字，顯然比記起字母K在第三位置的單字容易得多。

越是容易浮上心頭的情境，也就是說**可取得性越高**，人們就會判斷它的發生機率越高。如果一件事實或意外事件讓人們印象特別深刻——例如最近才發生，或是很常發生、經常被你提起——都會特別容易被你想起來，在做判斷時，你也會給予加權。

丹尼爾和阿莫斯還注意到一個有意思的現象：人們會因為新近發生，或是不久前才想起來的事，而重新估算事件發生的機率。例如，開車經過嚴重的車禍現場，通常在你放慢車速的同時，你對於車禍發生的機率判斷，已經出現改變。在看完一部慘烈的核戰電影之後，你會更憂心核戰真的會爆發。換句話說，人們對於機率的判斷，常常在改變之中。由此可知，人類在判斷這些事件的發生機率時，心智運作機制並非百分之百可靠。

人不是笨蛋，但為什麼會犯如此可笑的錯誤？

阿莫斯和丹尼爾還有更多小實驗，可以證明記憶如何扭曲你我的判斷。丹尼爾認為，這就像他年輕時熱愛的完形心理學家所提到的視覺錯覺，你所見到的事物，其實也會愚弄你，而你完全不會察覺。

他和阿莫斯所做的實驗，雖然是關於「記憶」——而不是眼睛——如何欺騙我們的心智，但造成的效果卻很類似，可取得的例子也俯拾即是。例如，他們在奧瑞岡大學的學生面前念出一長串——總共有三十九個——人名，每個名字約花兩秒鐘。光從名字，你可輕易區分男女，其中有些是名人，例如伊莉莎白泰勒、理查．尼克森，有些則沒那麼出名，像是拉娜透納（Lana Turner）、威廉．傅爾布萊特（William Fulbright）等。其中一份名單有十九個男性名字和二十個女性名字，另一份則是二十個女性名字和十九個男性名字。但女性名字較多的名單中，男性名人較多；而男性名字較多的那份名單，有較多的女性名人。奧瑞岡學生聽完其中一份名單後，就得判斷這份名單是女性名字較多，還是男性名字較多。

結果，他們幾乎全答錯了。那份男性名字較多、但有較多女性名人的名單，他們誤以為女性名字比較多，反之亦然。「我們的每個問題都有客觀的正確答案，」阿莫斯和丹尼爾在完成這場小實驗之後寫道：「但現實生活並非如此，離婚、經濟衰退、動手術，基本上都是獨一無二的，這些事件的發生機率無法簡單地只用發生過的實例來做估算。」儘管如此，我們仍然會透過「可得性捷思法」（availability heuristic）來評估這類事件的發生機率。「例如，在判斷某對夫妻是否會離婚時，你腦中可能會浮現跟他們情況類似的夫妻，於是你開始搜尋自己的記憶庫中有多少類似的夫妻。如果記憶中這些夫妻離婚占多數，那麼你就會認為這對夫妻離婚的可能性很高。」

同樣的，問題不在於人是笨蛋。一般來說，當我們在日常生活中使用這條法則（我腦海中越容易冒出來的事情，就越可能發生）來判斷機率時，通常不會出大錯。但倘若必須做出判斷的事情，你很難從記憶中搜尋到精準的資訊，而剛好這時候可能產生誤導你的資訊輕易浮現腦海，那麼你就會犯錯。

現在，丹尼爾和阿莫斯已經找出人們在面對不確定性時，會出現的兩種心智運作機制，很自然的他們會接著問：「還有沒有別的機制存在？」

他們也不確定。在離開尤金城之前，他們匆匆將各種可能性記下，其中之一是「有條件捷思法」（conditionality heuristic）。他們寫道，為了判斷任何一種情境的不確定程度，人們會做出「不成文的假設」（unstated assumptions）。「例如，在評估一家企業的獲利時，人們會傾向假設這家企業的營運正常，並根據這個假設進行預測。」兩人的筆記寫道：「他們在預測機率時，並沒有考慮到這家公司的營運狀況很可能因為戰爭、經濟衰退或主要競爭對手退出市場等因素，而發生劇烈改變。」這就是導致錯誤的另一個原因：人們不僅不知道自己不知道什麼，甚至在進行判斷時，不會將自己的無知考量進去。

你以為自己很聰明，其實早就被操弄了

另一種可能的捷思法，他們稱之為「定錨與調整」（anchoring and adjustment）法則。為了凸顯這條法則的效果，他們給一群高中生五秒鐘，要他們猜出數學算式的答案。第一組學生的題目是：

8×7×6×5×4×3×2×1

第二組學生的題目是：

1×2×3×4×5×6×7×8

五秒鐘，當然不夠他們進行計算，所以這些學生必須用猜的。這兩道算式的答案一樣，所以至少兩組學生猜測的答案應該相近。

但結果沒有，反而是天差地遠。第一組學生的答案是二二五〇。第二組學生的答案是五一二

（正確答案是四〇三二〇）。第一組學生之所以猜出如此高的數字，是因為他們以「八」這個數字做為起始點，而第二組學生的起始點則是數字一。

類似這樣的實驗，非常容易引來熱烈討論。因為我們在做預測時，的確常會因為無關的訊息而受影響。丹尼爾和阿莫斯曾經準備了一個轉盤，轉盤上有標示著數字〇到一〇〇的格子。然後他們要求受試者，在轉動轉盤之後，猜測聯合國裡有多少個非洲國家。結果，轉盤上轉到的數字越高的學生，所預估非洲國家的數目也高於轉出較低數字的學生，為什麼會這樣？「定錨」也是一種捷思法嗎？它的運作方式，跟「代表性捷思法」和「可得性捷思法」一樣嗎？在面對一個沒有把握的問題時，人們會採取這種思考方式嗎？阿莫斯認為會，但丹尼爾則認為不會。對這個議題，他們並沒有達成高度的共識，也沒有寫成一篇論文，而是將這條法則寫在他們的工作摘要上。「我們必須再鑽研定錨，因為實驗結果太驚人了。」丹尼爾說：「不過也因為如此，我們反而開始回頭想：到底捷思法是什麼？」

心智法則限制了我們的想像力及預測能力

丹尼爾說，其實一開始很難說清楚他和阿莫斯在研究什麼。「你要如何解釋一個有關概念的抽象問題？」他說：「我們沒有什麼現成的方法，可以用來解釋我們的新發現。」

話說回來，他們是在鑽研捷思法的偏誤，還是在研究捷思法？是在研究錯誤，還是研究產生錯誤的機制？事實上，這些錯誤至少讓你有所依據，可以部分解釋運作的機制：凡走過必留下足跡，而偏誤就是捷思法的足跡。發展到後來，連偏誤都開始有了自己的名字，比如「近因偏誤」（recency bias）及「印象偏誤」（vividness bias）等。

他們很想知道，人類心智為什麼如此容易受到「可得性捷思法」的誤導。於是，他們幾乎投入全部的心力，探索「可得性捷思法」到底玩的是哪些花樣。他們發現：當一個人必須判斷的情境越複雜、越接近真實生活，就越容易掉入「可得性」陷阱。例如，埃及是否會入侵以色列？丈夫是否會為了另一個女人離開她？我們所編造的故事，取材自我們的記憶，而且會很有效地取代了我們對機率的判斷。「具有說服力的情境假想，極有可能限制我們對未來的想像。」丹尼爾和阿莫斯寫道：「非常多證據顯示，一個不確定性的情境一旦以某種特定方式被認知、被解讀，就很難再用其他方法重新理解。」

問題是，人們心中基於「可得性」證據所編織的故事，通常是有偏差的。「你對未來的想像，來自你過去的經驗。」他們寫道。這個觀點，顛覆了喬治・桑塔亞那（George Santayana）的名言「無法銘記過去的人，注定要重蹈覆轍」。丹尼爾和阿莫斯認為，過去的記憶可能會扭曲我們對未來的判斷。「我們通常認定一件事情極不可能或不可能發生，是因為我們無法想像。真正的阻礙，是我們的想像力。」*

當機率不可知或尚未得知，人們自行編造的故事往往會過度簡化。「我們只能思考相對簡單的情境模擬，」他們說：「這種傾向在面對衝突時，會更為顯著。我們只知道自己的計畫，對手的計畫卻不容易取得，因此不管是下棋或打仗，我們很難採納敵人的觀點。」

人的想像力受到心智法則的宰制，而這些法則也限制了人們的思維。例如，對一位一九三九年住在巴黎的猶太人來說，編造一個故事來說明德軍會採取和一九一九年相同的戰略，遠比創造一則故事推論他們在一九四一年會如何應戰，要容易許多。即便有很多具有說服力的證據顯示，這次的情況與一九一九年不同。

＊這幾句話並非來自他們的論文，而是文章的摘要，也就是在論文發表一年後所寫下的摘要。

｜第7章｜

為什麼千金難買早知道

預測法則的陷阱

阿莫斯常說，如果你被要求做任何事，例如參加派對、演講或者只是舉手之勞的幫忙，你不應該立刻答覆，即使你非常確定自己想答應。阿莫斯說，你會驚訝地發現，原本昨天你已經答應的事，仔細想了一天之後，你很可能會改變心意。

如果你想約他見面，他也自有一套因應之道。舉例來說，一般人受困於無聊的會議或雞尾酒派對，常會覺得很難找到藉口逃離。但阿莫斯的做法是：直接起身離開。對，直接就走，然後你會發現自己很有創意，你當場就能找到離開的藉口。

面對日常生活事務，阿莫斯的策略也是如此。他認為，如果你沒有每個月都固定扔掉一些東西，你的東西一定會過多。對阿莫斯來說，只要是覺得不重要的，他一律丟掉，因此，最後留下來的（而且是歷經無數次殘酷的淘汰後才留存下來的），才會是他真正感興趣的。

人類不擅長預測，倒是很擅長解釋

倒是有一樣照理說不太可能被保留下來的東西，如今還在他身邊：一張小紙條。紙條上有些模糊不清的打字，記錄了他與丹尼爾在一九七二年春天的談話內容。當時已經接近他們在尤金城研究工作的尾聲，不知出於什麼原因，阿莫斯將紙條留了下來。

人類藉由編造故事進行預測
人類不擅長預測，倒是很擅長解釋
是否喜歡某樣東西，人類自己其實不確定
人類相信，只要夠努力，就能預測未來
只要跟事實吻合的解釋，人類都會接受
命運早已注定，只是我們不知道
人往往努力尋找自己已經擁有的訊息，卻逃避不知道的新知識
人是一部宿命論的機器，被丟到遵循機率法則的宇宙
在競賽中，令人意外的結果是可預期的
該來的會來，已經發生的事情，必定是不可避免的

第一眼看到紙條上這些筆記時，你會以為是一首詩。事實上，這是他和丹尼爾下一篇論文的素材，這也是他們第一次用這種方式，記錄下後來改變了整個世界的想法。

在回到以色列之前，他們決定寫一篇論文，來說明人是如何做預測的。一般人無法像阿莫斯和丹尼爾一樣，可以清楚區分判斷與預測的差異，「判斷」（例如「他看起來應該是一位優秀的以色列軍官」）必然包含了「預測」（例如「他將會成為一位優秀的以色列軍官」），而「預測」也必然包含了某種「判斷」。如果沒有判斷，你要如何預測？

但對丹尼爾和阿莫斯來說，這兩者是有差別的：預測，是關於不確定性的「判斷」。例如「希特勒是一位雄辯滔滔的演說家」，這是判斷，很簡單；但「希特勒將會成為德國總理」，這話在一九三三年一月三十日之前，就是針對不確定事件所進行的「預測」，未來某一天將可證明這個預測是對是錯。

他們下一篇論文的標題，叫做「關於預測心理學」（On the Psychology of Prediction）。「如果是在不確定的情況下進行預測和判斷，」他們寫道：「人們不會遵循機率微積分或是預測統計學的方法。相反的，他們依靠的是有限的捷思法則，有時候可以推論出合理的判斷，有時候卻會導致嚴重的系統性錯誤。」

從後見之明的角度來看，這篇論文的產生，多少與丹尼爾在以色列的服役經驗有關。在軍中，負責篩選合格以色列年輕士兵的人，沒有能力預測其中有誰日後可能成為優秀的軍官；而管理軍校的人，也無法預測哪個學生能在戰場上表現出色。

再一次，大家都掉入兩人設下的心智陷阱裡……

有天晚上，丹尼爾和阿莫斯進行了一次有趣的實驗：預測他們朋友的小孩未來的職業。令他們驚訝的是，他們竟可以如此輕鬆和有自信地完成預測。接下來，他們想要測試一般人平常是如何做預測的——或者應該說，如何呈現人們被「代表性捷思法」誤導的過程。

首先，他們要求受試者，依據簡單的性格特質來預測：哪些學生會繼續攻讀研究所？在九門主修當中，他們會選擇哪一門？丹尼爾和阿莫斯要求受試者，預測每門課的學生人數比率。以下是平均的預測結果：

商業：一五%　　法律：九%
資訊科學：七%　　圖書館學：三%
工程：九%　　體育與生命科學：一二%
人文與教育：二〇%　　社會科學與社工：一七%

如果要預測某位學生未來會選擇哪一門主修，以上的預測結果可做為基本比率。舉例來說，你對於某個學生一無所知，但你已經知道有一五%的研究生會選擇商學院，那麼要預測這個學生選擇商學院的可能性，答案應該是「一五%」。

接下來，丹尼爾和阿莫斯想知道，如果額外提供受試者新的資訊，他們在做預測時會發生什麼變化？然而，要提供什麼樣的資訊呢？丹尼爾在奧瑞岡研究院花了一天的時間設計問題，他全神貫注地熬夜一整個晚上，設計出當時資訊科學研究生的典型形象。他稱這個學生為「阿湯」——

阿湯智商很高，卻沒有什麼創造力。他講求秩序和明確，所有東西都要整齊有條理、擺在適當的位置上。他的寫作乏味枯燥，毫無情感可言，但偶爾會因為一些老掉牙的雙關語或是科幻小說般的幻想情節，讓人眼睛為之一亮。競爭心強，對別人沒什麼同理心和感情，也不喜歡和人互動。雖然很自我，但有很強的道德感。

丹尼爾和阿莫斯要求其中一組受試者（他們稱為「相似性」組），評估阿湯與這九門課研究生的相似度，也就是判斷哪一種主修課程最能「代表」阿湯。

然後，他們給第二組受試者（他們稱為「預測」組）其他額外的資訊：

阿湯高三時，有一位心理學家根據投射測驗（projective test）*，幫阿湯完成了簡介。阿湯現在是研究所學生。以下有九門主修課，請依照阿湯選擇某門主修課的機率高低進行排序。

丹尼爾和阿莫斯不僅提供阿湯的簡介，同時告訴第二組受試者，原先那位心理學家對阿湯的這些描述是非常不可靠的；接著又告訴受試者，這些評估完成於多年前。阿莫斯和丹尼爾早前已經親自測試過，因此他們猜想，受試者會依據相似性做判斷（「這小子看起來像是資訊科學家」），直接做出某種預測（「這小子必定是資訊科學家」），而忽略了基本比率（只有七%的研究生選擇資訊科技）及簡介的不可靠。

丹尼爾寫完阿湯簡介後的隔天早上，第一個出現在研究室的是奧瑞岡研究員魯賓・達衛斯（Robyn Dawes）。達衛斯是統計學出身，他的思考出了名的嚴謹。丹尼爾將阿湯的簡介拿給達衛斯看，「他看完之後露出了神秘的微笑，好像已經知道了答案。」丹尼爾說。「然後他說：這個人是資訊科學家！這下，我再也不擔心奧瑞岡學生會如何看待這段簡介了。」

果然，被要求作答的奧瑞岡學生完全忽略了所有客觀的資料，只憑他們的直覺感受，很確定地預測阿湯是資訊科學家。之所以如此，是因為他們心中存在著某種刻板印象，扭曲了他們的判斷。當時阿莫斯和丹尼爾想知道的是：「假設人們願意根據那樣的資訊做出不理性預測，那麼如果給他們完全不相關的資訊時，他們又會如何預測？」答案是：只要給受試者任何資訊，即使是無用的資訊，都有可能增加他們預測的信心。說完，在緊閉房門的房間裡，傳出了兩人的爆笑聲。

最後，丹尼爾創造了另一個角色，這次他取名為「迪克」：

迪克三十歲，男性，已婚，沒有小孩。工作能力強，有進取心，他發誓要在自己的領域取得成功。他的同事都很喜歡他。

然後阿莫斯和丹尼爾進行了另一項實驗，也就是他們先前在希伯來大學課堂上兩人爭辯不下的那個籌碼實驗。他們告訴受試者，現在有一百個人，其中七十人是工程師，另外三十人是律師，他們從這一百個人中選出了一個人。

他們要受試者回答：這個人是律師的機率有多高？結果，受試者正確地回答說是三〇%。如果你再做一次相同的實驗，只是內容不同：這一百人當中有七十人是律師，三十人是工程師。這次，受試者的答案也是正確的，亦即你挑選的那個人有七〇%的機率是律師。

*編按：心理學用來測試性格的一個方法：給受試者一個模糊、曖昧不明的刺激，要求受試者敘述模式、完成圖示或講述故事，以看出其內在狀況。

但是，如果你告訴他們，你選中的那個人，是一個名叫「迪克」的人，然後在他們面前念出關於迪克這個人的簡介（要注意的是，這段簡介並未包含任何有助於人們正確預測迪克職業的資訊），結果，受試者預測迪克是律師或是工程師的機率各是五〇%，不論他們是從哪一百個人當中選出迪克。

「很明顯的，在這兩種情況下——沒有給予特定證據，以及給予無用的證據——人們的預測結果大不相同。」丹尼爾和阿莫斯寫道：「沒有給予特定的證據，人們會正確地運用先驗機率（prior probability）*；但如果給予特定的證據，他們就會忽略先驗機率。」**

因懲罰他人而獲得獎賞，因獎賞他人而獲得懲罰

〈關於預測心理學〉這篇論文，還有其他發現。例如，那些促使人們增加預測信心的因素，同樣會導致預測更不準確。這個發現，最終導向了丹尼爾一直以來就很感興趣的問題。

當時，他第一次被指派去協助以色列軍隊重新思考如何篩選及訓練新兵：

飛行學校的教官採用心理學家建議的正向強化（positive reinforcement）策略。每當飛行員成功執行訓練項目，教官便會透過正向言語來強化成果。運用這種訓練方法累積了一些訓練經驗

後，這些教官宣稱，在稱讚飛行員成功執行高難度的複雜飛行動作後，這名飛行員下一次成功執行的機率就會變低。這個現象與心理學的理論背道而馳，心理學家怎麼回應？

他們向許多人提出這個問題，也收到各式各樣的答案。普遍認為，教官的讚美之所以失效，是因為這會讓飛行員過度自信。但丹尼爾觀察到其他人忽略的一個現象：就算沒有任何人說任何話，通常飛行員在執行一次非常失敗的演習之後，下一次演習通常會有比較好的表現；相反的，在一次極為成功的演習之後，下一次的表現通常會比較差。沒有人觀察到回歸平均值（regression to the mean）的影響因素，因此無法看清世界的本質。

我們這一生，正是生活在這樣的情境下：因為懲罰他人而獲得獎賞，因為獎賞他人而獲得懲罰。

＊編按：先驗機率是指沒有看到事證之前，根據以往經驗和分析所得到的機率；等到新資料或新證據加入再進行修正，所得的機率就稱為後驗機率。

＊＊在專案結束之前，他們還設計了一群無聊到可笑的角色，要人們評估與判斷這些人物是律師或工程師的機率。例如，保羅這個角色。「保羅三十六歲，已婚，有兩個小孩。他自己一個人或是和別人相處時，都很放鬆自在。他是個不可多得的團隊成員，總是能提出建設性看法，而且不會固執己見。他熱愛自己的工作，特別是為複雜問題找出解決方法時所帶給他的滿足感。」

丹尼爾和阿莫斯撰寫第一篇論文時，並沒有設定特定的讀者。他們猜想，讀者應該是一群湊巧訂閱了刊登他們論文的那份心理學期刊的學者。

在一九七二年夏季前的三年期間，他們將大部分時間花在了解人們如何進行判斷和預測，但是他們所使用的案例，都是直接取自心理學，或是那些由他們自己設計、再給學生回答的怪異問題。他們很篤定，他們的發現可以用來解釋世界各地的人如何判斷機率和做決策。因此，他們認為有必要擴大讀者群。

「下一個目標，是把我們的研究延伸到其他專業領域，例如經濟規畫、科技預測、政治決策、醫療診斷、法律證據的評估等等。」丹尼爾和阿莫斯在研究提案中寫道。他們希望這些領域的決策者「意識到自己的偏見，學習有效的方法來降低及消除判斷時可能導致偏見的原因，有效改善決策品質」。他們希望將現實世界，變成一個大實驗室。不只是找學生做實驗，還要找醫生、法官和政治人物來實驗。問題是：要怎麼開始？

待在尤金城的一年時間，丹尼爾和阿莫斯發覺，越來越多人對他們的研究有興趣。一九七二年初，當時在史丹佛大學擔任客座心理學副教授的艾爾文．比德曼，聽了丹尼爾在史丹佛的一場演講，談的是捷思法和偏誤。「我記得聽完演講後回到家，我跟我太太說：這一定會拿到諾貝爾經濟學獎。」比德曼回憶道：「我完全被說服了，這是跟經濟學有關的心理學理論，棒呆了！這理論解釋了你之所以會有不理性的行為和謬誤，一切都出自於人類心智的內部運作。」

在密西根大學時，比德曼與阿莫斯成了好友，現在他在水牛城的紐約州立大學擔任教授。他所認識的阿莫斯，總是全心投入那些很重要、但可能無法解決且令人費解的問題。這次阿莫斯和丹尼爾共同合作的研究，比德曼確信是突破性的發現，是「科學上最重要的進展，不僅僅因為這是重要的突破性時刻，更是因為『嗯，這真的太有趣了』。」

我早就知道尼克森會跟毛澤東見面，really？

一九七二年夏天，他說服阿莫斯，在離開奧瑞岡返回以色列的途中，先轉往水牛城。在一星期的課程中，阿莫斯進行了五場演講來說明他和丹尼爾的研究成果，每場演講的聽眾都鎖定不同領域的學者。每一次演講，教室都擠得水泄不通。十五年後的一九八七年，比德曼離開水牛城前往明尼蘇達大學任教時，人們還對當年阿莫斯的演講津津樂道。

阿莫斯的演講內容，主要是他和丹尼爾共同發現的幾條捷思法則，還有一場是談預測。不過，比德曼印象最深刻的是第五場，也是最後一場演講，阿莫斯取名為「歷史詮釋：不確定狀況下的判斷」（Historical Interpretation: Judgement Under Uncertainty）。他輕鬆地向坐滿教室的專業歷史學家說明，如何透過他和丹尼爾建立的理論，以全新的方法重新檢驗人類經驗。

在我們個人與學術的生涯中，常會碰到許多乍看之下讓人困惑不解的情況。我們這輩子都無法猜透為什麼X先生會有這樣的舉動，我們也無法理解實驗結果是如何得出來的。但是一般來說，不用多久，我們就會找到合理的解釋、假設或詮釋，這些情境也因此變得可以理解、明白與理所當然。人們的認知功能也是如此。人擅長從隨機的數據中找出模式和趨勢。然而，儘管我們有能力編造模擬情境，加以解釋或詮釋，但是我們評估事件發生的可能性或是嚴謹進行評估的能力，卻相當不足。一旦我們採取特定的假設或詮釋，便會誇大這個假設的可能性，很難再用不同的方法去看待它們。

阿莫斯平常總是說：「歷史書無聊到爆，有太多內容必定是編造的，太嚇人了。」雖然他演講時沒有這樣說，但還是忍不住提到：歷史學家和一般人一樣，很容易陷入認知偏誤（這是他和丹尼爾先前發現的）。「歷史判斷，」他說：「是對數據進行直觀詮釋的一個環節。」而歷史判斷，必定會受到人為偏誤的影響。

阿莫斯以希伯來大學研究生巴魯奇．費施霍夫所做的研究為例，當時美國總統尼克森意外宣布要訪問中國和蘇聯，費施霍夫請大家猜測各種可能情境的發生機率。例如，「尼克森與毛澤東會面」、「美國和蘇聯合作推動太空計畫」，或「蘇聯猶太人企圖與尼克森對話而遭逮捕」等等。等尼克森結束行程之後，費施霍夫要求同一群人重新回想之前針對每個情境所做的機率預測。

結果，他們記憶中的預測機率，與當初實際所做的預測機率大不相同。對於那些確實發生的情境，他們記憶中的預測都高於當初實際所做的預測。換句話說，如果預想的情境真的發生了，他們會過度高估自己當初的預測。這也就是說，一旦人們知道了最後的結果，就會誇大原先對此一事件的猜測傾向，導致認為自己「早就知道結果」的錯誤認知。費施霍夫將這個現象稱為「後見之明偏誤」（hindsight bias）*。

阿莫斯在對歷史學者的演講中，談到了歷史學研究的隱憂：只抓住觀察到的事實（忽略了他們沒有或無法觀察到的事實），然後將這些部分事實套用到聽起來自信滿滿的故事之中：

> 我們太常發現自己無法預測接下來會發生什麼事；但是事情發生之後，卻又自信滿滿地解釋已發生的這些事情。即使缺乏額外資訊，我們依舊有辦法針對無法預測的事件提出解釋，這種

*費施霍夫曾在一篇簡短的回憶錄中提到，他是如何在丹尼爾的專題討論課堂上首次浮現關於後見之明偏誤的想法：「我們讀了保羅．梅爾的〈我為什麼不參加病例研討會〉（Why I Do Not Attend Case Conference），文中他談到許多臨床醫師過度自信地以為自己完全知道病例未來的進展。」梅爾這篇文章的討論內容，讓費施霍夫想到以色列人總是假裝自己已經預見了事實上無法預見的政治事件。費施霍夫認為：「如果我們真有先見之明，為什麼不是我們統治世界？」於是他開始研究，那些自認為擁有先見之明的人，究竟有多好的預測能力。

「能力」導致我們在進行推論時出現偏誤，但我們卻很難察覺。它讓我們相信，這世界沒有我們所以為的那樣不確定，而我們也不像我們所認為的不夠聰明。但事實並非如此。如果明天我們可以對今天無法預測的事件提出解釋，而且除了實際發生的結果之外，沒有任何額外的資訊，那麼這個結果必定是事先就被決定的，我們一定可以預測。至於我們無法預測的事實，是因為我們的智力有限，而非世界存在不確定性。我們太常因為無法預測事後證實明顯可見的事件，而自我懲罰。我們都知道，大難就要臨頭了，問題是：我們看得見嗎？

就像體育節目主持人或政治名嘴會推翻自己的敘述或轉移焦點，無論比賽或選舉結果如何，他們的故事永遠聽起來都合情合理，歷史學家同樣也會下意識地將某種秩序強加於隨機發生的事件之上。阿莫斯想到一個名詞——「潛在認定」（creeping determinism），並在筆記上匆匆寫下了可能付出的代價：「認為過去的歷史不出意外的人，未來必定充滿意外。」

錯誤地看待歷史，會讓我們更難預測未來發生的事。來聽阿莫斯演講的歷史學家，總認為他們可以利用片段的事實來建構整個事件的描述，並以此能力自豪，透過他們的解釋，這些事件看起來似乎都是可預測的。唯一的問題是：既然如此，為什麼那些事件的主角，都沒有看到歷史學家看到的事實？「來聽阿莫斯演講的歷史學家，」比德曼說：「離開時全鐵青著臉。」

災難還沒發生，你要如何避免？

一九七三年的頭幾個月，就在阿莫斯和丹尼爾從尤金城回到以色列之後，他們開始撰寫一篇長文，說明他們的發現。他們希望將過去四篇論文的重要結論集中在同一篇文章，讓讀者自己去理解。「我們決定忠實呈現研究的原貌，當作是心理學調查，」丹尼爾說：「由其他人自行發現其中的意義。」他和阿莫斯都同意，《科學》（*Science*）期刊是最理想的選擇，能幫他們觸及到心理學界以外的讀者群。

與其說他們是「寫」這篇文章，還不如說是他們聯手「搭蓋」出來的。當他們「搭蓋」這篇文章時，由史丹佛教授朗．霍華德（Ron Howard）主筆的〈颶風種雲決策〉（The Decision to Seed Hurricanes）這篇論文，吸引了阿莫斯和丹尼爾的注意。

霍華德是當時新崛起的決策分析研究領域的創建人之一，主要目的是要求決策者去預測不同結果的發生機率：也就是在做決策之前，先全盤思考自己的決定。如何面對殺手級颶風，就是其中一個例子，政策決策者必須運用決策分析，提出應對方法。橫掃密西西比灣沿岸的卡蜜兒（Camille）颶風，如果登陸的是紐奧良或邁阿密，很可能會造成更大規模的破壞。氣象學家認為，他們現在可以運用某種技術，對著颶風投擲碘化銀來降低颶風的威力，甚至改變颶風的路徑。但是，種雲（投擲碘化銀來充做冰核）並不是一件容易做到的事。政府決定干擾颶風，必定是預估颶風會帶來危害。但民眾和法院不可能對於還沒發生的事件，給予政府肯定及支持。有誰可以很篤定地說，如果政府沒有出手干預，就一定會釀成巨大災禍？相反的，不管颶風是在哪種情況下造成危害，民眾一定都會要求政府官員負起責任。霍華德的論文說明了政府該如何做：預估不同結果的機率。

但是，在丹尼爾和阿莫斯看來，決策分析師取得颶風專家的分析資料後再預估機率的做法，有些不大對勁。分析師將輪盤放在政府內部的颶風種雲專家面前，輪盤上有三分之一的格子塗成紅色。他們會問說：「你要賭紅色的區塊，或是賭種雲後的颶風會造成三百億美元以上的財物損失？」如果主管機關說他寧願賭紅色區塊，就代表說他認為颶風會造成三百億美元以上的財物損失的機率低於三分之一（三三％）。接下來，分析師會拿出另一個轉盤，其中有二〇％的格子是紅色的，如此一直重複相同的過程，直到紅色格子的占比符合颶風專家認為可能造成三百億美元以上財物損失的發生機率。他們認為，颶風種雲專家有能力正確評估高度不確定事件的發生機率。

但是，丹尼爾和阿莫斯已經證明，人們在面對不確定時，判斷機率的能力會受到心智的各種機制運作所左右。他們相信，如今他們兩人已經了解人類在進行判斷時可能出現的系統性偏誤，而這些新發現，將有助於提高人們判斷的準確度，以及改善決策品質。例如，一九七三年時，所有人對卡蜜兒颶風所造成的災害都還餘悸猶存，因此在判斷超級颶風可能造成土石流的機率時，很容易就會被扭曲。但是，判斷是如何被扭曲的呢？「我們認為決策分析將會所向無敵，而我們可以提供一臂之力。」丹尼爾說。

全球知名的決策分析師絡繹不絕地來到加州門洛帕克（Menlo Park）的史丹佛研究院，與朗・霍華德會面。一九七三年秋季，丹尼爾和阿莫斯也飛過去與他碰面。但是，就在他們打算將預測不確定事件的想法，應用在現實生活之前，突然發生了一件極度不確定的大事。

十月六日，埃及和敘利亞軍隊集結了其他九個阿拉伯國家的部隊、戰鬥機和資金，向以色列發動攻擊。以色列情報員嚴重誤判發動攻擊的可能性，更沒有預估到是多國聯合的作戰計畫。以色列軍隊完全沒有任何防備，在戈蘭高地，一百輛左右的以色列坦克車遭遇一千四百輛敘利亞坦克車的夾擊。在蘇伊士運河，駐防的五百名以色列部隊以及三輛坦克車，完全不敵兩千輛埃及坦克車及一萬名埃及士兵的兵力，迅速被擊潰。

在門洛帕克某個涼爽無雲的美好早晨，阿莫斯和丹尼爾聽到了以色列慘敗的消息。兩人趕到機場，搭乘第一班飛機返回以色列，回到祖國參戰。

| 第8章 |

派出信使，到未來之地

醫療上的非理性行為

那天他們打電話給他，請他幫忙替一名驚魂未卜的年輕女性檢查傷勢。據唐納・雷德邁（Donald Redelmeier）醫師的了解，幾小時前她的車迎頭撞上另一輛車，救護車火速將她送往新寧醫院（Sunnybrook Hospital）。她全身多處（包括腳踝、雙腳、臀部和臉部等）骨折，肋骨沒有斷裂。不過，直到她被送到新寧醫院手術室，他們才發現她的心臟出了問題。

新寧醫院坐落於多倫多寧靜郊區，外觀是相當顯眼的紅棕色建築。它是加拿大排名第一、規模最大的地區心理創傷治療中心，原本主要醫治二次大戰返鄉的退伍軍人，但隨著退伍軍人相繼老去，醫院的營運方向也跟著改變。在一九六〇年代，加拿大政府興建完成橫跨安大略省、二十四個車道，也是加拿大境內最寬的高速公路工程，這條公路日後更成為北美地區最繁忙的高速公路，其中車流量最大的延伸道路，正好緊鄰新寧醫院。四〇一號公路頻傳的車禍意外，於是為新寧醫院帶來重生的機會，它因此迅速累積了成功醫治車禍傷患的好名聲。

後來，這個好口碑還吸引了許多車禍以外的其他創傷患者前來就醫。今天，新寧醫院不僅是車禍傷患的首選醫院，包括自殺未遂、受傷員警、跌倒的老人、有併發症的孕婦、工傷的建築工人、嚴重的雪上摩托車車禍的倖存者等等，也經常被送來這裡。更令人驚訝的是，還有非常多傷患是來自加拿大北方的偏遠地區，他們不惜出動救護直升機，就是要把病患送來這裡。「好生意招來更多好生意。」新寧醫院的行政人員說。因為後來不只是外傷病患，許多病情更複雜的患者，也都慕名前來。

醫院不只是治病的地方，也是處理「不確定性」的機構

這也正是醫院需要雷德邁醫師的原因。雖然他接受的是內科訓練，但在創傷中心的工作之一，是負責確保專科醫師們在診斷時不受心理偏誤的影響。「雖然沒有明講，大家都知道他的工作就是檢驗其他人的想法。」新寧醫院的流行病學家羅伯·法勒（Rob Fowler）說：「也就是觀察這裡的人**如何**思考，他能提醒我們避免自欺欺人。第一次和他互動的人，都會有點不爽——這傢伙以為自己是誰，憑什麼管我怎麼想？但他基本上人緣很好——至少第二次見面時是如此。」

在雷德邁看來，今天新寧醫院的醫生能接受他，代表著這一行打從他在一九八〇年代中期開始

執業以來，所發生的改變。當年他剛進入這一行，每一個醫生都自認是不可能犯錯的專業人士；但現在這家加拿大的創傷治療中心，有專責人員負責檢驗醫師們是否出現醫療失誤。醫院不再只是治病的地方，而是一個處理「不確定性」的機構。「只要出現不確定的情況，就必須做出判斷。」雷德邁說：「一旦做判斷，就必然存在著出錯的可能性，因為人是不可靠的。」

整個北美地區，每年因為可預防的意外而病逝於醫院的人數，已經高於車禍死亡的人數——這必定透露著某些問題。雷德邁常說，如果沒有特別留意，當病患從醫院某個地方被移動到另一個地方，就一定會出問題——要嘛負責治療的醫護人員沒戴口罩，要嘛有人按了醫院電梯按鈕卻沒洗手。事實上，雷德邁和其他人曾共同撰寫過一篇文章：〈電梯按鈕是醫院內部被忽視的細菌感染來源〉。他的其中一項研究，採集了三家多倫多大型醫院共計一百二十個電梯按鈕以及九十六個馬桶座的樣本，結果證明：醫院電梯按鈕比馬桶座更容易傳染某些疾病。

不過，雷德邁最關注的不是電梯按鈕，而是臨床上的誤判。醫師和護士也是人，他們未必能發現病人提供的訊息其實是不可靠的。例如，當病人的病情沒有出現任何變化，他們通常會跟醫生說感覺好多了，而且相信自己正在恢復。醫生通常只注意他們要注意的，反而忽略了觀察整體情況，也不會留意自己工作份外之事。「唐納教導我一件事，當病人不在時要仔細觀察病房狀況，這點很重要。」新寧醫院的總住院醫師強納森．奇普爾斯基（Jonathan Zipursky）說：「看看他們的餐盤，他們有吃飯嗎？他們的行李看起來是預計要長期住院或短期？房間是混亂或整齊？有一次我們走進病房，發現病人在睡覺，當我要叫醒病人時，唐納阻止了我。他說，你只要在一旁觀察，就可以知道這個病人的許多訊息。」

醫生總是只看到他們受訓時被要求觀察的地方，這也是為什麼住院患者會出差錯。病人是因為身體上某個部位明顯出毛病來接受治療，但專科醫生可能沒有察覺，患者身上其他不那麼明顯的部位也可能出了問題。有時候，那些不明顯、沒被發現的症狀，才是真正致命的元凶。

你的想法能完美地解釋一切？要特別小心了！

回頭看看在四〇一號公路發生車禍的這名女傷患，因為情況緊急，醫療人員的注意力全放在明顯的外傷上，並立即給予治療。這名女子在被救護車從車禍現場送到新寧醫院急診室時，身上有多處骨折，於是醫院安排了外科醫師診斷。但就在準備動手術之際，醫師卻發現了一個棘手的問題：她的心跳非常不規律，一下太慢一下太快。很明顯，她的身體一定出現了嚴重的問題。但究竟是什麼問題呢？

創傷中心立刻打電話給雷德邁，請他到手術室來一趟。就在這段期間，這名女病患告訴醫護人員，自己曾有甲狀腺亢進的病史，而甲狀腺亢進會導致心跳不正常。於是，創傷中心的醫師認為自己找到了答案，不必擔心，只要直接動手術即可。因此，當雷德邁抵達手術室時，醫護人員認為已經不需要他了。

但雷德邁抵達後聽完簡報，要求大家暫停手術，因為他隱約覺得不對勁。他後來說：「甲狀腺機能亢進『會』導致心跳異常沒錯，但甲狀腺機能亢進卻『不常』導致心跳異常。」在得知這位女傷患有甲狀腺激素過多的病史之後，急診室的醫療人員便直接跳到了「她的心跳速度異常，就是因為甲狀腺亢進」的結論，看似很合理，但是他們並沒有從統計學的角度去思考，是否有別的可能導致心跳不規則的原因？根據雷德邁的經驗，醫師很少從統計學的角度思考。「八成的醫師不認為機率法則適用於他們的病患，」他說：「這就好比九五％的已婚者，不相信五〇％的離婚率適用於他們的身上，九五％的酒醉駕駛也認為酒駕會導致嚴重車禍的說法，並不適用他們。」

雷德邁要求急診室人員依據統計數據，去找出更有可能造成女傷患心律不整的其他原因。後來他們才發現真正的原因：她的肺臟破裂，很可能因此致命。雷德邁決定，先不處理甲狀腺亢進的問題，而是先治療肺臟破裂。後來，這名女傷患的心跳恢復正常，隔天她的甲狀腺機能也恢復正常，甲狀腺激素的分泌也基本正常。原來，她的甲狀腺從來就不是問題。「這就是典型的代表性捷思，」雷德邁說：「當你腦中立即浮現某個簡單的診斷，而且可以完美地解釋一切，這時就要特別小心。你必須停下來，重新檢驗你的思路。」

這並不是說，你原先的想法一定是錯的。只是通常在你腦中首先浮現的想法，會讓你更加確信是對的，但你還是要保持懷疑。「例如，當急診室裡出現精神錯亂的病患，而如果他有長期酗酒的問題，你就要特別提高警覺，」雷德邁說：「因為你很可能會認為他只是喝醉了，忽略了他有可能是硬腦膜下血腫。」

這名女傷患的主治外科醫師根據她的病史直接診斷，卻沒有考慮基本比率的問題。如同阿莫斯和丹尼爾在多年前指出的，一個人在做預測（或診斷）時，只有在百分百確信自己是對的情況下，才能略過基本比率。不論是醫院或其他任何地方，雷德邁都會謹守「不怕一萬，只怕萬一」的態度，而他認為所有人都應當如此做。

一篇文章，改寫了十七歲少年的人生

雷德邁在多倫多市長大，就住在父親小時候居住的同一棟房子。雷德邁是三個小孩中的老么，但他總覺得自己有些笨。他的兩個哥哥好像都比他優秀，而且常在他面前炫耀。雷德邁有語言障礙，會口吃，他一直努力想要克服，只是非常困難。因為口吃，所以講話速度慢；也因為拼字有困難，連帶影響了寫字的速度。他的身體極不協調，五年級就開始戴眼鏡矯正視力。

他的兩大優點，是思考能力和好脾氣。他很喜歡數學，成績也很好。他也懂得如何解說數學原理，有些同學聽不懂老師上課的內容，就會跑來找他。這時，你就可以看出他的好脾氣，他總是特別為他人著想。

上數學課時，他常覺得自己有可能犯錯。「有時候錯誤是可預測的，」他說：「你早知道會發生錯誤，但是你**還是**犯了錯。」一九七七年末，他最喜愛的高中老師佛列明（Fleming）先生，給了他一篇刊登於《科學》期刊的文章。他把文章帶回家，當天晚上就坐在桌前把文章看完。

這篇文章名為「不確定狀況下的判斷：捷思法與偏誤」（Judgement Under Uncertainty: Heuristics and Biases）。看這個標題，他其實似懂非懂——什麼是「捷思法」？雷德邁當時只有十七歲，有許多專業術語是他從未聽聞過的。不過，這篇文章提到，當人們不確定答案時，會利用三種方法做出判斷：代表性、可得性及定錨。這些名詞他雖然很陌生，但卻充滿好奇地想一探究竟。

雷德邁覺得作者寫得實在太有道理了，因為他自己就掉入文章中所提到的陷阱裡。例如，對於作者命名為「迪克」、簡介中枯燥乏味的那個人，他的預測也是未來成為律師或工程師的機率各半。同樣的，如果被提示了無用證據，他也會做出跟先前完全不同的預測。他也認為，隨便摘錄一段文字，字母K排在第一個位置的英文單字會比排在第三個位置的單字多，原因是以K為開頭的單字比較容易被記起。他也會僅憑著對某個人的描述，做出不成比例的樂觀預測，連雷德邁這種個性猶疑不決的人，都會落入過度自信的陷阱。文章中所舉的兩道要在五秒內回答的算式，他也猜測1×2×3×4×5×6×7×8的結果會小於8×7×6×5×4×3×2×1。

讓雷德邁好奇的，不是人們為何會犯錯，因為人都會犯錯。在他看來真正值得探究的是：原來這些錯誤都是可預測的，而且是系統性的問題，不是偶發事件，歸結來說似乎是人性的一部分。

掛上「專家」兩個字，彷彿就是明智決策的保證

讀完《科學》期刊的那篇文章後，雷德邁回想起他過去在數學上所犯的錯，其實也是其他同學經常會出錯的地方。文章中關於「可得性」的描述——探討想像力在人為失誤中所扮演的角色——特別引起他的注意。「例如當我們評估遠征探險的風險時，我們會想像這段遠征行程可能會發生哪些無法應付的意外，並預測這些意外發生的機率。」作者寫道：「如果可以很具體地描述可能發生的災難，就會讓我們感覺到這趟旅程的危險性很高，即便這些輕易就可想像出來的災難，並不代表它們發生的機率會比較高。相反的，當可能的危險難以想像或完全想不出來時，我們就可能低估它們的風險。」

這不再只是文章中有多少單字是以字母K開頭，而是攸關生死的問題。「我可是個超級影痴，」雷德邁說：「但是讀這篇文章比看電影還讓我興奮！」

在此之前，雷德邁從來沒有聽過兩位作者丹尼爾．康納曼和阿莫斯．特沃斯基的大名，現在他也只知道他們是耶路撒冷希伯來大學的心理學教授。不過，對雷德邁來說，更重要的是他的兩位哥哥也沒聽過這兩個人。他心想：啊哈，我竟然懂得比我哥哥還多！康納曼和特沃斯基似乎為他打開了一個窺視人類思考行為的窗口，讀他們的文章，就像是偷窺魔術師簾幕後的祕密。

未來的人生路要怎麼走，雷德邁一直很清楚。小時候，他就很喜歡螢幕裡的醫生角色，比如

《星際爭霸戰》（*Star Trek*）的麥考伊醫官、《外科醫生》（*M*A*S*H*）的「鷹眼」皮爾斯上尉。「我想成為英雄，」他說：「但我不可能靠運動競賽出人頭地，不可能走上政治之路，也不可能闖蕩影視圈。醫學是我能選擇的路，可以讓我過著英雄般的生活。」他習醫的意願非常強烈，於十九歲（大二）申請就讀醫學院。就在他過完二十歲生日之後，他進了多倫多大學醫學系。

很快的，他就發現情況不妙：系上的教授一點也不像麥考伊醫官，更不像鷹眼。他們經常自以為是，喜歡吹噓臭屁。「我不得不說，」他回憶道：「早期很多醫學院教授說的話都是錯的。」例如，他們老是迷信一些說法，把這些說法當成真理供奉，像是「禍不單行」之類的。在面對同樣的疾病時，不同科的醫生也會做出不同的診斷：泌尿科的教授會告訴學生，出現血尿的症狀有很高機率罹患了腎臟癌；而腎臟科的教授則說，出現血尿極有可能是腎炎。「這兩個教授都根據自己的專業經驗做判斷，而且一副信心滿滿的樣子。」雷德邁說，但其實他們眼中都只看到了自己擅長的科別而已。

重點不在於他們說得對不對，而是他們對於「確定」——至少得「看起來確定」——的渴望。上課時，不少站在投影機旁的教授相信自己無所不知。「醫學院普遍存在著傲慢自負的菁英氛圍。」雷德邁認為，醫學存在著許多不確定性，但這些所謂的權威卻不願承認。

原因就在於：一旦承認存在著不確定性，就等於承認有出錯的可能。但整個醫學界的運作方式，似乎都是為了證明自己的決定是正確無比的。例如當病患恢復健康時，有些醫生會歸功於自己的治療發揮效果，但其實並沒有證據支持這一點。雷德邁認為：**病人在接受我的治療後恢復健康，不等於我的治療讓他恢復健康。**「很多疾病屬於『自限性疾病』*，會自行痊癒，」他說：「當深受病痛之苦的人上門求助時，醫生通常會覺得自己有必要做些什麼。如果用水蛭進行放血治療，病人情況好轉了，你可能一輩子都用水蛭來做治療。其他像濫用抗生素、摘除扁桃腺來治療耳朵感染等等，都是同樣道理。你嘗試了某個療法，第二天患者的病情改善了，你會對自己非常滿意。你去看精神科醫生，然後憂鬱症改善了，你自然會相信看醫生是有效的。」

涉及醫療決策時，千萬不能忽略臨床試驗的數據

雷德邁還注意到了其他問題。例如，他的醫學院教授往往對數據照單全收，很少做進一步檢視。通常當一位老人因為肺炎到醫院求診，檢查心跳後發現一切正常，每分鐘七十五下……然後繼續其他檢查了。但肺炎之所以造成許多老人死亡，是因為傳染力強，人體免疫系統回應感染的方式，除了發燒、咳嗽、寒顫、有痰等症狀，還有心跳加快。當身體在抵抗發炎時，全身血液會加快循環。因此「得肺炎的老人，心跳絕不可能會正常！」雷德邁說：「而是會心跳加快才對！」如果你測出一位得肺炎的老人心跳「正常」，這代表他的心臟一點都不正常，而是出了嚴重問題！換句話說，心跳監測器讀出的正常數據會誤導醫生，做出錯誤的判斷。認為一切沒問題，因為一切看起

來沒問題，使得醫學專家們忘了自我檢驗。

當時，多倫多開始重視所謂的「實證醫學」（evidence-based medicine）。實證醫學的核心概念，就是要檢視醫學專家的直覺，希望用具體的數據來檢驗醫生的醫療決策。讓人驚訝的是，根據研究，有些大家非常熟悉的標準醫療流程，其實根本是錯的。例如，一九八〇年雷德邁在念醫學院當時，一般認為如果心臟病患者求診後出現心律不整的情況，醫師就要投藥治療。但七年後當雷德邁從醫學院畢業時，卻有研究顯示心臟病患者在接受藥物治療心律不整後的死亡率，高於未接受藥物治療的病患。沒有人解釋為何這麼多年下來，醫師仍然選擇導致系統性死亡的治療方法，即便當時支持實證醫學的人已經開始研究康納曼和特沃斯基兩人提出的可能解釋。

很明顯，是醫師的直覺判斷出現了嚴重的錯誤。今天，醫學界不能再忽略臨床試驗的證據，雷德邁一向就很關注這些證據。「我開始留意那些被長期壓下的分析，許多機率都是根據專家意見計算出來的。」雷德邁說：「醫生錯了，後果卻由病患承受。」

在《科學》期刊發表的那篇論文結尾，丹尼爾．康納曼和阿莫斯．特沃斯基寫道，雖然比起不熟悉統計學的人來說，懂得複雜統計學的人或許能避免犯下簡單的錯誤，但即便是最優秀的統計學

---

*編按：不需特殊治療，經過一些時日就可自行痊癒的疾病，比如像感冒等一般性的病毒感染。

專家，還是有可能犯錯。正如同這兩位作者所說的：「他們的直覺判斷在面對複雜難解的問題時，容易掉進相似的謬誤中。」年輕的雷德邁明白，這就是為什麼聰明的醫師也無法對這些謬誤免疫的一個驚人的理由。他回想過去在解數學題目時，自己所犯下的錯誤。「同樣的解題方式也存在醫學界。」他說：「在數學領域，你會不斷地檢查及驗證。但在醫學上，這樣的動作卻付之闕如。倘若我們連在解有明確答案的代數問題時都會犯錯，那麼在面對沒有明確答案的現實世界時，我們犯錯的可能性會有多高？」犯錯不必然是可恥的，人難免會出錯。「這兩位作者提供了一種語言和邏輯架構，擲地有聲地說明當人們思考時可能會陷入的某些陷阱，而且這些錯誤有時候會連累到別人。我們必須接受人為失誤，而不是一味否認或妖魔化，我們要理解：這也是人之所以為人的原因之一。」

面對生命，我們應當更謙虛

不過，當年身為一個年輕的醫學院學生，雷德邁這些非主流想法，都只藏在自己心裡，他從未想過要挑戰權威與所謂的正統，他也自然沒有這種能耐。「在此之前，我對自己的生活很滿意。」他說：「我一直是個循規蹈矩的人，每次選舉都會去投票，每一場系務會議都會出席，從來不惹是生非。」

一九八五年，雷德邁順利成為史丹佛大學醫學中心的住院醫師。在史丹佛，他開始提出心中長期以來的質疑。在醫學中心第二年的某天晚上，他在加護病房值班，負責維持某位病患的生命跡象以便進行器官摘除（美國人習慣用「摘除」的美化說法，聽起來有些奇怪。在加拿大，他們稱為「器官捐贈」）。這位腦死病人年僅二十一歲，騎著摩托車不幸撞樹重傷。

這是雷德邁第一次面對比他年輕的垂死病人，所受到的衝擊完全不同於過去目睹年長者死去。「他原本還有漫長的人生，」他說：「這應該是可以避免的，可惜這個年輕人騎車沒戴安全帽。」人類無力判斷風險，甚至因為誤判而犧牲性命，讓雷德邁感嘆連連。做判斷時，人們明明有更有利的做法，比如乖乖依法戴上安全帽。後來雷德邁對一位美籍學生說了這段話：熱愛自由的美國人要的是什麼？自由地生活，還是死亡？我實在不能理解。我寧願適度約束自己的行為，來保住性命。

但他的學生卻回答，「不只是多數美國人不認同你的觀點，很多醫生也不認同。」學生還告訴他，史丹佛大學知名的心臟外科主任諾姆．沙姆威（Norm Shumway）正在積極遊說，要擋下強制所有騎士戴安全帽的立法。「我聽了下巴簡直要掉了下來，」雷德邁說：「這麼聰明的人，怎麼會做出這麼愚蠢的舉動？我們肯定會犯錯，每個人都要留意『人不可靠』這個弱點。」

二十七歲時，雷德邁結束史丹佛大學醫學中心的住院醫師工作，也就從這個時候，他開始將青少年時期讀到的那篇由兩個以色列心理學家所撰寫的論文主張內化，逐漸建立起自己的世界觀。這個世界觀會將他帶往何處，他並不清楚。他當時依舊認為，當他回到加拿大就會搬到拉布拉多省北方。在他念醫學院時期參與醫療服務時，曾有一年暑假來到拉布拉多省一座約五百人的村莊。「我的記憶力不行，也不夠聰明，」他說：「我很怕自己不能成為一名優秀的醫生。如果我的成績不夠出色，或許會選擇去醫療品質較欠缺的偏鄉服務，那是我可以貢獻所長、也同樣需要我的地方。」

當時雷德邁覺得，自己會一直以傳統方式行醫。直到他與阿莫斯·特沃斯基見了面。

認知偏誤：九成的存活率與一成的死亡率

雷德邁對自己可能出現偏見的情況，一向都很有警覺，會隨時修正自己的想法。特別是他知道自己的記憶容易出錯，更是隨身攜帶筆記本，記錄下腦中浮現的想法和問題。每當深夜被醫院的電話叫醒時，對著電話那頭語速飛快的醫師，他總是委婉地跟對方說，因為通話品質不好，他必須重複對方的話。「你不可能怪住院醫師說他語速太快，你只能自己想辦法。這樣不僅能有助於對方思考，也有助於我自己的思考。」

在輪班空檔，只要有訪客到雷德邁的辦公室，他都會設定計時器，避免自己聊到忘了時間而耽誤看診。「只要我覺得有趣的事，我常會忘記時間。」雷德邁自己說。出席任何社交場合之前，他會花很長時間預想各種可能會犯的錯誤。例如他有口吃，演講對他來說是很大的挑戰，因此演講前他會先勘查場地，然後從頭到尾演練一遍完整內容。

一九八八年春天，就在雷德邁與阿莫斯第一次共進午餐的前兩天，雷德邁按照慣例，自己先到見面地點——史丹佛教授會館的餐廳——勘查場地。到了見面當天，他將巡病房的時間從早上六點半提前到凌晨四點半，以免病患問題拖延了他的午餐之約。他通常不吃早餐，但這一天他特地吃了早餐，這樣午餐時就不會因為肚子餓而分心。他事先寫了幾張便條紙（這也是他的習慣），列出可能的討論主題，「因為我害怕冷場。」但其實他也不準備說太多話。他的主管哈羅得・索克斯（Harold Sox）事先叮囑他：「不要說話，什麼都不要說，也不要打斷，你只要坐著聽就行了。」索克斯稍後也會出席阿莫斯的餐會，他說：「與阿莫斯・特沃斯基見面，就像是在跟愛因斯坦做腦力激盪。他是這個時代的心理大師，再也沒有其他人可以與他匹敵。」

哈羅得・索克斯是阿莫斯第一篇醫學論文的共同作者，之所以會有這篇論文，是因為有一天阿莫斯問索克斯一個問題：在賭錢的時候，醫生和病患有什麼不同的心理傾向？例如當面對兩種選擇，一種是確定可以拿到錢，另一種是必須先賭一把，贏了才能拿到錢（不用賭就確定可以拿到一百元，以及有五〇％的機會可以拿到二百元），這兩種人的選擇會有何不同？阿莫斯說，人們通常會選擇前者，也就是不用賭，直接拿一百元。但如果把兩個選項改成：「確定損失一百元」，以及「有五〇％的機會不損失兩百元」，人們通常願意冒險選擇後者。藉由阿莫斯的幫助，索克斯和其他兩位醫學研究員展開了一場實驗，看看醫生和病患在面對可能的損失時，會如何選擇。

肺癌是現成的案例。一九八〇年代初期，肺癌醫生和患者只有兩種不均等的選擇：動手術或接受放射治療——相較於放射治療，手術比較有可能延長壽命；但手術有風險，可能導致立即死亡。他們發現，當你告訴患者手術有「九成存活率」時，八二%的病患會選擇動手術；而當你換一種說法：手術有「一成死亡率」，就會只剩下五四%的患者會選擇動手術。

不只病患如此，醫生也有同樣的傾向。索克斯說，與阿莫斯合作，改變了他對這個專業的看法。「醫學界對人類的認知行為完全不了解。」他說。他不禁開始懷疑，有多少外科醫生是在有意識或無意識下，告訴病人動手術有九成的存活率，而不說剩下那個一成的死亡風險，只因為動手術符合醫生的利益。

在第一次餐會中，雷德邁在一旁靜靜聽著索克斯和阿莫斯聊天。不過，他也注意到了一些事：吃飯時，阿莫斯那一雙淺藍色眼睛會到處瞄；他有一些語言障礙；他的英文非常流利，但帶有濃濃的以色列腔。「他的防衛心有點重，」雷德邁說：「但精神飽滿，有活力，沒有終身職教授常見的倦怠感。聊天時，九〇%的時間都是他在說話，他說出口的每個字都值得仔細聆聽。我很驚訝他對醫學所知不多，因為他在醫學決策上發揮的影響力是如此深遠。」

賭局次數越多，整體結果越接近期望值？

阿莫斯向兩位醫生提出各種問題，其中大多數是為了找出醫療上的非理性行為。在觀察索克斯回答或試著回答阿莫斯的問題之後，雷德邁發現，在這次餐會上他從前輩身上學到的，遠比他過去三年所學的還要多。「阿莫斯知道要如何精準地提問，」雷德邁說：「絕不會有令人尷尬的冷場出現。」

吃完午餐後，阿莫斯邀請雷德邁有空可以到他的辦公室坐坐。當他們很快就約了見面時，阿莫斯頻頻向雷德邁拋出各種問題。比如經濟學家薩繆森（Paul Samuelson）與同事的擲硬幣打賭*，如同先前阿莫斯所說的，如果讓你有五〇%的機會贏得一百五十元或損失一百元，通常人們都會拒絕，但如果同樣的打賭讓你可以連續玩一百次，你多半會接受。為什麼人們會覺得只賭一次勝算不高，連續賭一百次就會對自己有利呢？這個問題不容易回答。沒錯，賭越多次，你贏的可能性越高；但是反過來想，當你賭越多次，你損失的金額也會越大。「然後他告訴我：來，說一個醫學上類似的故事吧！」雷德邁說。

雷德邁腦中立刻浮現許多例子。「我當時馬上就想到了許多類似的醫療案例，只是我很意外，他竟然一言不發地靜靜聽我說。」雷德邁想到的例子之一，是醫生的雙重角色。「醫生肩負著兩種

*編按：薩繆森問同事是否願意賭一次擲硬幣，可以贏二百美元或輸一百美元。同事說：「我不會賭，因為我對輸一百美元的擔心比贏二百美元的期待更大。如果你讓我連續賭一百次，我就願意。」

責任，一是治療患者，二是保護整個社會。」他說：「看病時，一次只面對一名患者，但在思考醫療制度時，要面對的是整個社會。」

這兩個角色是相互衝突的。比如說，對患者來說，最安全的療法就是使用抗生素；但濫用抗生素會導致細菌產生抗藥性，造成傳染病更棘手，社會也會付出更大的代價。一名稱職的醫生，不僅要考量個別病患的利益，還必須顧及所有罹患相同病症的病人。由於醫生會一再遇到相同的疾病，所以這不是一次性賭局，他們勢必會一再面臨相同的抉擇。面對一次性的賭局及重複多次的賭局時，醫生行為會有不同嗎？

阿莫斯和雷德邁共同執筆的論文指出，醫生在「治療個別患者」時的行為，確實與他們在「設計醫療準則」時不同。例如在治療個別患者時，他們會要求進行更多的檢驗來避免引發其他麻煩，他們也比較不會詢問病人死後是否願意捐贈器官。但他們治療病患的做法，往往不被他們自己所設計出來的醫療準則允許。醫生們都同意，如果法律要求，當病人被診斷出患有癲癇、糖尿病或其他有可能導致開車時失去意識的疾病時，醫生必須呈報病患名字。但實務上，醫生通常不會這麼做。「這些現象，不只是讓我們看到個別病患的利益與整體社會利益之間的衝突，」特沃斯基和雷德邁在給《新英格蘭醫學期刊》（*New England Journal of Medicine*）編輯的信中寫道：「也讓我們看到存在於醫生心智裡的矛盾。我們必須找出方法消除這種現象，畢竟，在個別治療時可以採用的方法，卻不被醫院的醫療準則接受，這真是太奇怪了。」

這裡的重點，不是醫生的治療方法是否正確，而是他不可以用一種方法醫治自己的病患，然後又主張用另一種方法來治療其他病患，而且更詭異的是，在這兩種情況下，醫師都自認做出了最好的治療決策。

天氣濕冷比較會引發關節炎？你錯了

雷德邁與阿莫斯在合作寫了第一篇論文後，又衍生出其他想法。不久之後，他不再是每天下午在阿莫斯辦公室碰面，而是改成每天深夜到阿莫斯家裡。和阿莫斯合作，一點都不像是在工作。「那是享受，」雷德邁說：「一種單純的樂趣。」雷德邁深知，眼前的這個人將會改變他的一生。雷德邁也知道，阿莫斯說過的許多話，他會永遠記得。

好的科學家是看到別人所看到的，但想到別人沒想到的。

聰明和愚蠢通常僅有一線之隔。

當人們該服從時拒絕服從，該有創意時沒有創意，就會出現問題。

做好研究的祕訣在於永遠留下空閒時間。如果捨不得浪費幾小時，將來就會浪擲許多年。

有時候，讓世界變得更好，會比你去證明自己已經讓世界變得更好，還要簡單許多。

雷德邁有時候會懷疑，阿莫斯之所以花這麼多時間和他一起研究，是因為雷德邁未婚，願意在午夜到凌晨四點工作。阿莫斯的工作時間非常奇怪，但是雷德邁已經摸熟他的工作規律。「他需要具體的例子去測試他的理論，」雷德邁說：「有些原則非常極端，我必須找到醫學案例來說明。」例如，阿莫斯清楚知道人們對隨機的概念存在著怎樣的誤解，人們認為隨機序列中似乎存在著某種模式，而且他們還自以為有辦法從這些模式中看出事實上並不存在的意義。

阿莫斯向雷德邁解釋，看NBA球賽時，你會看到播報員、球迷，甚至是教練，似乎都相信某個籃球射手的「手感」正熱。只因為這個球員前幾球都能投籃得分，大家就認為他下一球必能投中。阿莫斯蒐集了NBA連續投籃的數據資料，以確認所謂的「手感正熱」是否具有統計意義。他可以證明，事實並非如此。出色的射手，下一球投籃的命中率當然會高於能力較差的射手。球迷、播報員和球員自己所觀察到的手感正熱現象，其實只是錯覺。

他要求雷德邁也在醫學領域內找出類似的假象，雷德邁很快就有了答案──關節炎和天氣的關聯性。

數千年以來，我們都認為這兩者有關係。希波克拉底（Hippocrates）早在西元前四百年，就提到風雨對疾病的影響。到了一九八〇年代末期，醫生仍建議關節炎患者移居到氣候溫暖的地區。雷德邁與阿莫斯找來了一群類風濕性關節炎患者，要他們說出疼痛程度。然後再將他們的疼痛程度與天氣狀況做比對。儘管患者宣稱他們的疼痛程度會隨天候改變，但是雷德邁和阿莫斯很快就確定，兩者之間不存在有意義的關聯性。

研究還沒結束，阿莫斯希望能進一步解釋：為什麼人們會認為自己的病痛和天氣有關？雷德邁親自訪談那些他已經證明疼痛與天氣無關的病患，其中一人仍堅稱他的病痛和天氣有關，並舉出少數隨機感到疼痛的時間點做為證據，合理化自己的認知。就像籃球專家認為隨機發生的連續投籃得分存在著某種模式，但事實並非如此，關節炎患者認為他們的病痛具有某種模式，其實同樣不存在。「這種現象我們稱之為選擇性配對（selective matching），」特沃斯基和雷德邁寫道：「對於關節炎患者而言，因為選擇性配對的影響，當他們疼痛加劇時會特別注意天氣的變化，而疼痛情況穩定時，對天氣的變化就不會那麼在意……因此，如果疼痛特別明顯的那一天正好碰上天氣惡劣，就會讓他們牢牢記上一輩子。」

快樂的真相，加工過的美好回憶

關節痛會在什麼時候發生，或許沒有明確的模式，但雷德邁與阿莫斯之間，倒是有滿明確的合作模式。對於人們在不確定的狀況下做判斷時，會落入那些思維誤區，阿莫斯已經有一套完整的想法，只是尚未有人把這套想法應用在醫學上。「有時候我覺得阿莫斯是拿我當測試對象，」雷德邁說：「以確定這些想法在真實世界的可行性。」雷德邁忍不住會想，對阿莫斯來說，醫學可能「只是他廣泛興趣中的一小部分而已」，目的是要加強他與丹尼爾．康納曼共同發想的概念。

接著，丹尼爾出現了。一九八九年初，阿莫斯在自己的辦公室介紹他們認識。後來丹尼爾打電話給雷德邁，說他也對醫師與病人如何做醫療決策有興趣。丹尼爾似乎有自己的看法和解釋。「他打電話給我時，已經與阿莫斯分道揚鑣，自己一個人做研究。」雷德邁說：「他想提出另一條捷思法則，是他自己想出來的，與阿莫斯無關。他說這是第四條捷思法則，捷思法不可能只有三條。」

一九八二年，也就是丹尼爾在英屬哥倫比亞大學任教的第三年，那年夏天他走進實驗室向他的學生宣布了一項驚人的決定：「現在我們要開始來研究快樂。」

丹尼爾一直很好奇，人類是否有能力正確評估對本身經驗的感受，這正是他現在要做的研究。他認為，一個人自己感覺快樂的原因，跟真正讓他快樂的原因，是不一樣的兩件事；而兩者之間的差異，正是他特別感興趣的。

他原先的想法是：先請他的學生自己說說看，如果一星期讓他們每天進實驗室做他們喜歡的事，例如吃一碗冰淇淋或是聽他們最愛的歌，那麼他們會有多快樂。然後，他再將學生們預期的快樂程度，與實際體驗到的快樂程度進行比較，接著再將實際體驗的快樂程度與他們記憶中的快樂程度做比較。他認為，這三者之間必定會有差別。就像當你最喜愛的足球隊拿到世界盃的當下，你一定興奮又激動；等過了六個月，你就會覺得這其實沒什麼大不了的。

「但這個實驗一直沒有真的開始，」丹尼爾的研究生達爾．米勒（Dale Miller）說：「他一直反覆設計實驗。」因為丹尼爾認為，人們不太知道怎麼預測自己快樂的程度。後來，他找了幾名受試者，結果顯示這個研究有搞頭。這個旁人眼中一點也不快樂的人，現在他卻即將揭開「快樂法則」的祕密。

在阿莫斯將他介紹給雷德邁時，丹尼爾已經從英屬哥倫比亞大學轉到了加州柏克萊大學，從快樂變得不快樂。現在的他，除了研究預期的快樂與真實快樂的落差，他還想探究「真實的痛苦」與「記憶中的痛苦」有何不同。人們預期自己會因某個事件而悲傷，與事件發生當下實際感受到的悲傷，往往程度不同；或者，記憶中的某段經歷，其重要性也不如它實際發生當下那般意義深遠，這代表了什麼？旅遊時，即便多數時候不算愉快，事後回想時卻覺得很美好；甜蜜浪漫的一場戀愛，分手後讓你回憶起來卻滿是苦澀。換言之，人們不只是把快樂或不快樂定格，還經常混淆了實際的經驗與記憶。

高峰與結尾，為你的體驗感受定調

丹尼爾在與雷德邁見面之前，已經開始在柏克萊實驗室進行不快樂的實驗。例如，他要求受試者把手放進冰水中一段時間，第一次實驗，為時一分鐘；第二次實驗，為時三分鐘，不過在實驗結束倒數一分鐘時，偷偷將水溫提高一度，減輕受試者的疼痛感覺。

當受試者在經歷兩種體驗後，丹尼爾詢問他們：如果請他們再次把手放入冰水裡，他們會選擇哪一次？好玩的事發生了：受試者對於疼痛的記憶，和實際感受不同。他們所記得的，是疼痛結束當下的感受，而非疼痛持續時間的長短。所以，多數人選擇了第二次實驗，他們認為，第二次實驗比較能夠忍受。換句話說，因為最後一分鐘的疼痛減輕，讓他們寧願忍受較長時間的疼痛。

丹尼爾把這個現象稱為「峰終定律」（peak-end rule），並請雷德邁從真實的醫療案例中找類似的現象。最後他們選定了：大腸鏡檢查。

在一九八〇年代晚期，大腸鏡檢查的過程非常痛苦，令人恐懼，難受程度會讓你死都不想再來第二次。到了一九九〇年，美國每年的大腸癌死亡人數高達六萬人，如果能早期發現，多數的大腸癌患者都能存活下來。大腸癌不易診斷的其中一個原因，就是大腸鏡檢查的痛苦經驗讓人畏懼。那麼，有沒有可能改變患者的記憶，讓他們忘記過程有多不舒服？

為此，雷德邁花了一年時間，把大約七百名的受試者分為兩組進行實驗。A組受試者在正規檢查結束後，立刻將大腸鏡的管子從肛門退出；B組在結束正規檢查後，大腸鏡管子在直腸內多停留三分鐘。這多出來的三分鐘雖然不會讓人感到舒服，但至少不會那麼難受。客觀來說，B組病患除了要承受A組的全部痛苦之外，還要加上這三分鐘的不適感。

過了一個小時之後，研究人員請受試者評估他們的疼痛程度。結果發現，回顧整個檢查過程時，B組受試者的痛苦程度低於A組。更有趣的是，B組受試者也更願意再次接受大腸鏡檢查。多了結尾這三分鐘的緩衝時間，改善了大腸鏡檢查的痛苦回憶。

你大概從來沒想過，自己會寧願承受更多更長時間的痛苦，這就是「峰終定律」的效應。根據這個定律，只要在一件痛苦的事情結束前做些安排，就能扭轉整個過程的感受。正如雷德邁所說的：「最後的印象最深刻。」

理念與智慧的傳承

對雷德邁來說，與丹尼爾合作的經驗完全不同於跟阿莫斯共事。雷德邁對阿莫斯的印象是如此生動鮮明，而他對丹尼爾的感受卻很複雜。丹尼爾不是個快樂的人，甚至可以說個性有點陰鬱。他的工作沒有為他帶來快樂，與他一起工作的人也跟著受苦。「對於工作，他只看到出錯的地方，卻看不到精采（例如他令人嘆服的獨到見解）之處。」雷德邁說。

雷德邁對阿莫斯和丹尼爾私底下的生活所知甚少。「阿莫斯很少跟我提到他的私人生活，」他說：「他從來不談以色列，也不談戰爭。對於自己的過去更是絕口不提。他並非刻意逃避，而是主導話題的人通常都是他。」兩人見面時，談的都是人們的醫療行為。此外，雷德邁也不想冒昧去打探丹尼爾及阿莫斯的過去，所以雷德邁從來都不知道這兩人為何會離開希伯來大學和以色列來到美國，也不了解為什麼當阿莫斯一九八〇年代意氣風發地在史丹佛大學出任首席教授時，丹尼爾卻落寞的在英屬哥倫比亞大學任教。這兩個人看起來情誼深厚，但顯然並沒有像以前那樣合作。為什麼會這樣？雷德邁不知道。「他們從來都沒有在我面前提起對方。」他說。

這兩個人似乎認定，各自研究會比一起合作更有成果。兩人都努力地推演當初共同發想的概念，只是方法不同。「我當時以為這兩個人是好麻吉，而我是他們的寵物。」雷德邁說。

一九九二年，雷德邁回到多倫多，與阿莫斯共事的經歷，改變了他的一生。每當遇到問題，雷德邁都會忍不住想：「如果是阿莫斯，他會怎麼解決？」阿莫斯總有鬼點子，而雷德邁則負責找出醫療案例來輔佐。雷德邁後來想，其實自己真的沒有做什麼。「從許多方面來看，我充其量也就是個祕書罷了。」他說：「我打從心底知道，我的角色隨時可以被取代。我回到多倫多後，不禁自問，難道這全是阿莫斯的功勞，我雷德邁沒有一點貢獻嗎？」

幾年前，雷德邁還認為自己可能跑到拉布拉多省的北方小鎮當醫生，但現在他有了新的夢想：扮演好研究者及醫生的雙重身分，他想要深入探究醫生和病人的思維偏誤。他希望將認知心理學與醫療決策結合，如同丹尼爾和阿莫斯所做的一樣。一時之間，他還無法想清楚要怎麼做。他對自己仍沒有絕對的把握，唯一可確定的是，與阿莫斯合作的經驗讓他發現了自己的另一面：追求真相的渴望。他希望運用統計數據去找出人類行為的模式，取代長期以來主宰人類生死的錯誤認知。「我從來不知道我還有這一面，」雷德邁說：「不是阿莫斯發掘出了我這一面，而是他將這一面植入到我的身上。他指派我為信使，送我到他看不到的未來之地。」

第9章

從快樂到遺憾

戰火中的心理學家

時間來到一九七三年秋天。丹尼爾很清楚，沒人能夠真正了解他和阿莫斯之間的關係。上一個學年度，他們在希伯來大學共同開了一堂專題討論的課，就丹尼爾看來，那簡直是一場災難。私底下，當他跟阿莫斯單獨相處時，阿莫斯是個溫暖有趣的人，但在一群人面前，這些特質全都消失了。

「當我們跟一群人在一起時，只會發生兩種情況。」丹尼爾說：「接住對方要說的話，互開玩笑；不然就是彼此較勁。沒有人親眼看過我們一起工作，沒有人知道我們究竟是什麼關係。」從各方面來看，他們就像是一對不牽涉肉體關係的戀人。兩人的連結之深，沒有其他人能比得上。

連他們的老婆都發現到了這一點。

「他們之間的關係比婚姻還要緊密，」芭芭拉說：「好像這輩子就等著對方出現一樣。兩人在智性上碰撞出的火花，比起各自過去的努力精采多了。」

丹尼爾甚至還感覺到老婆微微的醋意，阿莫斯則不時在芭芭拉背後稱讚她，態度得體地面對婚姻生活受到干擾的事實。「和他在一起的感覺，」丹尼爾說：「是我和其他人在一起時感受不到的，這是真的。你要說是愛嗎？我只能說我完全陷入其中，這就是我的感受。真的很特別。」

阿莫斯一直試著想找出方法，讓兩人能夠持續合作下去。「刻意保持距離的，反而是我。」丹尼爾說：「我太害怕哪一天會失去他。」

所愛的人戰死了，才知道他們人在國內

加州時間凌晨四點的某天早上，埃及和敘利亞出兵攻打以色列。

駐防在蘇伊士運河沿岸的五百名以色列軍人，遭遇十萬名埃及大軍的攻擊而一路潰敗；而駐防在戈蘭高地的一百七十七名以色列坦克兵，則眼睜睜看著帶有兩千名敘利亞軍人的坦克車隊一路殺了過來。

阿莫斯和丹尼爾人在美國，聽到消息，立刻飛奔機場，搭乘第一班飛機前往巴黎。丹尼爾的姊姊當時在駐巴黎的以色列大使館工作，戰爭期間飛往以色列的機票一票難求，以色列航空公司的所有班機，全都坐滿了急著趕回國參戰的飛官和指揮官，補上前幾天不幸犧牲的同袍位置。在一九七三年，如果你是一個能夠打仗的以色列人，奔赴沙場是你唯一的選擇。

埃及總統沙達特深知這一點，因此下令擊落任何試圖在以色列降落的民航機。丹尼爾和阿莫斯趁著在巴黎等待丹尼爾姊姊找人安排他們回去以色列的空檔，先去買了戰鬥軍靴，因為這裡買的靴子比以色列軍隊生產的皮製軍靴要輕便得多。

戰爭爆發時，芭芭拉與大兒子正在前往耶路撒冷急診室的路上。當他們從醫院開車回家，一群人把他們的車子團團圍住，對著芭芭拉大聲喊叫。以色列全國此時已陷入恐慌，戰鬥機低空飛越耶路撒冷，發出刺耳的聲音，通知所有後備軍人重返戰鬥崗位。希伯來大學被迫關閉，坦克車整夜在特沃斯基住家附近來回巡邏，原本寂靜的住宅區，四處可聽見轟隆隆的聲響。整座城市一片漆黑，街燈全部熄滅，所有車子都用膠布遮住煞車燈，襯得天上的星星異常明亮。

政府發布的新聞語焉不詳，芭芭拉感覺當局似乎有意隱瞞實情。這次的戰爭異於以往，以色列軍隊節節敗退。她不知道阿莫斯人在哪裡，也不知道他有何計畫，她什麼忙都幫不上。不只是她如此，以色列人通常只有在所愛的人戰死之後，才會知道原來他們已經從國外回到了以色列。

芭芭拉特別跑去圖書館找資料，寫了一篇如何面對壓力的報導，略盡自己的棉薄之力。戰爭開打後幾天，有天晚上大約十點鐘，芭芭拉聽到了腳步聲。她在書房工作，拉上窗簾防止房子透出燈光。孩子都已經入睡，卻突然傳來了跑步上樓的聲音，接著從黑暗中現身的正是阿莫斯。

他和丹尼爾所搭乘的以色列航空班機，機上乘客全都是返鄉加入戰爭的以色列男子。飛機摸黑降落在台拉維夫機場，機翼上沒有任何燈光。阿莫斯走向衣櫃，拿出繡有上尉徽章的軍服，穿起來依然合身。隔天早上五點鐘，他就離開了家門。

催眠阿拉伯人，讓他回去刺殺國王。結果……跑了！

他和丹尼爾被分派到軍隊的心理研究單位。自從一九五五年，丹尼爾為以色列軍方重新設計軍官徵選制度之後，這個單位就不斷擴大規模。一九七三年初，心理學家詹姆斯．萊斯特（James Lester）受美國海軍研究室（Office of Naval Research）指派，負責研究以色列軍隊的心理學並撰寫報告，說明以色列心理學研究單位的情況。萊斯特認為以色列這個國家非常奇特，駕照考試全球最嚴格，但車禍率也高居全球之冠。更讓他覺得不可思議的是，他們對心理學家的重視。「軍官訓練課程的淘汰率大約在一五～二〇％，」他寫道：「軍方對於神祕的心理學研究深具信心，他們要求徵才部門在受訓的第一星期，就辨識出最頂尖的一五％人選。」

萊斯特在報告中寫道，以色列軍方心理學研究單位的負責人是班尼．沙立特（Benny Shalit），相當具有影響力。經由沙立特的極力爭取，確實提升了軍方心理學研究單位的地位。這個單位睥睨一切，沙立特甚至親自設計制服上的徽章。徽章圖案是由以色列橄欖枝和刀劍組合而成，根據萊斯特的解釋：「最上方有一隻眼睛，象徵評估、洞見等意涵。」

沙立特努力要將心理學研究單位轉型成一支戰鬥部隊，甚至想出許多被心理學家視為瘋狂的想法。例如，催眠阿拉伯人，然後命令他們刺殺阿拉伯領導人。「結果他真的這樣做了，」前員工丹妮亞拉．葛登（Daniela Gordon）說：「他們將被催眠的阿拉伯人帶到約旦邊境，只是後來這個阿拉伯人逃跑了。」

沙立特的權力很大，並決定在軍事單位安插心理學家。這些心理學家可以直接提供建議給指揮官，「戰地心理學家的任務，是針對各種特殊狀況提供建言。」萊斯特給美國海軍上級的報告上說：「例如，有心理學家發現，步兵部隊在天熱時會用彈匣打開飲料罐的瓶蓋，常導致槍托受損，所以他建議應該重新設計槍托，加上開瓶罐的工具。」沙立特的心理學家也將衝鋒槍上用不到的準星去除，並改變機槍部隊的合作方式，提升命中率。總之，以色列軍隊心理學家的任務無奇不有。

不過，實際發生戰爭時，沙立特的戰地心理學家究竟在做些什麼，沒有人知道。「心理學單位對於要做什麼毫無頭緒，」擔任沙立特副手的艾里．費雪福（Eli Fishoff）說：「這場戰爭來得太突然，我們都在想，這會不會是我們人生的終點？」短短幾天，以色列軍人的死亡人數占總人口的比率，就超過了越戰期間的美軍。後來，以色列政府形容這場戰爭是「人口浩劫」，許多優秀人才都在這場戰爭中犧牲了。在心理學單位，有人建議設計一份問卷調查，看看可以做哪些事情來提振軍隊士氣。阿莫斯逮到機會，參與這份問卷的設計，希望多少可以用問卷調查為理由，讓自己有機會更接近戰場。「我們開著一輛吉普車，在西奈半島四處晃蕩，看看能做些什麼有用的事情。」丹尼爾說。

快，快到戰場去

看著丹尼爾和阿莫斯把步槍丟到吉普車後座，一同出發去戰場，心理學單位的其他同事都覺得他們兩人瘋了。「阿莫斯非常興奮，就像個小孩，」亞法．辛格表示：「他們竟然要去西奈！這真的是太瘋狂了！那裡非常危險，派他們去那裡做問卷調查，簡直就是瘋了。」

倒不是怕遇上敵軍的坦克或飛機攻擊，真正危險的，是滿地的地雷，而且容易迷路。「他們沒有帶其他人，」兩人的指揮官丹妮亞拉．葛登說道：「他們只能靠自己。」相較之下，所有人都更擔心丹尼爾。「我們非常怕丹尼爾出事，」艾里．費雪福說：「我倒是不擔心阿莫斯，因為他是個戰士。」

事實正好相反，當丹尼爾和阿莫斯開著吉普車穿越西奈半島時，丹尼爾才是真正展現本事的人。「他會跳下車，向人詢問。」費雪福說。雖然看起來是阿莫斯比較務實，但就解決問題這一點，丹尼爾比阿莫斯更有天分，甚至在其他人還看不出來有問題需要解決時，他就想到了解決方法。

就在他們高速開往前線途中，丹尼爾注意到路邊有一堆垃圾：美國陸軍沒吃完的罐頭。於是他下車檢查美國大兵都吃了什麼，有哪些食物被丟棄（他發現美軍喜歡吃葡萄柚罐頭）。然後他建議，以色列軍方應該檢查垃圾中有什麼，才能提供士兵真正需要的東西。結果，這個建議還上了新聞頭條。

還有，由於以色列坦克車駕駛兵在戰爭中的死亡率偏高，丹尼爾也親自造訪坦克車駕駛新兵的訓練基地。這裡的新兵必須盡可能地快速接受訓練，好即時替補戰亡的同袍。他們四人為一組，每一組每兩小時輪班一次，待在坦克車內接受訓練。丹尼爾指出，如果可以縮短輪班時間，學習會更有效率，假使受訓士兵每三十分鐘輪班一次，可以學得更快。

他也跑去以色列空軍。因為戰鬥機飛行員的死亡人數持續攀升，主要原因是埃及使用由蘇聯提供的新式地對空飛彈系統。其中一支空軍中隊傷亡慘重，負責的將官要展開調查，甚至懲處這支中隊。「我記得他用指責的口吻說，其中一名戰鬥機飛行員『不只被一枚飛彈，而是被四枚飛彈』擊中，意思就是要證明這名飛行員不適任。」丹尼爾說。

丹尼爾提醒這名將軍，別掉入思考的陷阱裡：那支中隊表現不好，很可能只是隨機發生的單一事件。但如果他對這支中隊展開調查，必定還是會找出各種理由來證明那名飛行員不適任，比如說，這個中隊的飛行員常常探望家人、常常穿顏色可笑的內褲等等，但這些都是毫無意義的錯覺而已，反倒是調查行動本身，會嚴重傷害軍隊士氣。最後這名將軍接受丹尼爾的建議，停止調查。「我想這就是我對戰爭的唯一貢獻。」丹尼爾說。

丹尼爾還發現，針對第一次上戰場的新兵做問卷調查，其實沒有任何意義。因為許多新兵的精神受創嚴重。「我們思考要如何幫助那些心理受創的士兵，以及如何評估他們。」丹尼爾說：「他們每個人都很害怕，有些士兵甚至完全無法執行任務。」受到驚嚇的以色列士兵，精神狀況和憂鬱症患者有些類似。丹尼爾愛莫能助，這是他自認為沒有能力處理的問題之一。

他不想再留在西奈半島，但阿莫斯卻想繼續待下去。「我當時有深深的無力感，認為做什麼都徒勞無功，留下來只是浪費時間。」他說。開著吉普車到處跑，必須忍受路途顛簸造成的彈跳，導致丹尼爾的背部疼痛，最後只好讓阿莫斯一個人執行問卷調查。這趟吉普車行的其中一幕，丹尼爾至今仍印象深刻。「我們就睡在一輛坦克車旁，」他回憶道：「我們直接躺在地上睡，但阿莫斯一直要我換地方睡，他認為坦克車有可能會滑動而壓死我。我記得，我當時聽了非常非常感動。但那很不理性，因為坦克車移動一定會發出噪音。沒關係，這表示他很關心我。」

死亡如影隨形，以色列軍人為了什麼而戰？

不久後，美國國防部所屬的華特・里德陸軍研究中心（Walter Reed Army Institute of Research）開始研究這場戰爭，並發表了一份報告：〈一九七三年以阿戰爭的心理創傷受害者〉（Battle Shock Casualties During the 1973 Arab-Israeli War）。負責撰寫報告的精神科醫師指出，這場戰爭的密度高得驚人，一天二十四小時都在打仗，至少一開始是如此，落敗的一方更是受傷慘重。

報告同時指出，這是以色列軍人第一次被診斷出心理創傷。阿莫斯協助設計的問卷，問了士兵許多簡單的問題：你哪裡人？你是做什麼的？你看到了什麼？這場戰爭成功嗎？如果不是，為什麼？「人們開始把恐懼說出來，」亞法．辛格說：「開始說出他們的情緒。從獨立戰爭一直到一九七三年以前，軍人都不被允許談論自己的情緒。我們把自己當超人，沒有人開口談自己的恐懼，因為一旦說出口，可能就無法活命。」

戰爭結束後，阿莫斯、辛格以及心理學研究單位的其他兩位同事，一起看完士兵的問卷，發現這些士兵說出了他們決定走進戰場的真正動機。「這些訊息太驚人了。」辛格說。士兵向心理學家吐露戰爭當下的感受，由於印象太深刻，即便事後回想依舊歷歷在目。例如「我們問說，你為什麼要為以色列而戰？」辛格說：「以前，我們都想像每個比色列人都是愛國分子，但是當我們讀完問卷之後，原因已經非常明顯了：他們是為了朋友或家人而戰，不是為了國家，不是為了錫安主義，這是非常重大的領悟。」或許，這是以色列軍人第一次說出他們內心的感受，他們可能眼睜睜看著五名同袍被炸得粉碎，或是最要好的朋友原本應該右轉，卻不小心左轉而喪命。「看著他們的答案，心都碎了。」辛格說。

一直到戰爭結束前，阿莫斯都在追求他原本不需要承擔的風險，大家都認為他的行為有些愚蠢。「他說要沿著蘇伊士運河，親眼見證戰爭結束。」芭芭拉說：「他很清楚，就算停戰後，砲彈攻擊還是會持續。」阿莫斯面對實際風險的態度，有時甚至讓他太太感到不可思議。有一次，他宣稱想再一次從飛機上跳傘而下，就只是為了好玩。「我說，你已經是個有小孩的爸爸了，」芭芭拉說：「想都別想！」阿莫斯絕對不是一個追求刺激的人，但他有強烈的、甚至是幼稚的熱情，他也願意順從自己的熱情，引領著他去到沒有人想去的地方。

最後，他穿越西奈半島，抵達蘇伊士運河。有謠言說以色列陸軍可能行軍到開羅，蘇聯有可能將核武送往埃及來阻止以色列陸軍往前推進。阿莫斯抵達蘇伊士運河後發現，不僅砲火還在持續，甚至有更密集的趨勢。只要是阿拉伯國家和以色列開戰，長久以來一直有個傳統：在達成正式的停戰協議之前，雙方必定會把握時機繼續砲火攻擊對方。雙方都是這麼想的：趁著還有機會的時候，盡可能幹掉更多敵人。有一天，阿莫斯在蘇伊士運河附近遊蕩時，突然警覺到有砲彈飛過來，馬上飛身跳入壕溝，整個人壓在一名以色列士兵的身上。

「你是炸彈嗎？」受到驚嚇的士兵一臉驚恐。

「不是，我是阿莫斯。」阿莫斯說。

「所以我沒死？」士兵問。

「你沒死。」阿莫斯說。

這是阿莫斯親口說出的一段往事。除此之外，他再也沒提過關於戰爭的隻字片語。

贏的一方垂頭喪氣，輸的一方上街慶祝

一九七三年末和一九七四年初，丹尼爾發表了一場演講，主題是「認知限制與大眾決策」。演

講一開始他提到：「一個擁有情感和荷爾蒙系統的有機體，就如同一隻被賦予能力的叢林老鼠，只要按下幾個按鈕，就可以摧毀所有生物。」他和阿莫斯才剛完成關於人類判斷行為的研究，結果發現「現在的人和數千年前一樣，都是由掌握權勢的人依據自己的偏好和直覺猜測，然後做出重大的決定」。決策者不了解心智如何運作，也沒有意識到自己容易受到直覺感受擺布。「整個社會因為領導人犯下的一連串原本可避免的錯誤，而落入悲慘的命運。」

戰爭開打之前，丹尼爾和阿莫斯原本希望兩人關於人類判斷行為的研究成果，可以應用在真實世界的高風險決策過程。這個新興領域被稱為「決策分析」（decision analysis），丹尼爾和阿莫斯的研究結果可以讓高風險的決策轉化為工程問題。他們將會設計出決策**系統**；決策專家會和企業、軍隊及政府領導人一起坐下來，協助他們明確地評估每個決策，就像是賭博一樣計算各種情況的發生機率，然後針對每個可能的結果總結算出某個數值。舉例來說：如果我們採取颶風種雲的做法，有五〇%的機會可降低風速，但是有五%的機率會讓原本應該緊急撤離的人誤以為自己是安全的，請問：我們該怎麼做？決策分析師會提醒決策者，他們的直覺感受具有神祕的力量，會將他們帶往錯誤的方向。「我們轉向利用數學公式進行思考，讓我們面對不確定性時有明確的參考數據。」阿莫斯在自己的演講筆記寫道。

阿莫斯和丹尼爾都認為，選民、企業家和其他需要做出高風險決策的人，應該要更了解決策的本質。做決定的時候，應該重視的不是這個決定的「結果」（可能正確，也可能錯了），而是要把重點放在可以帶來結果的「過程」。決策者的任務，並不是做出正確的決定，而是評估每一項決策的機率，然後好好操作。不過，究竟要如何說服企業、軍方和政治領袖們，改變自己的思維方式呢？畢竟，重要人物都不喜歡自己受到質疑——包括被自己質疑。

後來，丹尼爾談起他和阿莫斯當年為什麼對決策分析失去信心。當時，以色列情報單位沒有截獲關於贖罪日攻擊事件的情資，讓以色列政府大為震驚，並要求進行檢討。以色列人最後贏得了這場戰爭，但感覺像是輸了。埃及雖然死傷更慘重，卻在街上大肆慶祝，像是他們贏了一樣。每個以色列人都想不透：到底是哪裡出了差錯？

只要一個好故事就可以打趴統計數據

戰爭開打前，以色列情報單位堅信，只要以色列掌握制空權，埃及絕不會攻打以色列。儘管有許多證據顯示情況並非如此，但以色列情報單位仍堅持己見。戰爭期間，以色列確實掌握了制空權，但埃及仍發動攻擊。戰後，以色列外交部成立自己的情報單位，新情報單位的負責人茲維．拉尼爾（Zvi Lanir）邀請丹尼爾幫忙。

他們兩人一起精心設計了一套決策分析，希望幫助政府未來在處理國安問題時能更加嚴謹。「當時我們的出發點，是希望有一天能取代過去的情資報告。」丹尼爾說：「傳統的情資報告多半是寫作文，而作文的特性之一，就是大家可以隨意解讀。」丹尼爾希望提供給政府的，不是作文，而是數據。

一九七四年，美國國務卿季辛吉出任埃及、以色列及敘利亞和平談判的調停人。為了逼以色列上談判桌，季辛吉將美國中情局的評估報告交給以色列政府，警告他們如果和平談判破局，將會發生他們所不樂見的後果。丹尼爾和拉尼爾列出幾種可能的後果，例如「約旦政權移轉」、「美國承認巴勒斯坦解放組織」、「與敘利亞全面開戰」等等，然後請許多專家與熟悉中東事務的觀察家，針對這些可能的後果進行預測。他們發現，所有人的預測結果都非常相近，沒有出現不同的意見。例如，當丹尼爾詢問專家，如果季辛吉協調失敗，與敘利亞開戰的機率會是多少，幾乎所有人的回答都是「戰爭機率將提高一〇%」。

丹尼爾和拉尼爾將這份預測分析交給以色列外交部長（他們將這份報告取名為「國家博奕」〔The National Gamble〕），部長看到預測結果說：「才增加一〇%？那沒什麼差別嘛。」

丹尼爾聽了非常震驚：如果與敘利亞全面開戰的機率會增加一〇%，對這位即將參與季辛吉和平談判的部長而言「沒什麼差別」，那什麼才算有差別？報告上的預測數字非常精確，但顯然部長並不想要精確的預測，他寧可相信自己，相信直覺。「就在那一刻，我決定放棄決策分析了。」丹尼爾說：「沒有人會根據數字做決策，他們要的是故事。」為什麼人們不相信或是不想知道機率呢？丹尼爾猜想，或許問題就在於：「人們對數字理解太少太少，少到幾乎看不懂數字的意義，大家都不覺得機率是真實存在的東西。」

面對心智的詭計，我們只能束手無策？

在丹尼爾和阿莫斯十幾年的長期合作中，有過一段期間你很難分辨他們之所以在一起，究竟是因為他們對研究的狂熱，還是因為他們對彼此的狂熱。贖罪日戰爭開打之前和結束之後的那段期間，兩個男人看起來似乎是為了要在一起而找藉口，而不是真的有一個又一個的研究需要討論。當時對他們來說，運用經驗法則進行決策的研究已然告一段落，他們原本以為決策分析大有可為，但現在已經決定放棄。他們打算寫一本給一般大眾閱讀的書，探討人們如何應對不確定性，但完成初步大綱與前幾章之後，也不了了之。

贖罪日戰爭結束之後，以色列人對政府的判斷力完全失去信心，他們認為真正該做的，是教育改革，教育未來領導人如何思考。成年人的心智總是在自欺欺人，但小孩不一樣。丹尼爾為小學生開了一堂關於如何判斷的課，阿莫斯也在高中開了類似的課程，於是兩人又有了繼續寫書的念頭。「給小孩上課的經驗非常棒。」他們寫道，如果可以教導以色列孩子們如何思考，像是如何察覺到充滿誘惑又容易被誤導的直覺，以及如何修正想法，或許有一天，等到這些小孩長大成人就能理解，協助季辛吉繼續努力促成以色列和敘利亞進行和平談判，會是明智的選擇。然而，這個想法也同樣沒有下文。

倒是阿莫斯有個確定的念頭，就是：邀請丹尼爾一起研究他最有興趣的主題：人如何做決策？「有一天阿莫斯說，既然關於判斷行為的研究已經結束，那我們開始研究決策行為吧！」丹尼爾回憶道。

研究轉向，從事前的判斷到決策行為

「判斷」與「決策」之間——就如同「判斷」與「預測」之間——界線是模糊的。但對阿莫斯而言，這是兩個截然不同的領域。判斷時，我們是在思考機率問題，例如這個人成為優秀的NBA球員，可能性有多大？某種債券的風險有多高？X光片上出現的陰影是癌症嗎？並不是每一次判斷後，都會做出決策；但每一個決策背後，都一定牽涉到某種判斷。

決策研究想知道：當人們形成某種判斷之後，例如知道（或自以為知道）發生的機率之後，接下來會做什麼？例如：我該挑選那位球員嗎？我要買那檔債券嗎？我該動手術還是做化療？阿莫斯的目的是想要知道：在面對有風險的選擇時，人們會如何反應？

不過，丹尼爾對這個領域一無所知，為了讓丹尼爾熟悉，阿莫斯拿一本數學心理學教科書給他，那是阿莫斯和他的老師克萊德．庫姆斯以及庫姆斯另一位學生魯賓．達衛斯，一起寫給大學生的教科書。魯賓．達衛斯是奧瑞岡研究院的研究員，先前丹尼爾也曾拿給他看自己所寫的阿湯簡介，結果他在第一時間就猜阿湯是讀資訊科學的。

阿莫斯要丹尼爾直接翻到其中篇幅相當長的章節——「個別決策」。根據書上的說法，決策理論的歷史可以追溯至十八世紀初期，當時愛冒險的法國貴族要求宮廷內的數學家幫他們想賭博方法。一場賭局的期望值是所有結果的總和，每一次賭局結果的權重，是根據其發生機率而定。假設你參加一場擲硬幣賭局，擲出正面贏一百元，擲出背面則損失五十元，那麼，這場賭局的期望值是：100 元 × 0.5 ＋ (-50) 元 × 0.5，答案是25。

如果你遵守這個規則，你會只選擇有正期望值的賭局下注。但大家都知道在現實生活中，一般人不一定會追求期望值最大化。就像賭場裡的賭客，有時候也會願意接受輸錢的結果，否則賭場就不用生存了；很多人會支付超出預期損失的溢價去買保險，否則保險公司也開不下去了。

風險規避，讓窮人買保險而富人賣保險

根據阿莫斯所寫的教科書，一七三〇年代，瑞士數學家丹尼爾．伯努利（Daniel Bernoulli）首度發表重要的決策理論。伯努利希望可以更詳細地解釋人類的實際行為，而不是只有簡單的期望值計算而已。「假設一名窮人意外拿到一張樂透彩券，他有一半的機會拿不到一毛錢，有一半的機會

可贏得二萬元達克特。」他寫道。如果回到達克特（ducat）這種金銀幣流通的時代，「他應該評估這張彩券有一萬達克特的價值，或是愚蠢地以九千達克特的價格賣掉？」

為了解釋為什麼一名窮人寧可選擇以九千達克特的價格賣掉彩券，而放棄可以贏得二萬達克特的五成機率，伯努利說，因為人們追求的不是期望值最大化，而是「效用」（utility）最大化。什麼是「效用」？這個討人厭的字眼，意思近似於「人們主觀認定的金錢價值」，也就是對金錢的主觀價值。如果是窮人，他對擁有這張彩券的期望值是一萬達克特，那麼馬上可拿得九千達克特所感受到的「效用」必定較大。

在預測行為時，「人各取所需」這句話其實沒什麼用。被稱為「期望效用理論」（expected utility theory）的特別之處，在於它對人類本性的假設。除了人們做決策時會追求效用最大化的這個假設之外，伯努利又增加了另一個假設：人們會傾向「規避風險」，而這也跟每個人的財富狀況息息相關。

阿莫斯的教科書對於規避風險的定義如下：「一個人越有錢，每額外增加一筆錢，他對於多出來的這筆錢的價值認定就會越低；或者說，多出來的這筆錢，其效用會隨著總金額的增加而降低。」當你第二次得到一千元，你對這一千元的主觀價值會稍低於第一次拿到一千元，第三次拿到同樣數目的錢時，你對這筆錢的主觀價值又會稍低於第二次。換句話說，隨著個人財富逐漸增加，相同數目的錢所帶來的主觀價值便會逐漸減少。這叫「邊際效用遞減」，你會買保險來規避損失的風險就是因為這種傾向：你拿來購買房屋火險所支付的錢，其邊際價值低於房子失火時你損失金錢的邊際價值。嚴格來說，保險雖然是愚蠢的交易，但你還是會買。

你的主觀價值認為，擲硬幣可能贏得的一千元，其價值低於已經存在你銀行帳戶、但有可能損失的一千元。對一個窮人的主觀認定來說，賣掉彩券拿到九千元現金的價值是非常高的，而且他也擔心自己得不到錢，所以不願接受對他有利、有可能拿到更多錢的賭注。

但這不是說，在真實世界的人們之所以表現出上述行為，是因為具備了伯努利所描述的特性。正確的說法是，這個理論描述了人們在現實世界面對真實金錢時所表現的行為。這個理論解釋了人們買保險背後的渴望，但沒解釋人們買樂透彩的欲望。事實上，伯努利的理論根本對賭博行為視而不見。這有些奇怪，因為當初提出這個理論是為了要解釋人們如何面對有風險的決定，背後目的是希望法國人可以成為更高明的賭客。

喜歡A勝過B、喜歡B勝過C，就應該喜歡A勝過C嗎？

阿莫斯的教科書，省略了自伯努利之後直到一九四四年期間這段冗長且痛苦的效用理論歷史。一位名為約翰・馮・諾伊曼（John von Neumann）的匈牙利人，和一位反猶太、名為奧斯卡・摩根斯坦（Oskar Morgenstern）的奧地利人，在一九四四年雙雙從歐洲飛至美國，並共同發表了或許可稱之為「理性規則」的理論。例如，一個理性的人面對有風險的選擇，不應該違反馮．諾伊曼和摩根斯坦所提出的遞移性公理（transitivity axiom）：如果他喜歡A勝過B、喜歡B勝過C，那麼他應該喜歡A勝過C。一個人如果喜歡A勝過B、喜歡B勝過C，卻喜歡C勝過A，那麼便違反了期望效用理論。至於其他的理論，就未來的結果來看，其中最重要的應該是馮．諾伊曼和摩根斯坦所稱的「獨立性公理」（independence axiom），意思是：當你在兩種賭注之間做選擇，不會因為之後出現了不相關的新選項而改變決定。例如，你走進一家熟食店想買三明治，站在收銀台後方的人說只有烤牛肉和火雞肉兩種選擇。於是你選了火雞肉。就在他做三明治時，他抬起頭說：「啊，我忘了還有火腿。」然後你說：「喔，那我要烤牛肉。」依照馮．諾伊曼和摩根斯坦的獨立性公理，如果你因為店員發現了不相干的火腿，就從火雞肉改成烤牛肉，這樣的決定是完全不理性的。

事實上，誰會真的這麼無聊呢？正如同其他理性規則，獨立性公理看起來非常合理，也與人們日常的行為沒有明顯矛盾。當然，期望效用理論只是理論，並沒有解釋或預測人們在面臨有風險決定時可能出現的行為。丹尼爾之所以明白了這個理論，不是因為讀了阿莫斯的書，而是聽了阿莫斯的描述。

基本上，大家都對這個理論很感興趣，包括經濟學界，都認為期望效用理論正確地描述了一般人面對有風險選項時做決策的方式。因此經濟學家多半主張：應給予人們選擇的自由，放任市場自由運作。畢竟，如果人是理性的，那麼市場也會是理性的。

對於這樣的主張，阿莫斯當然不買單，而且是早在密西根大學讀研究所時，他就曾經證明人的行為確實是「非遞移性」的。當時他針對哈佛大學生以及密西根監獄裡的殺人犯進行多次測試，結果發現：他們會選擇A而非B、選擇B而非C，但卻會選擇C而非A。顯然，這樣的行為違反了期望效用理論，只是阿莫斯並未進一步探究，他只是認為人們偶爾會犯錯，沒有看出來人們做決策時表現出的系統性非理性行為。他當時還沒有想出如何將這樣的想法，納入人類決策行為的數學模型研究中。

阿萊悖論，違背直覺的選擇

一九七三年夏季，阿莫斯一直在找方法破除人們對於主流決策理論的認知，正如同當年他和丹尼爾證明人類的判斷並不符合統計理論。

有一次，他與朋友保羅·斯洛維克一起到歐洲旅行，談到了如何在決策理論領域加入更複雜的人性觀點。「阿莫斯提醒，不要直接挑戰效用理論，」斯洛維克於一九七三年九月在寫給同事的信上說道：「因為效用理論已經太深植人心。我們的策略應該是先找到案例，目的不是為了駁斥效用理論，而是讓世人看見自己的局限。」

阿莫斯手邊，已經累積了各種與人類局限性有關的案例。他當時說丹尼爾是「當代最偉大心理學家」——過去他從未如此直白地讚美丹尼爾，也從來沒有向丹尼爾解釋為什麼會邀請他加入決策理論研究。其實丹尼爾對這個充滿技術性、缺乏感情的領域沒有太大興趣，而且所知有限。或許，阿莫斯只是在尋找可以讓他們兩人繼續合作的機會，也或許，是因為阿莫斯想看看當丹尼爾讀了那本書之後會發生什麼事。

丹尼爾讀阿莫斯的那本書，就像是在讀火星文。很早以前他就明白，自己沒辦法成為數學家，但他倒是可以理解數學公式的邏輯。他知道自己必須尊敬或甚至推崇這些公式，畢竟在數學心理學家的團體中，阿莫斯是極受人愛戴的學者。「懂得如何應用數學的人，天生就具有某種魅力，」丹尼爾說：「這自然而然形成了一種威望，儘管沒有人理解那到底是什麼。」他其實不怎麼欣賞決策理論，也不在乎，他只關心為什麼人會有這些行為，況且在他看來，當時許多所謂的決策理論，根本與實際決策天差地遠。因此，當他讀到阿莫斯教科書上關於期望效用理論那一章的結尾時，他看到了一句話：「然而，還有一些人仍無法被這些公理說服。」

他放下心裡的大石了。

教科書上這段話，是出自莫里斯．阿萊（Maurice Allais）。阿萊是法國經濟學家，不喜歡美國經濟學家的自以為是。他非常不能認同經濟學後來的走向，特別是在馮．諾伊曼和摩根斯坦提出他們的理論之後，越來越側重用數學模型來解釋人類行為。在一九五三年舉行的一場經濟學家研討會上，阿萊公開駁斥期望效用理論。他要求台下的聽眾，想像以下兩種情況（考量通貨膨脹因素，阿萊使用的美元總額要乘以十倍，你才能真正抓住他當時想要表達的意思）：

情況一：你必須選擇——

A：一〇〇%的機會可以得到五百萬美元。

或

B：參與下面賭局：八九%的機率可以贏得五百萬美元；一〇%的機率可以贏得二千五百萬美元；一%的機率沒錢可拿。

台下聽眾有許多是美國經濟學家，多數人的答案是：「想都不用想，當然選A，確定拿到五百萬美元。」他們寧可當個確定的百萬富翁，也不願去賭一個一〇%的機會（雖然這個機會可以讓自己變得更富有）。

接下來阿萊繼續說：「好，現在請評估第二種情況。」

情況二：你必須選擇——

C：有一一%的機率贏得五百萬美元，有八九%的機率沒錢可拿。

或

D：有一〇%的機率贏得二千五百萬美元，有九〇%的機率沒錢可拿。

包括美國經濟學家在內，幾乎每個人看到這個題目都說：「我選D。」他們寧可選擇機率較低，但可贏得更多錢的選項。這並沒有錯，就表面上看來，兩種選擇都相當合理。但是，正如同阿莫斯教科書所說的，問題在於「這兩次看似簡單的選擇結果，與效用理論不符」。這正是所謂的阿萊悖論（Allais Paradox），也是最著名的期望效用理論矛盾。

阿萊的問題，讓最冷血無情的美國經濟學家也違反了理性規則。因為按照期望效用理論，規避風險的人應該選A或C，而風險喜好者應該選B和D。

阿莫斯在數學心理學的教科書中，描述了阿萊提出所觀察到的矛盾現象所引發的爭論。在美國是由薩瓦吉（L. J. Savage）領頭，他是傑出的美國統計學家和數學家，對於效用理論有不可抹滅的貢獻，但是他承認，在回答阿萊的題目時，自己也出現自相矛盾的結果。薩瓦吉找到了更複雜的方法，重新陳述阿萊的賭博遊戲，如此一來，期望效用理論的擁護者，包括他自己在內，在面對情況二時便會選擇C而非D，最後證明（或者他自認為已經證明）阿萊悖論並不是悖論，人們的行為完全符合期望效用理論所預測的。

當丹尼爾讀到決策理論的章節時，阿莫斯會從旁協助他理解哪些是重要的、哪些不重要。「他的判斷力真是無懈可擊，」丹尼爾說：「他知道問題在哪，也知道在這廣泛的領域中自己該置身於何處，我就沒有這樣的判斷力。」阿莫斯說，真正重要的是仍未被解決的謎團。「阿莫斯說，這是一則故事，是一場賽局。這場賽局是為了要解決阿萊悖論。」

後悔理論，期望越大失望越大

丹尼爾不認為阿萊悖論是邏輯問題，他認為這是人類行為本身的怪異特性。「我想要了解人類之所以這麼做的心理因素。」他說。他感覺，阿萊並沒有深入思考，為什麼人類的選擇會違背主流的決策理論。

但對丹尼爾來說，答案很明顯：後悔。

第一種情況，人們回頭看當初的選擇，如果結果不如預期，他們會認為自己搞砸了；但是第二種情況不同。一個拒絕可以篤定拿到五百萬美元而選擇賭一把，最後卻空手而回的人，他產生的懊悔感受必定會大過一個拒絕參與只有些微希望贏得五百萬元賭局的人。這是因為篤定拿到五百萬美元的「確定性」，加深了後悔的程度。多數人之所以會選擇A，是因為他們認為萬一選擇B，最後卻空手而回，必定會非常懊悔。想要迴避這種痛苦，成了人們內心計算期望效用時的底線。也正是為了避免事後懊悔，當熟食店的店員跟你說還有火腿選擇時，客人決定從火雞肉三明治改為烤牛肉三明治。

決策理論認為，阿萊悖論所提出的矛盾現象，其實是技術性問題。丹尼爾則認為這說法非常可笑，因為根本沒有所謂的矛盾存在，不過就是心理學問題。要了解人們的決策行為，不僅要考量財務後果，還要納入情感因素。「很明顯的，不是後悔本身決定了決策行為；而是對於選擇結果的實際情緒感受，決定了後續行動該做出哪些優先選擇。」丹尼爾在寫給阿莫斯、討論這項議題的備忘錄中提到。「預期感到後悔的心理因素，再加上對於其他結果的預期，影響了人們的決策行為。」丹尼爾認為，人們預期自己會後悔，因此調整行動，但他們並不會預期其他感受並做出調整。「本來有機會發生的好事，這是導致日後產生痛苦情緒的核心元素，」他寫給阿莫斯說：「但這裡出現了不對稱性，因為事情原本可能會有多糟並非是人們感到愉悅或快樂的明顯因素。」

快樂的人不會老是想著沒有發生的不快樂事件，而不快樂的人想的則是當初如果選擇不同，自己可能會有多快樂。人們會盡量趨避遺憾或後悔，但不會花相同的力氣去避免其他情緒。

人們在做決定時，不是追求效用最大化。他們考量的，是追求遺憾（後悔）最小化。做為新理論的起點，這個說法似乎還有相當大的發展空間。當人們問阿莫斯，他如何做出人生的重大決定，他通常會告訴他們，他的策略是想像自己在做了某些選擇後可能會有多遺憾，然後選擇遺憾最少的那一個。至於丹尼爾，則會讓遺憾具象化，他會盡量拒絕更換預定好的航班，因為他會想像：萬一更改航班而導致災難，他一定會很後悔。

或許我們可以這麼說，個性悲觀的丹尼爾，總認為預期中的遺憾有可能會發生。他習慣了擔心可能永遠都不會發生的事，而做出不必要的決定。

有一次，丹尼爾夫婦和阿莫斯夫婦一起共進晚餐，丹尼爾很肯定地預測當時仍是小男孩的兒子有一天會加入以色列軍隊，一旦發生戰爭就可能戰死沙場。「這一切發生的機率有多高？」芭芭拉．特沃斯基說：「微乎其微，但我不能說他腦袋壞去，也懶得和他爭辯這些發生率很低的事。」

一九七三年底前，阿莫斯和丹尼爾每天會一起工作六小時，兩人不是躲在會議室裡，就是在耶路撒冷散步。阿莫斯不抽菸，也不喜歡身旁有抽菸的人，但是丹尼爾一天要抽兩包菸，阿莫斯卻一句話也沒說。

對話才是最重要的。當他們不在一起時，還會寫紙條給對方，釐清和延伸先前討論的內容。假如剛好參加同一場聚會，兩人會旁若無人地躲到一角說個沒完。「我們就是覺得對方比屋子裡其他人有趣得多，」丹尼爾說：「即使我們才剛剛一起工作了一整天。」他們彼此一條心，共用一個腦袋，針對人們為什麼會表現出某些行為一起提出想法，然後設計奇怪的實驗進行測試。例如以下的情境模擬：

在一場博覽會上，你參加了樂透摸彩，當場買了一張高額彩券，希望可以贏得唯一的大獎。你從一個大箱子抽出一張彩券，號碼是一〇七三五八。現在宣布樂透彩結果，中獎號碼是一〇七三五九。

他們要求受試者，從一到二十為他們的不快樂程度評分。然後讓第二組受試者也接受相同測試，但改動一個地方：中獎號碼變成六一八三七九。結果，第一組的不快樂程度遠大於第二組。同樣都是沒中獎，受試者手中的彩券號碼與中獎號碼差距越小，他們的遺憾就越大；差距越大，遺憾就越小。

這個實驗結果，丹尼爾和阿莫斯事前已料到。「這完全不合邏輯。」丹尼爾在給阿莫斯摘要說明數據資料的便條紙上說。在另一張便條紙上，他提到「一模一樣的事件（客觀條件相同），所造成的悲傷程度也會差異非常大」。

面對不可控的情境，我們通常比較容易在腦海中「想像」遺憾與後悔。後悔最有力的效用，就是：人們會為了趨避後悔，而去做某件事；也就是說，對後悔的預期可以被視為動機，並對個人的行為產生正面影響。不過，人們會為哪些事情感到後悔以及後悔的程度則很難說。

後悔的情緒，與「即將結束」及「失敗」的感受相關

戰爭與政治，是阿莫斯和丹尼爾永遠聊不完的話題。說到後悔，他們曾經觀察以色列人在贖罪日戰爭結束後的表現：雖然贏得戰爭，但多數以色列人卻為付出的慘痛代價而感到後悔，遺憾以色列沒有先發制人。不過丹尼爾和阿莫斯一致認為，最該後悔的是以色列政府不願歸還一九六七年奪

取的土地，才導致了這場戰爭。假使以色列將西奈半島歸還給埃及，沙達特絕不會認為有必要發動突襲。

但顯然的，大多數以色列人對政府的錯誤無感，為什麼？阿莫斯和丹尼爾的看法是：人們通常會對原本不想做卻做了的事深感後悔；但對自己應該做卻沒做的事，後悔的程度就沒有那麼強烈。「因為最後決定導致現狀改變並因此造成損失，所感受到的後悔程度，會大過因為最後決定導致現狀沒有改變而感受到的後悔。」丹尼爾在給阿莫斯的便條紙上寫道：「如果一個人沒有採取可趨避災難的行動，就不需為災難的發生承擔責任。」

他們兩人一起建立了後悔理論，整理出幾條「後悔法則」。其中一條是：後悔的情緒，與「即將結束」及「失敗」的感受相關——當事情越近尾聲，而結果將是以失敗收場的話，就會越覺得後悔*。第二條法則是：後悔與責任感正相關——當你對賭局結果越有把握，結果未如預期時你會越後悔。

還有一條後悔法則：當人們必須在「已確定的事」和「賭局」之間做選擇時，也會特別後悔。這種傾向不只是學術研究上的假想而已，在現實世界中，所謂「已確定的事」，指的是「現狀」——也就是人們「不採取任何行動」的狀態。「這也許解釋了為什麼很多人遇到問題會猶豫不決，或寧可遲遲不願採取行動。」丹尼爾給阿莫斯的筆記寫到。他們兩人猜想，也許在人們多少知道做了某個決定後會帶來明顯改變，對後悔的預期也會越高。「人們之所以能忍受後悔的存在，多虧了我們無法想像那些『沒』採取行動的『後果』。」丹尼爾寫道：「比如說，我們無法百分百確定，倘若我們選擇另一個職業，或是找了另一位配偶，就會比較快樂。」

從接縫處分割世界

他們花了超過一年的時間研究，並重新修正相同的基本概念：為了解釋期望效用理論無法解釋的矛盾，並提出更能預測人類行為的新理論，還必須納入心理學觀點。透過測試人們如何在各種「穩拿」與「可能拿到」的選項之間做選擇，我們可以了解後悔是如何形成的。

以下兩份禮物，你比較喜歡哪一個？

禮物A：一張樂透彩券，有五〇%的機會可以贏得一千美元。

禮物B：確定可以獲得四百美元。

---

*二十年後的一九九五年，曾經分別與丹尼爾和阿莫斯合作過的美國心理學家湯瑪斯．吉洛維奇（Thomas Gilovich），與他人合作研究一九九二年夏季奧運銀牌與銅牌得主的相對快樂程度。他們在看過頒獎影片的片段後認為，銅牌得主比銀牌得主要快樂。他們的理由是，銀牌得主因為與金牌錯身而過感到懊悔，而銅牌得主卻因為贏得獎牌而高興。

或是

以下這兩份禮物，你比較喜歡哪一個？

禮物A：一張樂透彩券，有五〇%的機會可贏得一百萬美元。

禮物B：確定可以獲得四十萬美元。

阿莫斯和丹尼爾取得了大量的數據，也就是：人們實際做出的決定。「手中一定要握有數據。」阿莫斯常說。心理學家不同於哲學家，物理學家不同於形上學家，差別就是數據。從取得的數據中兩人發現，人們對於金錢的主觀感受，與他們的認知體驗有關。就像置身在黑暗的環境，對於第一道光特別敏感；在靜默的空間，能聽見細小如蚊的聲響；高樓層的人，越能快速察覺大樓輕微的搖晃。然後隨著光線、聲音或搖晃力道逐漸增強，敏銳度就會隨之減弱。

人們對於金錢的感受，也是如此。從零逐漸累積到一百萬所感受到的快樂，大過從一百萬累積到兩百萬的快樂。邊際效用遞減的傾向，使得期望效用理論得以預測，人們更可能選擇穩拿，而不是選可能有更高期望值的賭局，也就是「規避風險」。那麼，我們口中常說的規避風險，到底是什麼意思？簡單講，就是指我們通常願意支付一筆費用，來避免日後感到後悔或遺憾，也就是所謂的「遺憾溢價」（regret premium）。

期望效用理論不全然是錯的，只是它無法為表面看似矛盾的現象提出解釋。丹尼爾和阿莫斯寫道，這個理論無法解釋人們的決策行為，「只是證明了一個明顯的事實，不涉及金錢的決策後果必須納入考量，但是在應用期望效用理論時，人們常常忽略這一點。」迄今為止，我們仍無法確知如何將情緒感受的重要發現，與人們的高風險決策理論相互整合，而這正是阿莫斯和丹尼爾要努力的方向。阿莫斯喜歡引用忘了出處的一句話：「**從接縫處分割世界**。」他們正試著要從接縫處拆解人性，雖然情緒接縫無法清楚辨識。這也是阿莫斯特別不喜歡談論思維或情緒的原因，他不喜歡無法被衡量的事物。「這個理論很複雜，」丹尼爾坦承：「事實上，它包含了許多小型理論，而且還未能緊密嵌合。」

讀完關於期望效用理論的內容後，丹尼爾發現，那些與期望效用理論矛盾的現象，並非難以理解的。真正讓丹尼爾困惑不解的，反倒是理論遺漏之處。「全世界最聰明的人都會計算效用，」他說：「在我讀到期望效用理論時，有件事讓我感到疑惑。」提出此一理論的人似乎專指「擁有金錢的效用」，他們認為期望效用理論與有錢**程度**有關。「越多越好，越少越糟。」丹尼爾認為這樣的論述是個假命題。他設計了許多情境模擬，證明上述說法是錯的：

今天，傑克和吉兒各有五百萬美元的財富。

昨天，傑克有一百萬美元，而吉兒有九百萬美元。

請問：他們兩人一樣快樂嗎？（都擁有同樣的效用嗎？）

他們的快樂程度當然不一樣。吉兒會覺得煩惱，而傑克會很興奮。即使你從傑克那裡取走一百萬美元，導致他的財富少於吉兒，他還是會比吉兒快樂。這兩人體驗到的快樂，取決於財富「變化」而非財富「狀態」。所以，有錢不見得快樂。人們對金錢的認知，如同對光線、聲音、氣候及陽光底下所有事物的認知，真正的關鍵不在於客觀的絕對值，而是變化。人們在做決定時，特別是在不同的小額賭局中做選擇，考量得失時，想的不是絕對值而是相對值。「我把這個問題拿去問阿莫斯，希望他能跟我解釋一下原因，」丹尼爾說：「但阿莫斯只說，你是對的。」

第10章

人生有賺有賠

從展望理論到分離效應

要阿莫斯和丹尼爾去回想他們這些想法從何而來，幾乎是不可能的事，要追問他們的這些理論應該歸功於誰，也完全沒有意義，因為全都是兩人共同完成的作品。

不過，某些想法為什麼會誕生，他們倒是記得很清楚。例如前面提到的賭局，最早就是丹尼爾提出來的。不過多虧了阿莫斯所提出的點子，才讓這個想法變得更有價值。大約在一九七四年底的某一天，正當他們擬定賭局的問題時，阿莫斯問：「如果我們換個方式問問題，會怎樣？」在此之前，他們設計的賭局都是要求受試者在不同的「獲利」之間選擇。比如：在確定拿到五百元，或是有五〇%的機會可以得到一千元之間，你會如何選擇？阿莫斯問：「如果改成『損失』呢？」例如：

以下這兩者，你會選哪一個？

A：一張樂透彩，有五〇%的機率會損失一千美元。

B：確定會損失五百美元。

很明顯，如果你在這些假想賭局前加上負數符號，以損失的角度來描述賭局，再請人們重新選擇，他們的行為與先前在做獲利賭局時完全不一樣。「這真是醍醐灌頂，」丹尼爾說：「我們覺得自己先前怎麼那麼笨，竟然沒有早一點想到這一點。」當你要一個人在穩拿五百元或是有五〇%的機會可能贏一千元之間做選擇時，他一定會選擇穩拿五百元。但同樣一個人，如果要他在肯定損失五百元或是有五〇%的機會損失一千元、五〇%的機會沒有任何損失之間做選擇，他會選擇後者，也就是說，他突然變成了風險偏好者。如果你希望人們選擇A（損失一筆錢）而不選B（有可能承擔更大損失的賭局），其賠率（回報率）要約略等於選擇B而不選A。比如說，要讓人們選擇有五〇%的機率可以得到一千元，而不選擇穩拿一筆錢，就得將穩拿的金額降為三百七十元。如果希望他們選擇有五〇%的機會損失一千元，你必須將確定會損失的金額降為三百七十元左右。

事實上，阿莫斯和丹尼爾很快就發現，如果要人們選擇賭一把，還必須更進一步降低肯定損失的金額才行。當人們必須在確定的事物與不確定的賭局之間做選擇時，「害怕損失」的心情，會比「保住獲利」更強烈。

獲得東西的快樂小於失去東西的痛苦

「害怕損失」深埋在人心深處，尤其當賭局中可能帶來虧損、也可能帶來獲利（人生中面臨的多數賭局都是如此）的情況下，我們可以看得更清楚這種「害怕損失」的心情。因此，如果你要吸引更多人參與一場擲硬幣賭局，就必須提供更好的賭注賠率才行。比如說，如果出現正面時損失一百元，那麼出現反面時你就要讓他能贏二百元，否則他不會接受這種賭局。同樣的道理，如果你要讓他願意提高賭注到一萬元，你必須提供比賭一百元更高的賠率做為誘因才行。「對於負面變化的敏感度高於正面變化，這種現象不是只出現於賭局，」阿莫斯和丹尼爾寫道：「這充分反映出人類基本上就是一部追求快樂的機器。對多數人來說，獲得一樣東西的快樂，遠小於失去一樣東西的痛苦。」

之所以會如此，原因不難想像：對痛苦有強烈的敏銳度，比較有利於人類生存。「快樂的物種如果一味追求快樂，但是對痛苦的敏銳度低，恐怕無法在演化戰場上倖存下來。」他們寫道。

阿莫斯和丹尼爾進一步思考這個新發現，有個觀點也清晰起來：不必再花時間討論「後悔」了，至少不必納入理論中。後悔，或許說明了為什麼人們會做出看似非理性的決定，選擇「穩拿」而不是「賭一賭」，但後悔無法解釋為什麼人們在面對可能損失時，卻又變成風險偏好者。如果有人認為後悔因素可以解釋何以人們選擇穩拿五百美元，而不選有五〇%的機會獲得一千美元（或沒錢可拿）的賭局，那麼他照樣無法解釋，為什麼願意面臨可能損失一千美元的風險，而不選擇只損失五百美元？

這一次，丹尼爾和阿莫斯很乾脆，對於這個兩人花了一年多時間發展出來的後悔理論，一點都不留戀。與後悔相關的論述——其實很正確且有價值——立刻就被他們拋諸腦後，令人不敢置信。沒多久之前，他們才興高采烈的提出後悔法則，認為這些法則可以解釋人們如何做出有風險的決策，但很快的，他們就頭也不回地轉身去探究另一個更有發展潛力的理論了。

從買樂透到買保險，你面對風險的態度不一樣

這回，他們決定研究：面對有賺有賠的賭局，人們會如何回應？

阿莫斯喜歡把重要點子稱為「葡萄乾」，而這個新理論共有三顆葡萄乾。首先，人們回應的是變化，而非絕對值；其次，人們在面對損失與面對獲利時，有非常不同的風險偏好。第三顆葡萄乾則是：人們不是直接根據機率大小做出回應。

阿莫斯和丹尼爾在思考「後悔」因素時已經知道，對於結果確定的賭局，人們非常願意為了確定性支付較高金錢。現在，他們發現：對於不同程度的不確定性，人們也會有不同反應。例如，當面對其中一個賭局有九〇%的發生機率，而另一個賭局只有一〇%的發生機率時，人們並不是依據

第一個賭局的機率是第二個賭局的九倍而做選擇。他們的心智會自動調整，主觀認為第一個賭局的真實機率比九〇％稍低，而第二個賭局的機率則是略高於一〇％。換句話說，人們是根據本身的感覺而不是理性在做回應。

不論是什麼樣的感覺，當預期發生的可能性越低，這種主觀感覺會越強烈。例如，你告訴他們，有十億分之一的機率會贏得或損失一筆錢，他們的行為表現會像是有萬分之一的機率而非十億分之一；亦即對於可能性很低的罕見事件，會高估其發生機率。人們害怕十億分之一的損失機率，但同時又會對十億分之一的獲利機率抱持過高期待。對於極端機率（無論是極高或極低）的情緒性反應，改變了人們對於風險的認知——當他們追求機率不高的獲利時會變成風險偏好者，而當他們面對微乎其微的損失機率時，卻又成了風險趨避者。這就是為什麼人們會一手買樂透，另一手買保險。「只要想到某件事可能會發生，你就會想太多。」丹尼爾說：「你女兒遲到了，你會擔心，即使你知道沒什麼好擔心的，但你還是無法放心。」你會願意為了不再擔心，而付出高於你原本應該付出的代價。

即便事件發生機率微乎其微，人們還是會擔心發生的可能性。因此，如果要建構一套完整的理論來預測人們面對不確定會如何做回應，就必須如同人們的實際反應，依據主觀情緒來做概率「加權」。這麼做，不僅可以解釋為什麼人們會買保險及樂透，也可以用來解釋阿萊悖論*。

這時，丹尼爾和阿莫斯漸漸意識到，他們必須解決一個難題：雖然這個理論可以解釋所有預期效用理論無法解釋的矛盾行為，但這個理論似乎同時意味著，其實我們可以很容易引導一個人去冒險，也可以輕易引導他避險，我們只要做一件事，就是在提供給他的選擇中，加入「風險」因素。在效用理論中，並沒有提到相關的論述。自從伯努利開啟效用討論至今，在長達兩百多年的時間裡，如果追求風險是人性使然，為什麼以前的學者沒有發現？

阿莫斯和丹尼爾認為，原因就出在研究人類決策行為的學者搞錯了方向。他們大都是經濟學家，關注的焦點是人們如何做出與金錢相關的決策，他們所設計的賭局，也大都與「獲利」有關（例如理財、投資等）。面對獲利，人們會選擇趨避風險，偏好獲利了結而非賭一把。丹尼爾和阿莫斯心想，如果這些學者少花點時間研究金錢，多花點時間研究政治和戰爭，甚至婚姻，他們對人性或許會有更多了解。

用現狀當參考點，比現狀慘就是損失

一九七五年上半年，丹尼爾和阿莫斯不斷修正他們的理論，希望可以完成一份草稿拿給其他人看。剛開始，他們把這個新理論取名為「價值理論」（Value Thoery），但隨後改為「風險價值理論」（Risk-Value Theory）。這兩位心理學家曾經抨擊由經濟學家建立並極力辯護的理論，這篇論文的寫作語氣自然也是火力全開，自信滿滿。他們指出，舊理論沒有考量到人們實際上如何面對有風險的決策，只是「以人類面對金錢或財富的態度，來解釋涉及風險的選擇」。從字裡行間，讀者就可嗅出作者的嘲諷之意。

＊關於阿萊悖論，以下是比較簡單的說明。這是由丹尼爾和阿莫斯提出的解釋版本。兩人過去專注於研究人們在面對機率時的行為表現，他們的新發現將有助於解決阿萊悖論的矛盾現象。他們兩次都運用了「有趣」的方式，成功解決阿萊悖論的問題，前一次是利用後悔理論，這一次則是運用他們新提出的理論。假設你有以下兩種選擇：

一、確定可以得到三萬美元。

二、你有五〇％的機會贏得七萬美元，有五〇％的機會沒錢可拿。

多數人都會選擇第一個選項，確定得到三萬美元。這樣的結果其實很有趣，這代表人們有「規避風險」的傾向。當人們被要求在確定可獲得一筆獎金或賭一把做選擇時，通常會選擇前者，儘管這筆錢的數目低於賭一把的期望值（三萬五千美元）。但這並沒有違反期望效用理論。這只是表示有五〇％的機率可贏得七萬美元的效用，低於有百分之百的機率贏得三萬美元的效用。在這個例子中，人們確定可以得到三萬美元。但如果你有以下兩種選擇：

一、有四％的機會贏三萬美元，有九六％的機會沒錢可拿。

二、有二％的機會贏得七萬美元，有九八％的機會沒錢可拿。

多數人會選擇第二個，有較低的機會但贏得更多。這代表有二％的機率贏七萬美元的效用，高於有四％的機率贏三萬美元的效用。這樣的結果完全與第一個例子相反。在丹尼爾和阿莫斯正在發展的理論中，是用不同的方法解決了阿萊悖論的矛盾。這並不是說（至少不只如此），在第一種情況，人們做選擇時預期到自己事後會後悔選了第二選項，而是因為人們放大了五〇％及百分之百的機率差距，但對他們而言，四％與二％就幾乎沒有差別。

「阿莫斯和我正處於最有生產力的時期，」一九七五年初丹尼爾在給保羅・斯洛維克的信中寫道：「我們正在發展更完整、更新穎的論述，解釋人們如何面對不確定並做出選擇。」六個月之後，丹尼爾在寫給斯洛維克的信中提到，他們已經完成決策新理論的原型。「阿莫斯和我從沒想過我們可以準時完成風險決策論文，正好可以拿給這星期要來耶路撒冷開會的傑出經濟學家們看。」他寫道。

丹尼爾說的這場會議，於一九七五年六月在耶路撒冷城外的集體農場召開，這份日後在經濟學史上最具影響力的論文，正是在那場會議中首度發表。

決策理論是阿莫斯的強項，所以全場由阿莫斯主講。台下聽眾至少包括三位諾貝爾經濟學獎得主：彼得・戴蒙（Peter Diamond）、丹尼爾・麥克法登（Daniel McFadden）及肯尼斯・阿羅（Kenneth Arrow）。「聽阿莫斯演講，你會發現自己正在和世界上第一流的腦袋對話，」阿羅說：「你提出的問題，他不但早已想到，而且還有了答案。」

阿羅聽完阿莫斯的報告之後，向阿莫斯提了一個大哉問：「什麼是損失？」

這個理論明確地顯示，當人們面對損失而非潛在獲利時，會產生不同的情緒感受。而所謂的「損失」，指的是當人們最終得到的結果，比做決定時的「參考點」（reference point）更差。那麼，什麼是「參考點」呢？簡單來說，就是你當時的「現狀」。但問題是，你要如何定義一個人的「現狀」？

「在做實驗時，損失可以很明確定義，」阿羅說：「但是在現實生活中，沒有如此明確。」每年年底的華爾街，就是很好的例子。如果華爾街交易員預期會得到一百萬美元的紅利，但結果只拿到五十萬美元，他會感覺或是表現得像是自己損失了一筆錢。他的參考點是原本應該得到一百萬美元的預期。

但這樣「預期」也不是固定的數字，而且有可能會以各種不同方式發生變化。例如某個交易員原本預期可以拿到一百萬美元的紅利，也預期所有交易員都拿到同樣數目的紅利。如果後來他發現其他人都拿到兩百萬美元，他的參考點就會跟著改變，就算他接下來真的如原本預期拿到一百萬美元，他仍然會覺得自己損失了。

丹尼爾運用同樣的論點，來解釋黑猩猩在實驗中的行為。「如果我這隻黑猩猩和隔壁籠子的黑猩猩因為完成任務而得到一根黃瓜，那沒問題。但是，如果牠得到一根香蕉，而我得到一根黃瓜，我就會把黃瓜丟到研究員臉上。」當隔壁籠子的黑猩猩拿到香蕉的當下，牠就成了我這隻黑猩猩的參考點。

用參考點來操弄人類的決策行為

參考點是一種心理狀態。即使是最單純的賭局，你也可以改變一個人的參考點，讓損失感覺起來像是獲利，反之亦然。如此一來，你只要改變選項的描述，便可以操弄人們的決策行為。他們用以下例子向經濟學家證明：

問題A：假設你現在已經有一千美元，除了你所擁有的之外，現在你還要在下面兩個選項中選出其中之一：

選項一：有五〇%的機會贏得一千美元。

選項二：價值五百美元的禮物。

多數人會選擇選項二，確實把獲利拿到手。

問題B：假設你現在已經有兩千美元，除了你所擁有的之外，現在你還要在下面兩個選項中選出其中之一：

選項三：有五〇%的機會損失一千美元，五〇%的機會不損失。

選項四：確定損失五百美元。

多數人會選擇選項三，賭一把。

其實，這兩個問題是完全相同的。在兩種情況下，如果你選擇的都是賭一把，就有五〇%的機會拿到兩千美元。在兩種情況下，如果你選擇的是確定獲利或確定損失，最終都會拿到一千五百美元。但是，當你用損失角度來描述確定的選項時，人們就會選擇賭一把；而當你用獲利角度來陳述，人們就會選擇確定獲利的選項。

參考點，是你判斷獲利或損失的依據。它不是一個固定的數字，而是一種心理狀態。「究竟是獲利或損失，端視於問題的呈現方式以及問題所處的情境。」他們兩人在「價值理論」的第一版草稿中大概解釋了一下。「我們認為，現在這個理論所說的獲利和損失，指的是主觀認知上的獲利和損失。」

丹尼爾和阿莫斯試著證明，當人們面對有風險的選擇時，會個別評估有風險的選項，而不同的描述方法會影響人們的選擇，這就是現在所謂的分離效應（isolation effect）。

在研究分離效應時，阿莫斯和丹尼爾突然浮現了另一個想法，這個想法他們稱之為「框架」（framing）。意思是：只要改變情境描述，讓獲利看起來像損失，就可以改變人們對於風險的態度，從趨避風險轉為追求風險。「我們想到了框架的概念，但並沒有意識到自己其實是發明了框架的新概念。」丹尼爾說：「你用不同的方式呈現兩件完全相同的事，不同的呈現方式不會影響事件本身，但卻看起來像是兩件不同的事，讓人誤以為預期效用理論是錯的。」對丹尼爾而言，框架概念就如同他們先前對人類的判斷行為所進行的研究。**你看，又是人類心智所玩的另一個伎倆。**

面對收益，會想規避風險；面對損失，則會傾向冒險

框架只是另一個現象，不可能形成框架理論。但是阿莫斯和丹尼爾卻花了很多時間精力找出此一現象的例子，來說明這種現象如何扭曲現實世界的決策。最有名的例子便是亞洲疾病問題（Asian Disease Problem）。

亞洲疾病問題其實是兩個問題，他們分別讓兩組人接受測試，這兩組人都不知道框架概念的影響力。第一組受試者的問題如下：

問題一：想像一場非比尋常的亞洲疾病即將爆發，預估將會有六百人死亡，美國政府正傾全力預防，並提出兩大方案對抗疾病。科學家估計每一方案的可能後果如下：

採行方案A，將可救活兩百人。

採行方案B，有三分之一的機率可以救回六百人，但有三分之二的機會無人獲救。

你會選擇哪一個方案？

絕大多數的人都會選擇方案A，確定能夠救活兩百人的性命。

現在，第二組人面臨的問題一樣，但必須從以下選項做出選擇：

採行方案C，將有四百人死亡。

採行方案D，有三分之一的機率無人死亡，但三分之二的機率六百人全數死亡。

改用上述方式來陳述兩個方案，絕大多數人選的是方案D。這兩個問題其實是一樣的，但是給第一組受試者的問題，是以「利得」方式來陳述選項，受試者會選擇確定可以挽救兩百人的選項（也就是說有四百人會確定死亡，但受試者沒有這樣想）。至於給第二組受試者的問題，則改以「損失」的角度來陳述選項，受試者的選擇改變了，轉而選擇有可能讓所有人死亡的選項。

人們並非在不同事物之間做選擇，而是在不同的**描述**之間做選擇。經濟學家以及所有希望相信人類是理性的人，可以合理化或努力合理化趨避損失的行為。但是你要如何合理化？經濟學家認為答案是：只要去衡量人們希望從他們的選擇中得到什麼。但是，如果你想得到的，會隨著提供給你的選項所處的情境不同而改變，那麼又該如何衡量？「這是一個好玩的論點，這個論點在心理學界一點都不稀奇。」心理學家理查．尼斯貝特後來說：「我們當然會被決策選項的陳述方式所左右。」

在集體農場開完會後，阿莫斯寫了一封信給保羅．斯洛維克。「大致來說，我得到非常正面的回應。」他寫道：「某種程度上，經濟學家認為我們是對的，但同時又不希望我們是對的。因為一旦我們提出的理論成功取代效用理論，將會給他們帶來一連串的問題。」

一個更像心理學家的經濟學家

不過，至少有一位經濟學家不這麼認為；而且回到當時，絕對不會有人預見未來的諾貝爾經濟學獎的得主會是他。

他就是理查．塞勒（Richard Thaler）。一九七五年，塞勒三十歲，在羅徹斯特大學擔任助理教授，前途茫茫，有人甚至懷疑他到底夠不夠格當教授。因為他有兩個明顯的特質，讓他不僅不適合當經濟學家，甚至不適合待在學術界。第一個特質，是他很容易感到無聊，做事總是只有三分鐘熱度。從小玩遊戲時，他往往三兩下就膩了。例如玩大富翁，他只玩了一個半小時，就感到意興闌珊。勉強玩了幾輪後，他乾脆說：「這遊戲蠢斃了。」他提議，不如改變遊戲規則，一開始就將所有地產分配給玩家。還有，玩拼字塗鴉（Scrabble）遊戲時也一樣，當他連續五次都拿到E，卻一直拿不到價值高的子音字母牌時，他就提議改變遊戲規則，將所有的字母分成三組：母音、普通子音、數量少但價值高的子音。每個玩家都能拿到每一組的字母牌，而且數量相同。等到玩了七次後，每個玩家都可得到一個高分數的子音字母牌。總之，塞勒會修改他所參加的每場遊戲規則，減少等待時間、降低運氣成分，進而增加挑戰性以及玩家之間的競爭性。

塞勒的另一個特質，是笨拙。在他十歲或十一歲時，學業成績只有B，他父親是一位注重細節的保險公司主管，對於自己兒子差勁的成績感到無力，於是他拿了本《湯姆歷險記》給兒子，要他抄寫幾頁內容，必須是一字不漏地確實依照馬克·吐溫所寫的抄下來。塞勒非常認真抄寫，「我寫了一遍又一遍」，但每一次，他的父親都會發現抄寫內容有錯，不是漏字就是漏了標點。如今回頭去看，他明白自己的問題不只是不夠努力，而是可能有輕微的閱讀障礙。但當時大家都只是一味責備他粗心、懶惰。

久而久之，他也這麼看待自己。對一件事情只有三分鐘熱度、無法專注於細節的人，實在不合適當經濟學教授。塞勒大學畢業後，從小目睹父親所過的生活，讓他完全不想去一般公司上班。因此除了念研究所，他實在想不出自己還能做什麼。而他之所以選擇經濟學，是因為「看起來比較實用」。

後來他才知道，經濟學極度強調精準與數學能力，只有數學能力最頂尖的人，才能在發表於期刊的文章上開玩笑。就在塞勒抵達羅徹斯特大學管理學院時，他不僅與自己的學術圈子保持距離，也與研究所同學保持距離。「他們嚴肅又無趣，而且我也不擅長數學。」他說：「我擅長的是什麼？找出有趣的事。」

一條人命值多少錢？

然而，研究所畢業後，沒有一所大學的經濟系願意給他教職，最後他只好跑到一家顧問公司上班。但沒多久，公司居然宣告倒閉，他只好離開。當時他二十七歲，沒錢沒工作，還有太太和兩個小孩。塞勒請託羅徹斯特大學管理學院的院長，幫他在學校找了一個暫時性的講師工作，與其他教授合開成本效益分析的課程，為期一年。

重返學校後，他開始寫另一篇論文。這回，他試圖回答一個有趣的問題：人命值多少錢？他找到了解答這道問題的聰明方法，就是：他將高風險工作的薪資，例如煤礦工人、伐木工、摩天大樓洗窗工人，與從事這些工作的工人壽命進行比較。分析了所有資料之後，他替美國人找到了以下問題的答案：

如果一份工作會讓你更短命，請問這份工作應該支付你多少薪資才合理？

還不只如此。倘若你可以計算出有一%的機率工傷而死、你可領多少薪資，那麼理論上，你應該也可以計算出如果有百分之百的機率你必死無疑，那麼老闆必須合理支付你多少薪資（以二〇一六年美國的物價水準，他得出的金額是一百四十萬美元）。

雖然他後來覺得自己的方法有些蠢（「我們真的以為人們會理性地做決定嗎？」），但這份論文幫他拿到了羅徹斯特大學管理學院的全職工作。

其實，就在他試圖計算人類的生命價值時，他已經開始對傳統經濟學理論心生質疑。他做問卷調查，要受試者回答以下的一個假設性問題：「如果你感染了某種有千分之一致死率的病毒，現在有一種解藥可以救你，那麼你願意花多少錢來得到這個解藥？」他是個經濟學家，知道有不只一種問問題的方法，所以他同時問他們：「某種病毒有千分之一的致死率，需要付你多少錢，才能讓你願意被這種病毒感染一次？」傳統經濟學理論認為，這兩個問題的答案是相同的。不論你願意付多少錢，好讓自己逃離千分之一感染致命的機會，或是你需要拿到多少錢才願意被千分之一致命率的病毒感染，兩者的金額應該是一樣的。這個金額就是你認為有千分之一機率會死掉的性命代價。

但是，塞勒的調查問卷顯示，在已經感染病毒的情況下，人們只願意花一萬美元來買解藥，而在未感染的情況下卻要一百萬美元，才願意冒暴露在病毒下的風險。「兩者的答案太懸殊了。」塞勒說。

塞勒認為這個現象太有趣了。他將這個發現告訴他的論文指導教授。「不要再浪費時間做問卷調查了，你應該開始做一些真正的經濟學研究！」他的指導教授說。

明知愚蠢的事為何還要做？

塞勒有一份清單，上面列了人們會表現出來、但經濟學家卻認為不會的非理性行為，因為經濟學家認為人是理性的。清單上的第一條就是：相較於被感染病毒之後才花錢治療，人們願意花一百倍的代價來預防感染。

原本塞勒對自己一向沒多大的信心，但後來他慢慢發現，其他人也沒有多聰明。他注意到，當他和其他經濟系的同事一起吃晚餐時，他們會一直不停吃腰果，等到吃正餐時就已經沒了胃口。他接著發現，如果下次不擺上堅果，他的同事們會鬆了一口氣，因為可以好好吃頓晚餐了。「減少選擇會讓你過得更好，這樣的想法對經濟學家來說很陌生。」他說。

有一次，他的朋友拿到免費的門票，約他一起去水牛城看籃球比賽，沒想到當天下起了暴風雪，於是他們決定不值得冒險開車出門。他的朋友跟他說：「如果是我們自己付錢買的票，我就一定會去看。」其實，經濟學家將這種購買來的門票視為「沉沒成本」（sunk cost），也就是「已經付出且不可收回的成本」。因為付錢買了門票，所以就要冒著大風雪去球賽？既然付出的錢已收不回來，那又何苦再增加自己的痛苦呢？「我說，拜託，難道你沒聽過沉沒成本嗎？」塞勒回想。他的朋友是資訊科學家，完全沒聽過沉沒成本。塞勒跟他解釋之後，對方張大眼睛看著他，然後說：「喔，不過是一堆廢話。」

塞勒的清單累積得很快，其中有許多條都被納入日後他稱之為「稟賦效應」（Endowment Effect）的類別。所謂稟賦效應，是運用心理學概念來解釋經濟後果：人們會對自己已經擁有的東西，賦予額外的價值，因此非常不願意賣掉或捐贈出去，即使賣掉或捐贈更符合經濟效益。

不過剛開始，塞勒並沒有想到替清單上的內容歸類。「當時我只是想蒐集人們的愚蠢行為。」他說。例如買賣房子，一棟房子如果當初你沒買，現在要你評估你也絕對不會買，那為什麼現在得拖延這麼久才捨得把房子賣掉？為什麼足球聯盟球隊不願交易選秀權，即使很明顯他們從交易中得到的必定會多於被交易的球員價值？為什麼投資人不願賣掉股價下跌的股票，即使他們知道以現在的市價，他們絕不可能買進這些股票？人們有太多的行為是經濟理論無法解釋的。「當你開始觀察稟賦效應的現象，」塞勒說：「你會發現這個現象隨處可見。」對於經濟學，他的感覺跟小時候玩大富翁時很像，覺得「無趣又多此一舉」。經濟學要探討的是人性的某些面向，卻又沒能深入觀察人性。「思考這些問題，比研究經濟學有趣多了。」塞勒說。

當他把自己的觀察心得說給其他經濟學家聽時，他們通常反應冷淡。「他們說的第一句話就是：我們當然知道人偶爾會犯錯，但這些錯誤都是隨機發生的，將會被市場力量所抵銷。」塞勒回憶道。但他已經無法苟同這種論點了。「他樹立了敵人，對於要如何安撫敵人，完全不在行。」羅徹斯特大學的經濟學教授湯姆．羅素（Tom Russell）說：「假如你當面對著某個教授說：你剛剛說了非常愚蠢的話。那些大咖教授會反問：好啊，你倒是說說看如何愚蠢了？通常，小咖教授只能摸摸鼻子把話吞回肚子裡。」

後來，羅徹斯特大學拒絕授予塞勒終身職。一九七六年，前途未卜的他參加了一場關於如何評估人類生命價值的研討會。另一位參加研討會的教授在聽說塞勒的興趣之後，建議他去看康納曼和特沃斯基刊登於《科學》期刊的一篇文章，這篇文章解釋了人們為何會做出愚蠢行為。

塞勒回到家，在一本舊《科學》期刊上找到了〈不確定狀況下的判斷〉這篇文章。當他讀完後，內心激動不已。他蒐集了康納曼和特沃斯基刊登在其他期刊上的所有文章。「我清楚記得自己是一篇接著一篇看，」塞勒說：「就像是挖到寶藏一樣。有段時間我不知道自己為什麼如此興奮，然後我終於明白：他們提出了一個概念，那就是系統性偏誤。如果人們會犯下系統性偏誤，那麼就不能對這種偏誤視而不見。因為少數人的非理性行為，不會被多數人的理性行為所抵銷，如果人會出現系統性偏誤，市場也會。」

塞勒請人寄給他一份〈價值理論〉草稿。他馬上看出這篇文章的重要性，它就像是一台裝滿心理學論述的卡車，直搗經濟學聖殿，然後引爆。論文的邏輯無懈可擊，完全無法辯駁。這篇後來被稱為「展望理論」的論文，解釋了塞勒清單上的絕大多數非理性行為，而且是以經濟學家可以理解的語言。塞勒清單上還有一些人類行為，是展望理論所無法解釋的，其中之一是自我控制，不過這不重要。這篇論文颳起的風，把經濟學理論吹破了一個洞，讓心理學家有了可以介入的突破口。「這正是這篇文章的神奇之處，」塞勒說：「它證明了你可以做到。論文結合了數學與心理學，掌握了人性的許多面向。」

在當時，塞勒不確定自己在經濟學領域還會不會有未來，就如同當年他連抄寫《湯姆歷險記》都抄不好那麼沒自信。「要不是看到這些文章，我不確定自己是否還會留在經濟學領域。」他說。

但讀完這兩位以色列心理學家合寫的所有文章之後，塞勒有了全新的感受。「我感覺，」他說：「我來到這世上的目的，就是要去思考某些想法，而我現在可以開始了。」他決定，首先將他的清單寫成一篇文章。不過在開始之前，他找到了希伯來大學心理學系的地址，並寫了一封信給阿莫斯・特沃斯基。

要證明人是非理性的，就好像要證明人沒有羽毛……

通常經濟學家們的信，都是寫給阿莫斯。他們知道，阿莫斯的思考邏輯縝密，就和經濟學家一樣，但又更勝一籌，他們也看到了他的天賦。然而，對多數經濟學家來說，丹尼爾就完全不一樣，他的心智就像一個謎團。哈佛大學經濟學家理查・澤克豪瑟（Richard Zeckhauser）後來和阿莫斯成為朋友，他說：「我的印象是，他們寫論文時，丹尼爾通常負責在旁邊扮演輔佐角色。」在經濟學家眼中，他們兩人的合作似乎都是阿莫斯主導，他就像是一位人類學家，要研究比他自己還不理性的外來人種，而丹尼爾，就是他要研究的外來物種之一。

「我理解你們的感受，這樣的行為就某方面來說，是不明智的或是錯誤的，但這不代表它不會發生。」阿莫斯寫給一位美國經濟學家時說，這位經濟學家對於「價值理論」中關於人性的描述有些不認同。「某個視覺理論不能因為它預測錯視，而被視為是錯誤的。同樣的，關於選擇的描述性理論也不能因為它預測的是人類非理性行為而不被承認，因為這些非理性行為確實是實際觀察得到的。」

丹尼爾自己則透露，直到一九七六年，他才真正意識到他們的理論對於一個他一無所知的領域所產生的影響力。他的體悟來自於阿莫斯交給他一篇由經濟學家撰寫的論文，這篇論文開頭寫著：「經濟學理論的創作者是理性的、自私的，而且他的品味永遠不會改變。」希伯來大學的經濟學家就在隔壁棟大樓，但丹尼爾從未留意他們對於人性的假設是什麼。「對我來說，他們真正相信的，或者說他們的世界觀，實在讓人覺得不可思議。」他說：「這個世界觀無法解釋為什麼人們會願意給小費，即使他們以後不可能再走進這家餐廳。類似這樣的行為，只能是無解的謎題。」根據他們的世界觀，改變人類行為的唯一方法，就是改變金錢誘因。對丹尼爾來說，這個想法太奇怪了，讓他一時之間無法消化。對丹尼爾來說，要證明人是非理性的，有點像是要證明人沒有羽毛一樣。

他和阿莫斯希望避免陷入人類是否理性的爭辯。這樣的爭論只會讓人分心，無法專注於他們所觀察到的現象。他們希望揭露人性本質，讓人們自己決定希望成為的樣子。他們的下一個任務，就是修潤和發表「價值理論」這篇文章，他們很擔心文中會出現類似阿萊悖論的明顯矛盾，於是又多花了三年時間，仔細尋找可能隱藏在理論中的矛盾之處。「這三年時間，我們並沒有討論真正有趣的事情。」丹尼爾說。丹尼爾的興趣在於發現心理學洞見，而阿莫斯的興趣則是運用這些洞見來建立架構。阿莫斯看的或許比丹尼爾更清楚，他知道要讓人們相信他們對於人性的洞見，就必須將這些想法置入理論中。這套理論必須比既有的理論更能準確地解釋和預測人類的行為，而且必須運用數理邏輯來呈現。「讓這個理論變得重要的原因，以及讓這個理論變得切實可行的原因，是完全不同的兩回事。」幾年後丹尼爾說道。「科學是一場對話，你必須和其他人競爭，爭取被聽見的權利。」他們將論文草稿寄給經濟學期刊《計量經濟學》（*Econometrica*）之後沒多久，收到了編輯的回復，「我原本以為對方會說：『損失趨避』這理論太酷了，沒想到他居然說，不，是你們的數學太棒了！」

一九七六年，他們將理論名稱改為「展望理論」，純粹只是他們覺得這個名稱比較好宣傳。「我們就是想取一個很特別，絕不會跟別的理論有任何瓜葛的名稱。」丹尼爾說：「當你說『展望理論』時，沒有人知道你在說什麼。我們的想法是：誰曉得呢，搞不好會成為很有影響力的理論。倘若真的如此，我們希望人們不會把這個理論跟別的理論混淆。」

丹尼爾渴望能像阿莫斯，阿莫斯卻希望更像丹尼爾

有一度，丹尼爾家裡出了點問題，他們的進度嚴重落後。一九七四年，丹尼爾和太太及小孩分居，隔年離婚，飛到倫敦追求心理學家安妮．特瑞斯曼。一九七五年秋季，阿莫斯在給保羅．斯洛維克的信中寫道：「處理這些事要消耗的時間、情緒和心理能量，都難以估算。」

一九七五年十月，丹尼爾再次飛往英國，先在劍橋和安妮碰面，然後兩人再一起前往巴黎。曾有一度他處於熱戀中，但又擔心新戀情會影響他和阿莫斯之間的關係。在巴黎，他收到阿莫斯寄來的一封信，打開一看，只有一份日後稱為「展望理論」的草稿，但除此之外沒有任何隻字片語。丹

尼爾感覺到，這似乎隱含了某種訊息。

帶著新歡一起來到全球的浪漫之都，丹尼爾坐下來寫了一封簡直像情書的信給阿莫斯。「親愛的阿莫斯，」信的開頭這樣寫著：「我在巴黎收到你寄來的信。我取出草稿，上面卻沒有寫字。我告訴自己，阿莫斯非常生我的氣，背後必定有原因。晚餐後，我本來只是想找一個用過的信封，準備要回信給你，才發現你的信。由於我們正準備出門吃晚餐，而且已經遲到了，因此我瞄了一眼那封信，想看看你寫了什麼，結果看到你在信末署名：『永遠的好友』，我全身起了雞皮疙瘩。」他繼續寫說，當時他向安妮解釋，如果沒有阿莫斯，僅靠他一個人的力量絕對無法達到現在的成就，他們合寫的新論文讓他們又跨出了新的一步。

「對我來說，這是這段關係最重要的時刻，也是我人生的高峰之一。」他寫道。然後他又繼續寫說：「昨天在劍橋，我和他們談到我們的價值理論研究。大家的熱誠讓我有些不好意思。演講最後，我以還在發展初期的分離效應來作結，他們對這個概念給予特別熱烈的回響。總而言之，他們讓我感覺到我似乎是世界上偉大的學者之一。他們很努力地要讓我覺得，屬於我的時代終於來臨了，我再也不需要那麼在意別人怎麼看我了。」

不過說也奇怪，儘管他們兩人取得了前所未有的成就，但外界對於他們的合作關係一無所知。「只要我們待在以色列，我們根本不會去想世界上其他人會怎麼看待我們。」丹尼爾說：「對我們來說，與外界隔絕是好的。」他指的與外界隔絕，是只有他與阿莫斯兩人關在研究室裡，不被任何人打擾。

但如今，緊閉的門扉被打開了。安妮是英國人，不是猶太人，而且是四個小孩的母親，其中一個小孩患有唐氏症。她有一籮筐大大小小的理由，無法或不想搬到以色列。如果安妮無法搬到以色列，那麼丹尼爾就必須離開以色列。一九七七年，丹尼爾和阿莫斯倉促之間想出了暫時的解決辦法：兩人向希伯來大學休假一年，一起前往史丹佛大學，安妮則在史丹佛大學與他們會合。但是就在他們抵達美國幾個月後，丹尼爾宣布要和安妮結婚，並繼續留在美國。這一來，等於是要阿莫斯必須對他們兩人的關係做出選擇。

這回輪到阿莫斯坐下來，寫一封感性的信給丹尼爾。丹尼爾的人生一團亂，阿莫斯絕不可能讓自己的生活也陷入混亂，即使他很想要如此。阿莫斯小時候的夢想是成為詩人，最後卻成了一名科學家。丹尼爾**曾經是**一位詩人，之後卻湊巧地成了科學家。丹尼爾確實很渴望自己更像阿莫斯，阿莫斯也希望自己更像丹尼爾，只是這份渴望不易被人察覺。阿莫斯是個天才，但是他需要丹尼爾，他自己心裡也明白。

阿莫斯寫了一封信給他的好友、希伯來大學校長吉登·薩斯奇（Gidon Czapski）。「親愛的吉登，」他開頭這樣寫著：「決定繼續留在美國，是我做出的最困難決定。我真的很希望和丹尼爾一起完成兩人合作的研究，至少是部分完成。我只是不能接受兩人多年來的共同努力最後變得虎頭蛇尾，無法完成我們共同提出的想法。」阿莫斯繼續解釋，他決定接受史丹佛大學提供給他的首席教授職位。他很清楚，所有待在以色列的朋友都會感到驚訝和憤怒。「如果丹尼爾離開以色列，是一個人的悲劇，」不久前一位希伯來大學主管對他說：「但如果你離開了，將會是國家的損失。」

直到阿莫斯真正離開了，他的朋友們都還是不敢相信，他竟然真的會離開以色列。一直以來，阿莫斯是以色列，以色列是阿莫斯。而且連他的美籍妻子也感到不解，芭芭拉已經愛上以色列——愛上它的擁擠，愛上緊密的社區連結，愛上這裡不喜歡說閒話的人。她現在認為自己是以色列人，而不是美國人。「我這麼努力要成為以色列人，」她說：「我不想留在美國。我跟阿莫斯說：去了美國，我要怎麼重新開始？他說：你會找到辦法的。」

｜ 第11章 ｜

橡皮擦計畫，未完成

我們如何「抹除」痛苦與悔恨？

一九七〇年代末期，邁爾斯．修爾在成為麻州心理衛生中心（Massachusetts Mental Health Center）負責人之前，明白自己遇到了一個問題。這家衛生中心是哈佛大學醫學院的教學醫院，修爾是個精神病學教授，才剛加入這家健康中心，就得馬上做出一項決定：是否要擢升醫學研究員艾倫．霍布森（J. Allan Hobson）。

這個決定本來不是難事。在連續幾篇知名論文中，霍布森大力反駁佛洛伊德認為夢境源自於潛意識欲望的論述。霍布森認為，夢境來自於大腦的某個部位，與欲望無關。他證實，夢境的時機和長度是有規律性的，而且是可預測的。換句話說，夢境反映的不是個人的心理狀態，而是神經系統的反應。最重要的是，霍布森的研究也顯示，人們付錢請心理分析師解讀他們的潛意識狀態，根本是在浪費錢。霍布森改變了人們對於睡眠時大腦如何運作的認知，但他並非獨自一人完成這個研究。

這就是讓邁爾斯．修爾頭痛的原因：霍布森並非自己一人完成關於夢境的論文，另一個合作研究的人是羅伯特．麥卡利（Robert McCarley）。「你很難去拔擢一個非獨立完成研究的人，」修爾說：「因為晉升制度是基於個人設計的，它的標準永遠都是：這個人做了哪些努力，改變了這個專業領域？」修爾希望可以拔擢霍布森，那就表示他得在委員會面前說明拔擢的理由。「基本上，他們不想提拔任何人。」修爾說。

委員會為了拒絕霍布森的升等案，他們要求修爾證明，與麥卡利的合作過程中，霍布森做了哪些貢獻？「他們問我，這兩個人分別做了什麼？」修爾說。「所以我去找霍布森和麥卡利，問他們：『你們兩人分別做了哪些事？』他們說：『我們兩個人分別做了什麼？我們不知道，這是通力研究的成果。』」修爾對合作的說法緊追不捨，直到他終於明白，他們說的是真的：他們沒辦法說哪個想法是誰提出的。「這真的太有意思了。」修爾說。

為此，修爾決定要寫一本書。他開始尋找有實質成果的雙人拍檔：至少合作五年以上，並至少完成過一件有趣的工作。在此期間，他採訪了一對喜劇演員；兩位音樂會鋼琴家，其中一位有舞台恐懼症，所以兩人用合作的方式演出；兩個用「艾瑪．拉森」筆名寫推理小說的女作家；兩位知名的英國營養學家，分別為邁肯斯（McCance）和魏道森（Widdowson），兩人合作無間，書衣上特地不放兩個人的名字，只放姓氏。「他們非常不滿黑麵包比白麵包有營養的說法。」修爾回想。

「他們發表的研究報告早就推翻了一九三四年的論述，但為什麼人們到現在還是執迷不悟？」修爾對於這些拍檔的關係十分好奇，他們也都很願意和修爾談；只有兩對組合婉拒：一對是脾氣不好的物理學家，另一對是一直在打情罵俏的英國雙人冰舞組合：托維爾（Torville）和迪恩（Dean）。其中一對願意坐下來與邁爾斯．修爾談的組合，正是阿莫斯．特沃斯基和丹尼爾．康納曼。

合作關係生變，一個鋒芒外露，一個抑鬱不得志

修爾在一九八三年八月在加州遇到丹尼爾和阿莫斯，他們兩人一起參加美國心理學協會的會議。當時丹尼爾四十九歲，阿莫斯四十六歲。他們和修爾一起談了好幾個小時，然後又個別和修爾談了好幾個小時。他們向修爾描述兩人的合作歷史，從初期的興奮開始。「剛開始合作時，我們可以解答從沒有被任何人問過的問題。」阿莫斯說：「我們讓心理學走出實驗室，進到周遭現實世界來思考重大問題。」修爾進一步問，他們是否已經預見了新興的人工智慧領域。「不是，」阿莫斯說：「我們研究的是天然蠢，不是人工智慧。」

這位哈佛精神病醫師認為，丹尼爾和阿莫斯兩人和其他成功的雙人搭檔有許多共同點。例如，他們會創造一個專屬兩人的私人空間。「他們為對方感到瘋狂，」修爾說：「通常他們不會對其他人有這種狂熱的感覺。例如期刊總編輯，他們恨死了。」就像其他雙人搭檔，他們彼此之間的合作

關係，會造成他們其他的親密關係緊張。「這段合作關係，為我的婚姻帶來很大壓力。」丹尼爾承認。就像其他搭檔，他們也無法明顯區分誰的貢獻大、誰的貢獻小。「如果你問我，哪些部分是誰負責完成的？」丹尼爾說：「我們當時說不出來，至少沒辦法清楚說出來。也正因為不清楚，所以才美好。」修爾認為，阿莫斯和丹尼爾都明白或者似乎明白，他們多麼需要彼此。「天才只靠自己一個人，」丹尼爾說：「但我不是天才，特沃斯基也不是，可是當我們聯手起來，我們就變得很強。」

不過，相較於修爾所訪談的其他十九對搭檔，阿莫斯和丹尼爾更願意說出這段關係的問題。「當我提起兩人之間的衝突，其他人都會刻意忽略這個問題。」修爾說：「大多數都不願承認彼此之間有過衝突。」但是阿莫斯和丹尼爾不一樣，或者說，至少丹尼爾是如此。

「自從我婚後搬到美國，我們的關係變得更緊張。」丹尼爾承認。阿莫斯始終採取逃避的態度。他告訴修爾的，大都是他們兩人於六年前離開以色列後所發生的事情。當著阿莫斯的面，丹尼爾抱怨起外界誤解了兩人的合作關係。「大家以為是我在幫他，其實不是。」丹尼爾說，接著轉頭對阿莫斯：「在這段合作關係中，我是比較弱的一方。在外界看來，我們的研究處處有你的影子，因為分析並非我的強項，但卻是這些研究的重要特色。相較起來，我的貢獻看起來就沒什麼特別。」

阿莫斯接著說，他認為外界真的不明白他們兩人的合作關係。「功勞的歸屬原本就是一件困難的事，」阿莫斯說：「其中有許多磨合和淚水，是不為外人所知的。兩個人之間總是會你來我往，然後得有人讓步。我們都覺得平衡很重要，但合作是一種不平衡的關係，一種不穩定的架構，所以一般人不喜歡合作。」

丹尼爾與這位哈佛精神病醫師單獨在一起時，聊得更多。他暗示說，他不認為兩人關係生變全是外界的責任。「通常像這樣的學術成就，最終總會有一人得到所有或多數榮耀。」他說：「這是合作關係本來就存在的殘酷面，由不得特沃斯基。」接著他也明白講，他覺得在這段合作關係中，阿莫斯取得了大部分榮耀。「我一直活在他的陰影下，」他說：「這造成了某種程度的緊張，應該說是嫉妒！這種感覺很不舒服。我討厭嫉妒的感覺……我好像講太多了。」

訪談結束後，修爾猜想阿莫斯和丹尼爾可能剛經歷了一段緊張期，不過最糟的情況似乎過去了。他們願意說出這段關係的問題，修爾認為是好現象。在訪談過程中，他們並沒有真吵起來，他們面對衝突的態度，不同於其他接受訪談的搭檔。「他們玩的是以色列牌，」修爾說：「我們是以色列人，所以我們會對彼此吼叫。」特別是阿莫斯，他仍非常樂觀，覺得他和丹尼爾會像以前一樣繼續合作下去。丹尼爾和阿莫斯也同意，美國心理學協會同時頒給兩人「傑出科學貢獻獎」（Distinguished Scientific Contribution Award），有助於緩和他們的關係。「我一直很擔心他或許會一個人完成研究，」丹尼爾向修爾坦承：「如果真是如此，那將會是一場災難，我沒辦法優雅地面對這種局面。」這個獎，紓緩了某些痛苦。或者，在修爾看來是如此。

後來，修爾沒有完成這本書。幾年後，他將他們當時訪談的錄音檔寄給了丹尼爾。「我聽著錄音檔，」丹尼爾說：「看來，我和阿莫斯之間結束了。」

哈佛好，還是史丹佛好？用自己發明的「後悔法則」吧

一九七七年底，就在丹尼爾告訴阿莫斯他不會回去以色列之後，學術圈就開始流傳說阿莫斯可能也會離開以色列。僧多粥少的大學教授就業市場，通常流動非常緩慢，但這次不同。彷彿是一位行動慢吞吞的胖子原本坐在沙發上看電視，突然發現家裡失火了似的，動作奇快無比。兩人在美國找工作時，阿莫斯獲得多所頂級大學垂青，哈佛大學很快提供給他終身教職，並在短短幾星期後確定提供一個助理教授職給芭芭拉。具有規模優勢的密西根大學，同樣第一時間就表示願意提供四個終身教職給丹尼爾、安妮、芭芭拉，還有阿莫斯。至於同樣願意提供教職給阿莫斯的加州柏克萊大學，丹尼爾則明確感受到自己年紀太大不可能被雇用。然而，以上沒有一所學校，像史丹佛大學那樣動作迅速。

負責主導這次人事案的，是史丹佛大學年輕心理學家李．羅斯（Lee Ross）。他知道，所有極力延攬阿莫斯的美國大學，必定會同時提供芭芭拉、丹尼爾和安妮教職。但史丹佛大學規模較小，無法開出四個教職。「於是我們想到，至少有兩件事我們可以做到，而且是其他學校做不到的。」羅斯說：「一是搶在別人之前，二是動作快。我們希望說服阿莫斯到史丹佛，而說服他來史丹佛的最好方法，就是讓他知道我們的行動有多快。」

羅斯相信，接下來發生的事，可能是美國大學史無前例的。那天早上，當他知道阿莫斯可能會

離開以色列之後，他立即在史丹佛心理學系召開會議。

「照慣例，我應該向大家報告阿莫斯的資歷。」羅斯說：「但我沒這麼做，我說我要講個典型的猶太人故事：有一個單身漢，而且是一個快樂的單身漢，有一天媒人告訴他：『來，我幫你找到了一個伴侶。』『呃，我不確定我是否需要伴侶。』單身漢說。『她真的很特別。』媒人說。『那麼她漂亮嗎？』單身漢問。『漂亮？她看起來像蘇菲亞．羅蘭，而且更年輕。』『那麼她家裡有錢嗎？』單身漢問。『當然，她是羅斯柴爾德家族的繼承人*。』『那麼她必定是個笨蛋。』單身漢說。『笨蛋？她是諾貝爾物理學和化學獎的候選人。』『那好吧，我接受！』單身漢說。媒人回答：『太好了，這次配對，有一半成功了！』」

接著，羅斯告訴史丹佛大學的教授們：「聽完阿莫斯的資歷，你們也會說：『我接受！』但我會告訴你們：『很抱歉，目前我們也只成功了一半。』」

羅斯自己也不是很確定，這段為了說服大家接受阿莫斯而精心安排的梗是否有效。「結果，在場每一位都聽懂了！」當天，史丹佛大學心理學系主任就跑去找校長說：「我們沒有準備正常程序需要的文件，也沒有推薦信，但你得相信我們。」同一天下午，史丹佛大學就火速決定提供終身教

---

*譯註：Rothschild是全球知名的金融世家。

職給阿莫斯。

阿莫斯說，當初在哈佛和史丹佛之間做選擇時，他是用「後悔法則」想的：如果選擇哈佛，他可能會後悔無法享受帕洛奧圖（Palo Alto）的好天氣和生活條件，而且還得開車通勤；如果選擇史丹佛，他可能會後悔（有點後悔）從此不能自稱哈佛大學教授。沒有人知道，阿莫斯當時有沒有想要與丹尼爾待在同一所學校。史丹佛大學擺明對丹尼爾沒有興趣，「這是很實際的考量，」羅斯說：「你會想找兩個人來，然後做同一件事嗎？何況，只要找來阿莫斯，其實就等於取得丹尼爾加上阿莫斯的全部優點。」

丹尼爾希望，兩人可以一起到密西根大學，但是對阿莫斯而言，除了哈佛和史丹佛之外，他不想去其他學校。哈佛和史丹佛沒有考慮聘用丹尼爾，加州柏克萊大學也明確表示不會提供教職給他。於是，丹尼爾決定和安妮一起到溫哥華的英屬哥倫比亞大學任教。他和阿莫斯決定：兩人每星期輪流飛到對方的城市碰面。

丹尼爾覺得一切都很美好。「我們的成就達到了高峰，完成了展望理論，並開始著手架構已經相當完整的論述。」他說：「當時我們之間還沒有出現任何芥蒂。」就在史丹佛以美國大學史上最快的速度提供教職給阿莫斯之後，阿莫斯循史丹佛傳統，發表了一場「求職演說」，丹尼爾也去旁聽。「除了以他為榮，我當時沒有別的情緒。」丹尼爾說：「我之所以會注意到這一點，是照理說我該感到嫉妒，但我沒有。」

一九七八至七九年的學年度一開始，丹尼爾離開了帕洛奧圖，前往溫哥華。他的兩個孩子在地球另一端的以色列，那裡有他的舊實驗室、有多位前同事的心理系，還有他曾以為自己會終老的土地。如今留在以色列的，只是他的幽靈。「想到過去發生的一切，我發現自己的人生已徹底改變了。」他說。「我妻子的人生也跟著我改變。我時常在想，如果我的人生不踏上這條路，會是什麼樣子？我總是拿現在的人生和可能的情況做比較。」

如果能夠重來……

每當他這麼想的時候，他的心思總會落在他姪子身上。他姪子叫伊藍，才二十一歲，在贖罪日戰爭時擔任以色列戰鬥機領航員。戰後，他找到丹尼爾，請他幫忙聽一捲他保存的錄音帶。當時他坐在戰鬥機後座，埃及米格機就在他們後方，並鎖定他們準備射擊。錄音帶裡傳來伊藍對著飛行員大叫：「急轉彎！急轉彎！敵機就在我們機尾。」伊藍播放錄音帶時，丹尼爾注意到，這位年輕人全身發抖。出於某個理由，伊藍希望他叔叔可以聽聽他當時發生了什麼事情。伊藍幸運地保住性命，但戰爭結束後一年半，也就是一九七五年三月，就在他退役的前五天，卻不幸喪命。因為照明彈干擾視線，飛行員倒飛，直接撞向地面。

他們以為自己是在爬升，事實上是朝向地面墜落。這種錯誤其實很常見，戰鬥機飛行員很容易迷失方向。當飛機以每小時六百五十英里的速度在高空飛行翻滾，位於駕駛艙內的飛行員內耳無可避免地會受到地心引力影響，就像人類的心智也不擅長針對複雜情境計算事件發生的機率。歷經演化的人體構造，必須靠雙腳才能穩住身體。駕駛飛機的飛行員很容易陷入錯覺，這也是為什麼沒有儀器飛行執照的飛行員，在飛入雲霧之後平均只能活一百七十八秒*。

在伊藍死後，丹尼爾注意到一個現象：那些深愛他的人，都恨不得能將伊藍墜機意外的記憶抹除。許多人開口總是以「如果……」為開頭：如果伊藍可以提早一星期退伍；如果飛行員的視線因為照明彈而受到干擾後，交由伊藍來駕駛等等。面對喪親之痛，很多人都會躲入一個想像的、悲劇未曾發生的虛構世界。丹尼爾發現，這顯然不是特例，而是普遍如此。

不過，這個「想像的、悲劇未曾發生的虛構世界」，似乎也不是天馬行空的。如果伊藍還有一年才退伍，當他墜機時，不會有人這樣說：「如果他一年前退伍的話……」、「如果飛行員感冒」或是「如果伊藍的飛機因為機械問題而迫降」。同樣的，也沒有人會說「如果以色列沒有空軍……」照理說，這些情境都可以讓他們想像伊藍沒死，但那些愛他的人卻不會如此想像與虛構。

換言之，明明可以有無數種可能的想像，但人們似乎只會選擇其中幾種。丹尼爾發現，親友們心中「抹除」悲傷記憶的想像，存在著某些特定模式，而且這些想像的模式與他對自己人生的想像非常相似。

丹尼爾抵達溫哥華後不久，請阿莫斯將他們先前關於後悔理論的討論筆記寄給他。在耶路撒冷，他們曾花一年多的時間來討論「後悔法則」。他們想探究的，是人們對於負面情緒（不愉快）的預期，以及這種預期會如何影響他們的決策。這回，丹尼爾想要從一個相反的角度來研究後悔，也就是：如果不愉快的事件「已經」發生，人們會如何「抹除」？

丹尼爾認為，在可得性、代表性及定錨這三條捷思法則之外，應該還有第四條捷思法則，他後來稱之為「模擬性捷思法」（simulation heuristic），指的是未實現的可能性對人類心智的影響。活在這世上，人們總是會對未來進行各種模擬。比方說：倘若我說出自己的想法，而不是假裝同意呢？他們朝我的方向擊球，萬一滾地球落在我的兩腿之間呢？如果我拒絕他的提議，而不是接受呢？我們通常會部分根據這些想像的情境，來進行判斷與決策。然而，不是所有的情境都很容易想像，會有些限制，正如同人們在「抹除」某些悲劇事實時，他們的想像也會受到限制一樣。當我們了解心智如何「抹除」既成事實的法則，那麼我們將可以知道在事實發生之前，心智如何模擬未來。

丹尼爾獨自在溫哥華研究，他所有心思都投入在兩個不同世界之間——一個是既存的世界，另一個是可能發生、但未曾實現的世界。他想要研究人們如何藉由抹除現實，創造出一種不同於現實

---

*這個奇怪的事實取自於湯姆．勒孔特（Tom LeCompte）針對飛行員錯覺所撰寫的一篇好文章，刊登於史密森尼學會出版的《航空與太空》（*Air & Space*）期刊。

的想像情境。簡言之，他希望找出想像的法則。

哪個更後悔？是做了沒結果，還是該做卻沒做？

丹尼爾開始設計新的實驗，順便開開新同事理查・提斯（Richard Tees）玩笑：

克雷恩先生和提斯先生預計在同一時間，搭乘不同的班機離開機場。他們搭乘同一部小型巴士從某個城鎮出發，途中遇上了塞車，結果比班機預計的起飛時間晚了三十分鐘才到機場。

克雷恩先生被告知，他的飛機已準時起飛。

提斯先生被告知，他的飛機誤點，五分鐘前才起飛。

誰會比較沮喪或懊惱？

這兩個人面臨的情況是相同的：原本都預期會錯過班機，也確實錯過了班機。但丹尼爾找來的受試者中，有九六%的人認為提斯會比較沮喪。幾乎全部人都了解，事實本身並不是導致人們感到挫折的唯一因素，人的情緒同時會受另一個事實——提斯先生只要再快五分鐘就可趕上飛機——的影響。「提斯先生會比較沮喪懊惱的原因，是他更有『可能』趕上飛機。」丹尼爾在討論這個主題的筆記中寫道。很明顯，想像是有局限的。

丹尼爾要研究的，正是這些局限。他希望更了解他所謂的「反事實情緒」（counterfactual emotion），也就是某種刺激人們的心智去創造另一種現實來避開痛苦的情緒。後悔，就是一種最明顯的反事實情緒，每當我們認定某個不好的事件是我們咎由自取，就會感到後悔。另外還有挫折和嫉妒，也屬於「反事實情緒」。丹尼爾在寫給阿莫斯的信中，稱這些情緒為「對於未實現的可能性所產生的情緒」。我們可以用簡單的數學來描述這些情緒，丹尼爾寫道，這些情緒的強度受到兩項變因的影響：「對另一種可能現實的渴望度」以及「另一種現實發生的可能性」。導致後悔或挫折的經驗，有時候很難被抹除。感到挫折的人有時候需要抹除環境的某些特徵，而感到後悔的人則需要抹除自己的行動。「然而，抹除的基本法則，同樣適用於挫折與後悔。」他寫道：「它們多少需要一條看似合理的路徑，引領它們進入另一種狀態。」

嫉妒的情緒則不同，嫉妒的人不會費力去想像通往另一個狀態的路徑。「另一種現實的可得性，端視於個人與嫉妒對象之間的相似性。若要體驗嫉妒的情緒，只要站在對方的立場，就可看清自己的處境；不需要去想像擁有對方一切的可能情境。」奇怪的是，嫉妒不需要想像。

在與阿莫斯分開的頭幾個月，丹尼爾都在研究這些奇特又有趣的點子。一九七九年一月初，他寫了一則備忘錄給阿莫斯，標題是「橡皮擦計畫的狀態」（The state of undoing project）。「我花了一些時間設計各種災難，然後再用各種方法抹除它們，」他寫道：「希望找出各種抹除的模式。」

一位鞋店店員晚上遭搶。他極力反抗；頭部遭到重擊；他隻身一人。在搶案被發現之前，店員已經被打死。

兩輛車迎頭撞上，因為兩輛車都是在能見度有限的情況下想超車。

有個人心臟病發，沒辦法拿起電話。

在一場狩獵意外中，有人被流彈擊中身亡。

「你會如何抹除這些記憶？」他寫道：「還有甘迺迪刺殺案、二次大戰，你會如何抹除呢？」他接著寫了八十頁工整的筆記。想像，不是一架可以飛往任何目的地的班機。想像是我們理解這個世界的工具，原本這個世界就有無數的可能性，而減少可能性能幫我們更理解這個世界。

想像，也遵循「抹除法則」。其中一項法則是：需要被抹除的元素越多，心智就越不會去抹除。例如，要抹除一個人在地震中死亡的記憶，比抹除一個人被閃電擊中而死的記憶更困難，這是因為要抹除一個人在地震中死亡的記憶，就必須同時抹除這場地震所造成的一切損害與傷亡。「一個事件所導致的後果越多，要抹除這個事件所必須做出的改變就越大。」丹尼爾在給阿莫斯的筆記上寫道。

還有另一個法則，也與前述的法則相關，就是：時間過得越久，事件就越不可能改變。隨著時間過去，任何事件所引發的後果會不斷累積，要抹除的記憶就越多。而當要抹除的記憶越多，我們的心智就越不願意試著去抹除。這或許是為什麼時間可以治療傷痛的原因，因為時間久了，人們就會越覺得這些傷痛是無可避免的。

哪個更容易想像？希特勒是個成功的藝術家，還是他是個女的？

其中一項更普遍的規則，丹尼爾稱之為「焦點法則」（The Focus Rule）。「我們傾向於在某個情境中，有個英雄或主角存在。」他寫道：「我們不會想像改變大環境，而是會想像改變主角——例如，我們不會想像當奧斯華暗殺甘迺迪時，正好有一陣強風把子彈吹偏了*……」不過，這有個例外：情境中的主角是自己，我們就不太可能抹除自己的行動，而比較有可能抹除自己也身處其中的情境。「改變別人很容易，改變自己很難。」丹尼爾寫道：「因為如果我成了另一個人，那麼我所處的環境一定跟原本非常不一樣，兩者相差太大。我可以很自由沒錯，但我沒法自由地變成另一個人。」

關於「抹除」最重要的法則，與「不尋常」、「預期之外」的事有關。一位中年銀行家每天循

* 譯註：奧斯華（Lee Harvey Oswald）是甘迺迪刺殺案的凶手。

著相同路線上班，有一天選了不同的路線，卻被一名嗑藥的青少年開車闖紅燈撞死。如果要抹除這段悲劇，你很可能會先想到「如果他走同樣路線上班就好了！」但是，如果把情況改成：銀行家選擇同樣的上班路線，被一名嗑藥青少年開車闖紅燈撞死，你可能就不會想「如果那天他換一條路線上班多好！」對人類心智來說，要從日常的行為模式轉向較不尋常的行為模式，比起從較不尋常的行為模式轉向日常的行為模式，前者的難度較高。

心智會傾向選擇抹除「不尋常」事件，並不等於說心智遵循「可能性（概率）法則」。其實有一種更簡單的「抹除」方式，就是改變時間點，例如「只要銀行家或青少年晚個幾秒」，他們就不會撞在一起。但在抹除一件悲劇時，人們通常不會這樣想。相反的，故事中越是不尋常的部分，越容易被選擇抹除。「想像你會如何抹除希特勒，你會發現很有意思。」丹尼爾寫道。他向阿莫斯舉了一個例子：想像一下希特勒實現了最初的夢想，也就是成了一位畫家。「接下來再想像另一個可能，」丹尼爾寫道：「別忘了，阿道夫・希特勒也可能是個女的，畢竟他是女人的機率是五〇％，應該遠遠高於他成為畫家的機率。為什麼我們比較能接受想像他是畫家，卻無法想像他是女人？」

研究想像機制的運作，讓丹尼爾聯想到越野滑雪運動。他曾在溫哥華嘗試這項運動，卻老是無法上手。他參加兩次的基礎課程，卻發現上坡滑雪比起下坡滑雪要困難許多。丹尼爾發現，當心智要抹除記憶時，也同樣偏愛下坡，他稱之為「下坡法則」（The Downhill Rule）。

兩人漸行漸遠，一個不可逆的背離過程

研究這個新議題，對丹尼爾是一個全新的體驗，這次是在沒有阿莫斯的合作之下，他一個人很快就得出了不少進展。信件的結尾他寫道：「在我們下週日見面之前，如果你可以花幾小時寫信給我，談談你對這個議題的看法，對我會很有幫助。」丹尼爾忘了阿莫斯是否有回信，很可能沒有。阿莫斯似乎對丹尼爾的新研究有興趣，但不知道為什麼卻沒有提出想法。「他什麼也沒說，這真的很少見。」丹尼爾說。他猜想，阿莫斯陷入了不快樂的情緒中，但這點也很不像阿莫斯。

後來阿莫斯跟一位好友吐露，說他離開以色列之後，很驚訝地發現自己竟然沒有罪惡感，但是非常想念家鄉。或許，這就是問題所在：移民到美國的阿莫斯，不再是原本的阿莫斯了。也或許，問題在於這些新概念與他們先前的研究不同，過去，他們的研究一直都是從挑戰被大眾普遍接受的理論開始，點出人類行為理論的錯誤，並建立一套更有說服力的理論。但是，這回關於人類的想像模式，目前並沒有任何需要被推翻的理論。

還有另一個問題，那就是他們兩人的地位出現了變化。對阿莫斯來說，他是「下」去英屬哥倫比亞大學找丹尼爾，而丹尼爾是「上」來奧洛帕圖找阿莫斯。「阿莫斯是個驕傲的人，我可以感受到他一定覺得這地方很鄉下。」丹尼爾說。有一天晚上他們兩人在聊天，阿莫斯不經意脫口而出說，他覺得在史丹佛大學跟在別的地方不同，在史丹佛所遇到的全是第一流人才。「這是我第一次

聽到他講這種話，」丹尼爾回想：「我知道他沒有特別的意思，他可能也很後悔自己這樣說。但我記得當時自己忍不住想，阿莫斯很可能同情我，這會讓我很受傷。」

但真正淹沒丹尼爾的是挫折感。過去十年當中，他大半時間都跟阿莫斯一起。每當其中一人腦中蹦出任何想法，第一時間就會與對方分享，接下來就會出現神奇的事：彼此不帶任何評判的接受，兩人的心念合而為一。「很多點子雖然是我起的頭，但我不知道怎樣往下延伸……」後來丹尼爾跟邁爾斯．修爾說。如今，他又回到一個人工作的狀態，少了一個能幫助他把點子延伸下去的人。「我有好多想法，但是他不在身邊，」丹尼爾說：「很多想法就這樣不了了之，因為少了阿莫斯的幫忙。他總是有辦法統整所有想法。」

一九七九年四月，就在丹尼爾寫備忘錄給阿莫斯之後幾個月，他和阿莫斯一起到密西根大學演講，那是一年一度備受景仰的卡茨紐康學術講座系列（Katz-Newcomb Lecture Series）。丹尼爾很意外，對方邀請的是他們兩人，而不是只請阿莫斯。丹尼爾猜想，當時阿莫斯可能沒什麼新想法，所以談的主題是他們兩人先前研究的框架效應；而丹尼爾講的，則是他九個月以來所探索的主題，他稱之為「可能世界的心理學」（The Psychology of Possible World）。他解釋何謂「抹除法則」，他後來設計了更多實驗，除了前面提過的嗑藥青少年撞死銀行家，另外還有一個人開車時心臟病發，未能及時踩煞車而身亡。丹尼爾通常是在夜深人靜時發想這些實驗，而且他會半夜因為想到某個點子醒過來，所以他在床邊放了一本筆記本。阿莫斯或許思考較強，但丹尼爾比較會演講。雖然過去都是阿莫斯受到較多的關注，但這種情況無法長久：遲早有一天，人們會看到丹尼爾的貢獻。

那天，台下聽眾被丹尼爾的演說深深吸引，演講結束後沒人急著離開。他們兩人並肩站著，曾經是阿莫斯導師的克萊德．庫姆斯帶著欽佩眼神走向他們。「你們怎麼會有這麼多想法的？是誰想出來的？」他問。阿莫斯說：「丹尼爾和我不談這種事。」

丹尼爾和我不談這種事？

這一刻起，丹尼爾心裡的小劇場開始變了調。他後來說：「那是我跟他結束的開始。」

如果，阿莫斯能表現得更謙虛……

事後，他當然也試過在心中抹除這段記憶，不過他發現自己並不是想像「如果克萊德．庫姆斯沒問那個問題」或「如果我也能像阿莫斯那樣堅強」或「如果我不離開以色列」，他想的是：「如果阿莫斯能表現得更謙虛。」在丹尼爾的想像中，阿莫斯就是那位演員，阿莫斯就是焦點，阿莫斯曾有非常多機會給予丹尼爾所做的一切應有的榮耀，但是他並沒有這麼做。

他們持續互動著，但那一刻在丹尼爾心裡揮之不去。「就像你和所愛的女人在一起，」丹尼爾說：「你知道你們之間出了問題，但你會裝作沒事。」你會繼續跟對方在一起，但同時你會感到有一股力量要把你拉走。你心中多多少少會期待，也許哪一天會發生某件事，讓你回心轉意，但我和阿莫斯之間，什麼事也沒發生。「我希望阿莫斯能有所反省，但是他沒有。我想，他也不認為自己需要反省。」丹尼爾說。

從那以後，每當丹尼爾談到橡皮擦計畫時，再也沒提起阿莫斯的名字。有將近十年時間，他們不與任何跟兩人研究主題相近的學者合作。直到一九七九年或八〇年初，丹尼爾開始和加州柏克萊大學一位年輕的助理教授戴爾．米勒（Dale Miller）討論，與對方分享他的想法——人們如何將現實與想像的另一個可能現實進行比較。米勒問起阿莫斯，但丹尼爾說他們已經不再合作了。「他一直活在阿莫斯的陰影下，我想，他一直對這點感到很焦慮。」米勒說。沒多久，米勒與丹尼爾一起合作寫論文，題目就是〈橡皮擦計畫〉。

「我想他們已經同意，可以找其他人合作了。」米勒說：「他一直說，與阿莫斯合作的日子已經結束了，我還記得他說過許多聽起來頗傷感的話，例如，有一次他要我對他溫柔點，因為這是他離開阿莫斯之後第一次跟別人合作。」

現實是充滿各種可能性的一朵雲

如果說卡茨紐康學術講座系列對阿莫斯的意義，不如對丹尼爾來得重大，那是因為現在阿莫斯的生活，就是一場接一場忙碌的卡茨紐康學術講座，遊歷世界各地，測試他的理論。「他是藉由說話來思考的，」他的妻子芭芭拉說：「你可以聽到他一邊洗澡一邊自言自語，從門外就可聽到。」他們的孩子已經習慣父親一人待在房間跟自己講話。「像個瘋子。」他的兒子泰爾說。他們看過他開著那輛棕色的本田汽車回家，然後把車停在家門前的街道上，在車內開始喃喃自語。「他會以每小時三英里的龜速開著車，然後突然間大力踩油門加速前進。」他的女兒朵娜說。「這表示他已經想通了某個想法。」

一九七九年四月初，就在卡茨紐康學術講座舉辦前幾個星期，阿莫斯認識了一批蘇聯心理學家。當時，有十位知名的西方心理學家組成代表團到蘇聯參訪，阿莫斯是成員之一。蘇聯心理學家希望說服他們的政府，將數學心理學納入俄羅斯科學院，同時尋求美國心理學家的支持。兩位傑出的數學心理學家：威廉．埃斯特斯（William Estes）和鄧肯．魯斯（Duncan Luce）決定協助對方，他們列出了一份簡短的美國知名數學心理學家名單，其中絕大多數都年事已高，阿莫斯和他的史丹佛同事布萊恩．溫戴爾（Brian Wandell）則是屬於年輕一輩。「馬克思主義者根本沒把心理學放在眼裡，」溫戴爾說：「在他們看來，心理學是不需要存在的事物之一。」

整整花了一天的時間，他們終於明白為什麼馬克斯主義者會這麼想。這些蘇聯心理學家根本就是大外行。「我們以為蘇聯有真正的科學家，」溫戴爾說：「但他們不是。」當天，蘇聯和美國心理學家輪流上台報告，其中一位美國心理學家談到關於決策理論的研究心得，換另一位蘇聯心理學家起身報告，但內容聽起來卻荒謬到爆——他談的是喝啤酒引發的腦波，如何抵銷喝伏特加所引發的腦波。「我們起身，然後上台發表論文，一切進行得很順利。」溫戴爾說。「但有些蘇聯心理學家一站起來就開始長篇大論，我們心想：『哇，這也太詭異了。』其中一個人還談到如何將人生的意義代入公式，這道公式中有一個變項E。」

不過，有個人例外，溫戴爾說：「他的演說比起其他人要好太多了。」這個人過去曾是KGB特工，受過心理學訓練，他在演講中也提到過去受訓的心得。「我們之所以發現他曾是KGB特工，是因為稍後他也參加了一場物理學研討會，同樣發表了一場精采的演講。」溫戴爾說：「那個人是唯一讓阿莫斯另眼相看的人。」

他們住的旅館，馬桶不能沖水，暖氣故障。房間內有竊聽器，無論他們走到哪，都有人監視著。「頭一兩天，大家都嚇壞了。」溫戴爾說，「不知道該怎麼辦。」阿莫斯覺得這整件事太可笑。「他們鎖定阿莫斯，或許是因為他是以色列人。」溫戴爾說。「阿莫斯展現出他慣有的作風，他在紅場散步，然後看著我，表情似乎在說：『來吧，我來甩開他們！』接著他就開始向前跑，監視的人在他後面追。」後來阿莫斯躲到百貨公司裡，被他們找到。俄國人氣炸了。「他們嚴厲地斥責了我們一頓。」溫戴爾說。

在裝有竊聽器、暖氣故障的飯店房間，阿莫斯花了些時間為「橡皮擦計畫」的檔案夾補充資料，最後完成了多達四十頁左右的手寫筆記。阿莫斯確實希望將丹尼爾的想法變成完整的理論，但是丹尼爾完全不知情，也不知道阿莫斯私下忙著幫他設計實驗：

大衛P在墜機事件中喪生。下列哪一種情境比較容易想像：

□飛機沒有墜毀

□大衛P搭乘另一班飛機

阿莫斯沒有回覆丹尼爾寫來的長信，而是自己做筆記，試圖重新整理丹尼爾的想法。「當下的世界總是充滿驚奇，比起某些想像的世界，反倒顯得更不合理。」他寫道。「要將可能實現的世界進行排序，依據的標準是：一、初始合理性；二、與當前世界的相似性。」幾天後，他寫了滿滿八頁紙，試圖建立一個合乎邏輯、內容具備一致性的想像理論。「他愛死了這些想法，」芭芭拉說。「長期研究決策行為的他發現，其實有意思的是那些你捨棄不要的選擇。」他一直在思考新理論的名字，這樣才能知道自己要寫什麼。檔案夾中最早完成的筆記裡，他將「抹除捷思法」這個詞圈出來，並為新理論取名為「可能性理論」（Possibility Theory）。之後他改為「情境模擬理論」（Scenario Theory），後來再改為「另類狀態理論」（The Theory of Alternative States）。在他最後的筆記中，又換了個名字：「陰影理論」（Shadow Theory）。

「陰影理論的主要論點在於，」阿莫斯在自己的筆記上寫道：「那些替代的想像世界（或稱可能性集合），其情境將決定我們對現實的期望、解讀、記憶及歸因，以及由現實所觸發的情緒狀態。」在這個研究主題的思考接近尾聲時，阿莫斯用簡單的一句話總結，含意深遠：「現實是充滿各種可能性的一朵雲，而非一個點。」

並非阿莫斯對丹尼爾的想法不感興趣，只是他們不再能夠關在房間裡一起討論。過去兩人同處一室的對話，如今只能獨自一人進行。因為兩人之間新形成的距離，反而更能意識到這些想法是出自於誰。「因為分隔兩地，所有想法都寫在信上，所以我們知道這是誰提出的構想。」阿莫斯告訴邁爾斯．修爾：「以前一有什麼想法，我們就會打電話。現在，你有了想法後得先自己鑽研，這一來想法就有更多部分來自你，於是你會記得你擁有這些想法，但以前我們不是這樣的。」

丹尼爾全心全意投入自己的新概念，並拿回主導權，不願讓阿莫斯插手。阿莫斯仍每隔一星期就飛到溫哥華，但兩人的關係再次緊張起來。阿莫斯明顯很希望能像過去一樣繼續合作，但丹尼爾不願意。他預見自己會嫉妒，也對自己與阿莫斯之間的關係，做了一個決定。

第12章

一朵可能性的雲

我們是朋友，無論你怎麼想

一九八四年，阿莫斯接到電話通知，他將獲頒麥克阿瑟天才獎（MacArthur genius grant），所以他必須返回以色列一趟。他將可獲得二十五萬美元的獎金、五萬美元的研究費用、高額的健康保險，以及一篇新聞稿。這篇新聞稿祝賀阿莫斯成為當代思想家，在充滿創造力的學術研究路上展現不凡的原創性，並彰顯了自我主導的優秀能力，雖然這些成就是他和丹尼爾共同完成的，但卻隻字未提丹尼爾的貢獻。

阿莫斯不喜歡得獎。他認為獲獎會誇大人與人之間的差異，有害而無益，只會帶來更多哀傷而非歡樂。因為除了得獎者之外，還有許多其他人值得獲獎，麥克阿瑟獎就是一例。「他對得獎並不感激，」他的朋友心理學家馬婭．巴爾—希勒爾說，得獎消息公布後不久，她和阿莫斯曾在耶路撒冷共處一段時間。「他很生氣，他說：這些人在想什麼？他們怎麼可以只把獎頒給一個人，不是應該兩人一起贏得這個獎嗎？難道他們不知道這麼做，等於是給合作研究一記致命的打擊嗎？」阿莫斯不喜歡這個獎，但他還是領了獎。

在獲得麥克阿瑟天才獎之前，阿莫斯已經獲准進入美國歷史悠久的文理科學院（American Academy of Arts and Sciences）。獲得麥克阿瑟天才獎之後，他拿到了古根漢研究基金，還有來自美國國家科學院的邀請。後者很少會給非美國公民的科學家這個榮譽；同樣的，丹尼爾也再次被忘了。接下來，耶魯大學和芝加哥大學也頒發了榮譽學位給阿莫斯。巴爾—希勒爾說：「他是真的很苦惱，不是在我面前擺樣子。」

一個榮寵加身，一個飽受冷遇

隨著阿莫斯獲獎連連，有越來越多書籍和文章肯定阿莫斯和丹尼爾共同達成的成就，但這些文章往往敘述得像是阿莫斯一人獨力完成。只要有人提到他們兩人共同合作的研究，丹尼爾的名字總是被放在第二個：特沃斯基與康納曼。「你們慷慨地把這個成就歸功於我，」一位心理學家寄了一篇他所撰寫並刊登在期刊上的文章給阿莫斯，阿莫斯回信給他：「但是關於代表性與心理分析的完整闡述，都是我和丹尼爾的討論才發展出來的，所以你應該要提到我們兩個人的名字，或是（如果感覺不妥的話）可以將我的名字省略。」

有一本書的作者盛讚阿莫斯，說他注意到以色列空軍飛行員教官對批評有效的錯覺。「你將此稱為『特沃斯基效應』，其實錯了。」阿莫斯寫信給作者說：「這份研究是我和另一位長期好友兼同事丹尼爾·康納曼共同完成，所以不應該凸顯我個人。事實上，丹尼爾·康納曼才是飛行員訓練效應的原創人，所以如果要以人名來命名，應該稱之為『康納曼效應』。」

「外界都認為阿莫斯聰明有才華，丹尼爾謹慎小心，」佩爾希·戴爾康尼斯（Persi Diaconis）說，他是阿莫斯的朋友，也是他在史丹佛大學的同事。「阿莫斯會說：剛好相反！」

阿莫斯在史丹佛大學的研究生給他取了個綽號「有名的阿莫斯」（Famous Amos）。「人人都認識他，每個人都想跟他見面。」布朗大學心理學教授史蒂芬·斯洛曼（Steven Sloman）說，他曾於一九八〇年代末期和阿莫斯合作研究。但阿莫斯對外界的關注冷淡以對，對越來越多媒體的採訪邀請視而不見（「在電視節目上露臉後，你的日子絕對不會比以前好過。」他說）。他承認，許多邀請函連拆都沒拆，就被他丟進垃圾桶。當然，這種回應不是出於謙遜。阿莫斯知道自己的價值，他無需刻意去強調自己不在乎別人怎麼看他。事實上，他也真的不怎麼在乎。面對外界想方設法地想跟他接觸，他的處理原則就是：所有活動都必須照他的規矩來。

全世界都乖乖接受他的規矩。美國國會議員邀請他針對擬定的法案提供建議；美國職籃聯盟打電話請教他關於籃球的統計偏誤；特勤局邀請他飛到華盛頓，指導他們如何預測和阻止可能威脅政治領袖安全的危險；北大西洋公約組織邀請他飛到法國阿爾卑斯山，向他們說明人們在面對不確定性時如何做決策。阿莫斯似乎能應付各式各樣的問題，無論這個問題對他而言有多陌生，而且還能讓那些負責解決問題的人感覺，他似乎比他們更能抓住問題核心。

丹尼爾會不由自主地一再發現，阿莫斯因為兩人合作的研究而受到各方矚目。不是只有經濟學家邀請阿莫斯參加他們的研討會，語言學家、哲學家、社會學家……連電腦學家也是，即便阿莫斯對於自己在史丹佛大學研究室裡的個人電腦一點興趣也沒有（「我要電腦做什麼？」他說，就在前不久蘋果公司要贈送二十台全新麥克電腦給史丹佛大學心理學系，才剛被他拒絕）。「雖然你並不想去，但對方居然沒有邀請你，還是讓人很生氣。」丹尼爾向哈佛大學精神科醫師邁爾斯·修爾承認。「如果他沒有收到這麼多邀請，我可能會好過一些。」

這些粗鄙的人類，都是探討人類心智如何運作的白老鼠

在以色列，當人們面臨真實世界的問題時，真實世界的人會向丹尼爾求教。但是在真實的美國世界，他們會去找阿莫斯，雖然有時候看不太出來阿莫斯有任何理由知道自己在說什麼。「他大大地衝擊了我們的做事方法。」傑克·麥赫（Jack Maher）說，他在達美航空負責七千名機長的訓練，當時他向阿莫斯請求協助。一九八〇年代末期，達美航空接二連三發生令人尷尬的意外。「我們沒有造成任何傷亡，」麥赫說：「但是會讓乘客回不了家，因為我們降落在錯誤的機場。」

這些意外的源頭，幾乎都是機長做出的錯誤決定。「我們需要建立一套決策模式，我正在尋找對的模式，但並不存在。」麥赫說：「然後特沃斯基的名字突然浮現在我腦海。」麥赫和阿莫斯只有幾小時的會面時間，他把問題告訴了阿莫斯。「他開始用數學解釋，」麥赫說：「當他講到線性回歸方程式，我便笑了出來，他也跟著笑了，然後就打住了。」之後阿莫斯用淺白的英語，解釋他和丹尼爾合作的研究。「他幫我們了解，為什麼有時候機長會做出錯誤的決定。」麥赫說：「他告訴我：你無法改變人們在壓力下做出的決定，你無法阻止機長犯這種人為失誤，你無法訓練機長改掉決策上的弱點。」

阿莫斯建議，達美航空真正要做的，是改變決策的環境。原本應該飛往邁阿密的班機，機長卻錯誤地讓飛機降落在羅德岱堡，這種判斷錯誤只是人性的一部分。當人們被心智誤導，自己很難察覺得出來；反之，當別人被心智誤導，他們卻看得很清楚。商用民航機駕駛艙內的文化，並不鼓勵人們指出機長的錯誤。「被心智誤導的機長，完全就是獨裁的蠢蛋。」麥赫說。阿莫斯強調，要防止機長降落在錯誤的機場，就是訓練機艙內的其他人去質疑機長的判斷。「阿莫斯改變了我們訓練機長的方法，」麥赫說：「我們改變了機艙內的文化，再也不會容忍獨斷行事的機長。從此以後，再也沒發生過相同的錯誤。」

一九八〇年代，阿莫斯和丹尼爾合作的研究論文，影響了他們兩人未曾想到的許多領域，但批評也隨之而來。「我們開啟了這個未知的領域，」一九八三年夏天阿莫斯對邁爾斯·修爾說：「過去，我們挑戰既有體制，現在，**我們**成了既有體制，換成別人來挑戰我們。」

心理學家的逆襲

在一九七〇年代初期的一場研討會上，丹尼爾被介紹給傑出的哲學家馬克思・布萊克（Max Black）認識，並向布萊克解釋自己和阿莫斯共同合作的論文主題。沒想到布萊克說：「我對於笨蛋的心理學一點興趣也沒有。」說完掉頭就走。丹尼爾和阿莫斯從來沒想過，他們的論文竟然被當成笨蛋的心理學。阿莫斯和丹尼爾的研究結果，等於是否定了許多心理學家的研究，因此這些心理學家認為兩人的研究是衝著他們來的。

沃德・愛德華曾是阿莫斯在美國讀研究所的老師，一九七〇年底，愛德華看了阿莫斯和丹尼爾關於人類判斷的論文草稿之後，寫信向阿莫斯抱怨，後續又寫了好幾封語氣激動的信給阿莫斯。在第一封信中，他以一位睿智寬大的大師口吻寫道：你們怎麼會以為問問大學生這些蠢問題，就能得到答案？對於阿莫斯和丹尼爾對人類心智的每一個發現，愛德華都有他的看法。例如賭徒謬誤，連續擲硬幣五次的結果都是正面朝上，人們之所以會認為第六次是反面朝上，並不是因為誤解了隨機的意義，而是「他們厭倦了一直做重複的事」。

阿莫斯非常有禮貌地回覆了老師的第一封信。「非常高興有機會閱讀你針對我們論文所提出的詳盡評論，無論對錯，都很高興看到你仍未失去過往的學術研究精神。」接著，他才一一點評老師的論點「不具說服力」。「特別是，」阿莫斯繼續寫道：「你對於我們實驗方法的批評，完全站不住腳。你批評我們的程序離散化，卻沒有證明程序離散化可能對結果造成什麼影響。你沒有提出相反的數據，或是針對我們的發現提出另一種合理的解讀。相反的，你只表達出強烈的偏見，只因個人偏好就否定了我們的數據蒐集方法。你的立場我們可以理解，但很難有說服力。」

愛德華很不高興，但是在這之後多年他一直忍住自己的怒氣。「沒有人想要和阿莫斯正面對決，」心理學家艾爾文．比德曼說：「尤其是在公開場合。我只看過一次有人這樣做，就是有一位心理學家在一場研討會上批判捷思法，當時也在場的阿莫斯聽完後立刻起身反駁，那個場景就像是……學術界的伊斯蘭國斬首行動。」愛德華必定感受到，一旦與阿莫斯公開發生衝突，極可能成為伊斯蘭斬首行動的受害者。但他實在無法認同阿莫斯的主張，他必須站出來駁斥。

一九七〇年底，愛德華終於找到能夠讓自己站穩立場的理由：一般人沒有能力理解阿莫斯和丹尼爾的主張。人們必須保護自己，不讓自己誤以為心智不值得信任。「我不知道你們是否明白，你們的論文被傳播得多遠，造成的災難有多大。」一九七九年九月，愛德華寫信給阿莫斯。「一個半星期之前，我參加了醫療決策學會（Society for Medical Decision Making）的組織會議，我估計每三篇論文就有一篇提到你們的研究，而且多半是以此辯解在醫療過程中應避免直覺、判斷、決策及其他心智過程。」即便是最高明的醫生，也僅能從丹尼爾和阿莫斯的論文中，得到粗糙且過度簡化的訊息，而認為自己的心智不值得信任。這會對醫學發展帶來什麼影響？學術界權威呢？專家呢？愛德華將他對兩人論文的評論草稿寄給了阿莫斯，希望阿莫斯能好好反省。但阿莫斯沒有如他所願。「通篇充滿挖苦的語氣，對於證據的評斷也極不公平，問題多到無法討論。」阿莫斯在給愛德華的筆記中寫道。「我們明白，你努力要證明我們曲解了人的心智，但很遺憾的，你曲解了我們論述的內容。」

但不是每個人都搞清楚狀況，知道該對阿莫斯敬畏三分。一位牛津的哲學家強納森・柯恩（L. Jonathan Cohen），藉由出版書籍以及撰寫期刊論文，發動一連串攻擊，引起哲學界一陣騷動。柯恩說，對於透過問卷來測試人們的行為、以此了解人類心智的做法，他無法認同。他認為，既然人類創造了理性的概念，那麼按照定義來說，人類必定是理性的。「理性」是多數人的行為表現。或者，正如同丹尼爾在極不情願下，寫信回覆柯恩其中一篇文章所說的：「如果因為一個錯誤而吸引到足夠的選票，這根本不算是個錯誤。」之後柯恩又努力地提出證明，說阿莫斯和丹尼爾發現的錯誤並非錯誤，而是人們對「數學或科學無知」造成的，只要透過大學教授的協助就能解決。「我們是靠教機率和統計學維生的，」史丹佛大學的佩爾希・戴爾康尼斯以及加州柏克萊大學的大衛・傅利曼（David Freedman）在寫給《行為與大腦科學》（*Behavioral and Brian Sciences*）期刊的信上說道，該期刊曾刊登一篇柯恩的批評文章。「我們一再地看到學生和同事（以及我們自己）犯下某種錯誤，而且同一個人很可能一再犯下相同的錯誤。柯恩忽略了這點，這並非是對『數學或科學無知』。」顯然的，無論接受過統計訓練的人如何一再確認丹尼爾和阿莫斯論文提出的事實，不認同的人依舊堅持他們懂得比較多。

繼續維持共同合作的假象

阿莫斯和丹尼爾抵達北美之後，又一起寫了幾篇論文。大部分是他們離開以色列時便已進行的研究主題。但是到了一九八〇年代初期，他們的合作方式已經和以前不同。阿莫斯完成損失趨避的論文，但由兩個人共同掛名，丹尼爾補充了一些段落。丹尼爾自己完成阿莫斯稱為「橡皮擦計畫」的論文，後來他將標題定為「模擬性捷思法」，同樣由兩人共同掛名，和其他學生以及同事的論文一起收錄於一本書中。（之後丹尼爾繼續研究想像法則，但這次不是和阿莫斯合作，而是和他在英屬哥倫比亞大學的年輕同事戴爾．米勒。）阿莫斯直接寫了一篇文章給經濟學家，修正展望理論當中的技術錯誤，標題為「展望理論的進展」（Advances in Prospect Theory）。雖然這篇文章主要是由阿莫斯和他的研究所學生理查．岡薩雷茲合作完成，但是刊登在期刊上仍是由阿莫斯和丹尼爾共同掛名。「阿莫斯說，一直以來都是康納曼和特沃斯基兩人共同掛名，所以必須放上康納曼和特沃斯基的名字，如果再加上第三個人名會很奇怪。」岡薩雷茲說。

如此一來，他們仍維持著如同以往一起合作的假象，即使拉開兩人的力量越來越強。雖然他們的共同敵人越來越多，但仍無法讓兩人重聚在一起。丹尼爾越來越無法忍受阿莫斯應對敵人的態度，阿莫斯天生就是主動回擊的性子，而丹尼爾則是極力避開衝突。對於外界的批評，丹尼爾決定採取一個新策略：不看那些會讓他生氣的論文，對任何敵意視而不見。阿莫斯說，丹尼爾這麼做是「認同敵人」（這指控也沒有偏離事實太遠就是了）。丹尼爾覺得，想像自己站在敵方立場比站在自己立場要容易得多。**當一個人的內心裡已經有自己的敵人，其實他不再需要其他的敵人**。

但阿莫斯需要敵人，這樣才是阿莫斯。沒有了敵人，哪來的凱旋而歸？就如同他的家鄉以色列，阿莫斯隨時都處於戰備狀態。「丹尼爾總是與人為善，阿莫斯不同。」史丹佛大學心理學系系主任沃爾特．米歇爾（Walter Mischel）說：「他心裡只有一句話：去你的。」

到了一九八〇年代初期，阿莫斯越來越常感受到這種憤怒情緒。批評他和丹尼爾論文的文章，反而是其中最不重要的。在研討會上或是在對話時，阿莫斯不時聽到經濟學家和決策理論學家批評他和丹尼爾誇大了人類心智的謬誤；或是，他們發現的心智缺陷其實是人為的；或是，他們只測試了大學生；或是其他等等。和阿莫斯交鋒的許多人，畢生投注大量心力證明人類是理性的。在其中一場爭辯中，阿莫斯明顯獲勝，但讓他不解的是，這些人竟不願承認自己輸了。「阿莫斯想要摧毀對手，」丹尼爾說：「他想要對方閉嘴，當然這是不可能的。」一九八〇年底或一九八一年初，阿莫斯去找丹尼爾，希望一起寫篇文章終結所有辯論。他們知道，對手絕不願認輸（學術界就是這樣），但是至少可以逼他們轉換話題。「這樣我們就算贏了。」阿莫斯說。

一個叫「琳達問題」的心理學實驗

在以色列時，阿莫斯和丹尼爾曾發現一些奇怪現象，只是一直沒深究這些現象所代表的意義。這回他們決定開始研究，就像過去那樣，他們仔細設計實驗，希望可以理解受試者在進行判斷時，他們的心智如何運作。

琳達今年三十一歲，單身，說話坦率直接，個性開朗，主修哲學。在學生時期，就非常關注歧視和社會正義，也參與反核遊行。

琳達這個角色的設定，是一位典型的女性主義者。丹尼爾和阿莫斯的問題是：以下何種情形較有可能？

1. 琳達是小學老師
2. 琳達在書店工作，有在上瑜珈課
3. 琳達積極參與女性主義運動
4. 琳達是社會工作者，具有精神病學專業背景

5. 琳達是婦女選民聯盟的成員
6. 琳達是銀行出納
7. 琳達是保險業務員
8. 琳達是銀行出納，平日積極參與婦女運動

受試者是丹尼爾任教的英屬哥倫比亞大學生。第一次實驗時，他將學生分成兩組，每一組學生分別看到關於琳達的四種描述，然後判斷這四種描述為真的機率。其中一組學生拿到的描述清單，有一項是「琳達是銀行出納」；另一組學生拿到的則是「琳達是銀行出納，平日積極參與婦女運動」。只有這兩項描述是真正重要的，但學生事先不知情。結果，拿到「琳達是銀行出納，積極參與婦女運動」這項描述的學生，判斷這描述為真的機率，高於另外一組判斷「琳達是銀行出納」。

這正是丹尼爾和阿莫斯需要的結果：人們用來判斷機率的經驗法則，通常會產生誤導。「琳達是銀行出納，平日積極參與婦女運動」的發生機率，並不會高於「琳達是銀行出納」。「琳達是銀行出納，平日積極參與婦女運動」包含在「琳達是銀行出納」之中。換句話說，「琳達是銀行出納」包括了「琳達是銀行出納，平日積極參與婦女運動」、「琳達是銀行出納，喜歡在塞爾維亞森林裸身散步」以及其他各式各樣的琳達。其中一項描述，完全被包含在另一則描述中。

當邏輯被嵌入在故事中，人們會對邏輯視而不見。如果你先描述一位病得非常嚴重的老人，然

後問別人：你認為老人會在一週內死亡，或是在一年內死亡？很多人都會告訴你：「會在一週內死亡。」他們的心智被鎖牢在老人「即將死亡」的故事描述中，讓他們忽略了邏輯。阿莫斯另外設計了一個有趣的情境。他問人們：明年最可能發生的是何種情況：A：一場水災導致一千名美國人死亡；B：加州發生大地震引發洪水，導致一千名美國人溺斃。通常，人們會選擇B。

導致人們判斷出錯的原因，源自丹尼爾和阿莫斯所稱的「代表性」，也就是人們會判斷標的物相較於他們心中理想典範的相似性程度。

阿莫斯不想就此打住。他將琳達的所有描述清單拿給好幾組人進行測試，請他們分別針對每一項描述來判斷發生機率。他想知道，當人們選定「琳達是銀行出納，平日積極參與婦女運動」時，是否也同樣認為這則描述為真的機率高過「琳達是銀行出納」。他想要證明的是，人們就是會犯這麼明顯的錯誤。「阿莫斯熱中做這種事，」丹尼爾說：「為了贏得辯論，你會希望人們真的犯錯。」

對這個新研究計畫，還有對阿莫斯，丹尼爾的心情很複雜。打從離開以色列以來，他們就像被洪流沖往兩個不同的方向，再也難以回頭。阿莫斯被邏輯吸引，而丹尼爾投入心理學。不同於阿莫斯，丹尼爾對於證明人類非理性沒太大興趣，他對決策理論的興趣僅止於他所提供的心理學洞見。丹尼爾後來說：「我們究竟是在研究心理學，還是決策理論？」丹尼爾希望回歸到心理學。

於是，丹尼爾帶著沉重的心情，將這個後來被稱為「琳達問題」的問卷交給了英屬哥倫比亞大學某班學生再進行測試。「總共有十二個人，十二個人全都中計。」他說。「我記得當時很吃驚，趕緊用我祕書的電話打給阿莫斯。」後來他們又繼續進行了好幾次實驗，設計不同的情境，針對上百名受試者進行測試。「我們只是想要知道這個現象的極限。」丹尼爾說。

接著，他們決定干擾受試者的邏輯，看看會如何。他們給每位受試者一模一樣的琳達描述，然後要求受試者回答：這兩種可能性當中，哪一種發生機率較高？

A：琳達是銀行出納

B：琳達是銀行出納，平日積極參與女性主義運動

仍有高達八五％的人認為B選項的發生機率較高。琳達問題就好比是有兩個圓圈的「范氏圖」（Venn diagram），其中一個圓圈完全被包在另一個圓圈之內。但是人們完全看不出來這一點，丹尼爾對此感到震驚，人類的心智運作真的非常頑固。丹尼爾請英屬哥倫比亞大學的學生到會議室，向他們解釋所犯的錯誤。「你們知道自己違反了基本的邏輯法則嗎？」他問。「那又怎樣？」後排一位年輕的女學生大聲說：「你不過是在問我的意見而已！」

阿莫斯和丹尼爾繼續用不同方式測試琳達問題。他們把問題交給曾接受過邏輯及統計訓練的研究生進行測試，還找了一群醫生。結果有非常多醫生也犯了和研究生一樣的錯誤。「多數參與者都感到驚訝，不相信自己竟然會犯下這種錯。」阿莫斯和丹尼爾寫道：「合取謬誤（conjuction fallacy）

很容易發現*，所以當知道自己做出錯誤選擇，很多人都會想：我怎麼先前沒想到呢？」

更多的細節，更少的可信度

對阿莫斯來說，這篇正準備和丹尼爾合寫的「合取謬誤」論文，可以終結長久以來的爭論。他們向讀者解釋，人們如何以及為什麼會違反「最簡單也最基本的機率法則」。通常一般人會傾向選擇比較詳細的描述（即使這個描述的正確機率較低），原因就在於詳細的描述比較「有代表性」。他們指出，在現實生活中，這種思維陷阱可能會導致嚴重後果。例如，當我們在做判斷時，某件事照理說發生機率很低，但補上更多細節後，就會看起來更可信。比如說，律師只要在描述案件時，為人物和事件添加「具代表性」的細節，就能讓事件本身更具有說服力，即便他所陳述的未必是事實。再一次，阿莫斯和丹尼爾又展現了這種根據經驗法則來運作的思維推論方式，還特別取了一個古怪的名字：「捷思法」。

在兩人於一九七〇年代初期在耶路撒冷所寫的論文中，還找到了另一個例子，可以用來說明琳

*編按：合取謬誤是一種認為多重條件比單一條件更可能發生的認知錯誤。

達問題。

在一篇大約兩千字的四頁短篇小說中，你預期會有多少個單字的字母組合為 _ _ _ _ ing（共有七個字母，最後以 ing 結尾）？請把你估計的數目圈起來。

0　1-2　3-4　5-7　8-10　11-15　16+

然後他們向同一組人再提出第二個問題：在同樣這篇小說裡，會有多少個單字的字母組合為 _ _ _ _ _ n _ ？（同樣是七個字母，第六個字母為 n）

你或許已經注意到，第一組的單字（七個字母、結尾是 ing）一定也能被歸到第二組單字（第六個字母為 n 的七個字母）中，所以，這篇文章中第二組的單字數必然不少於第一組。但是，受試者卻不是這樣想的。平均來說，他們的前一道題（七個字母、結尾是 ing）的答案是一三．四，而第二道題（七個字母，第六個字母為 n）的答案卻只有四．七。阿莫斯和丹尼爾強調，之所以會出現這樣的結果，是因為人們通常比較容易想到 ing 結尾的單字。換句話說，這些單字的可得性較高。

這篇新論文再度獲得成功*，「琳達問題」及「合取謬誤」正式成為心理學語言。但丹尼爾心裡並不舒坦，這篇新論文雖然是兩人合作完成的，但他說這是一次「痛苦的合作」。他不再感受到他和阿莫斯是「同一條心，共用同一顆腦袋」。其中有整整兩頁是阿莫斯獨力完成，內容主要是更精確地定義何謂「代表性」，但丹尼爾原本希望保持定義的模糊性。讓丹尼爾不舒坦的另一個原因，是這篇論文比較不像是探究新的現象，反而更像是阿莫斯用來還擊對手的新武器。「這完全是阿莫斯的作風，」他說：「這是一篇引戰的論文。」

兩人漸行漸遠。丹尼爾花了相當長的時間，才了解自己的價值。他發現，阿莫斯獨力完成的論文沒有他們一起合作的論文好。他們兩人合作的論文所得到的關注和讚譽，遠多於阿莫斯獨力完成的論文。外界對於兩人關係的理解，就像大圓包小圓的范氏圖，代表丹尼爾的圓圈完全被包在阿莫斯的圓圈之內。阿莫斯的圓圈快速擴張，邊界距離丹尼爾越來越遠。丹尼爾感覺自己正在緩慢滑行，從阿莫斯身邊最親近的小圈子，逐漸移動到阿莫斯看不上眼的大圈子。「阿莫斯變了，」丹尼爾說：「以前我給他看我的想法，他都會找出優點並修正。對我來說，這就是合作的樂趣所在。他比我自己更了解我。但是現在，他已經不再這麼做了。」

對於熟悉阿莫斯、也看過阿莫斯與丹尼爾互動的朋友來說，納悶的不只是他們兩人的關係不再親近，而是他們之間曾經那麼親密。「丹尼爾不易親近，」佩爾希・戴爾康尼斯說：「阿莫斯則是

---

*這篇論文刊登於一九八三年十月號的《心理學評論》（*Psychology Review*），暢銷書作者、資訊科學家侯世達（Douglas Hofstadter）將自己的模擬問題寄給了阿莫斯。例如：費多不斷吼叫，追著車跑。費多比較有可能是：一、可卡獵犬；二、存在宇宙的某個實體？

在任何場合都能侃侃而談，他們兩人之間的化學反應是如此強烈，言語無法形容。兩人都相當優秀，他們之間微妙的交互作用，本身就是奇蹟。」

兩個男人要維繫感情比經營婚姻更困難

一九八六年，丹尼爾和安妮轉到加州柏克萊大學——也就是八年前說丹尼爾年紀太大，無法勝任教職的那所學校——任教。

「我真的希望丹尼爾去柏克萊大學後，我們的關係能改善，可以有更多互動，不會這樣關係緊張。」阿莫斯在給朋友的信上寫道：「我很樂觀。」

當丹尼爾在一年前開始找新教職時，他才發現自己的身價已不可同日而語。這次，他獲得了十九個工作機會，其中包括哈佛大學。許多人說，丹尼爾之所以鬱鬱寡歡，是因為離開以色列後找不到自己的定位。但若真是如此，恐怕很難解釋接下來發生的事：丹尼爾變得更憂鬱了。「他說他再也不要工作。」馬婭．巴爾—希勒爾說，丹尼爾來到柏克萊後不久，他們在校園巧遇。「他再也沒有新的構想，心情越來越糟。」

丹尼爾想都沒想過，他和阿莫斯會走到分道揚鑣的一天。他會變得如此心情低落，最主要原因是他預見了兩人關係即將走到終點。「這是婚姻！是人生大事！」一九八三年夏天，丹尼爾對邁爾斯．修爾說：「我們合作長達十五年，分手是很嚴重的一件事。就好比你去問其他人為什麼要維持婚姻關係一樣，我們需要一個非常強烈的理由，才可能結束這段關係。」

然而，不過短短三年之後，他卻從努力守住婚姻，變成一心想要逃出去。來到柏克萊大學任教之後，情況反而更糟：越常與阿莫斯碰面，越讓丹尼爾感到痛苦。「我們之間的緊張關係，已經到了臨界點。每當我一想到要告訴你任何我喜歡的想法（無論是我的或其他人的），都會讓我焦慮。」一九八七年三月，在某次碰面之後丹尼爾在給阿莫斯的信中寫道：「每見一次面，就會毀了我好幾天的生活（包括事前的預期及事後的恢復），我不想再這樣下去了。我的意思不是再也不要和你說話，而是我們應該要認清現實，面對我們關係的改變。」

阿莫斯寫了一封長信回覆丹尼爾。「我承認我有許多待改進之處，但是你也變得越來越不能接受反對和批評，不論是來自我的批評還是其他人的批評。」他寫道。「你太看重自己的想法了，表現得一副不喜歡就拉倒的樣子，以前我最欣賞你的一點就是，在我們合作寫論文時，你總是扮演直言不諱的批評者角色。你捨棄了後悔理論的某段有趣論述（主要還是你想出來的），只因為出現了一個相反的例子，但其實幾乎不會有人（除了我之外）察覺得到。你阻止我們寫定錨效應的論文，只因為覺得不夠完整。但是，最近你在面對自己的想法時，卻沒能表現出相同的態度。」

寫完這封信，阿莫斯又寫了另一封信給他在以色列的好朋友——數學家瓦爾達．利伯曼（Varda Liberman）。「我對於自己和丹尼爾這段關係的認知，與丹尼爾的認知完全不同。」他寫道：「我認為朋友之間應該開誠布公，但他覺得我在羞辱他。他認為正確的行為，對我卻是不友善的表現。他很難接受，在朋友眼中我們是兩個完全不同類型的人。」

丹尼爾希望阿莫斯能為他做一件事：他需要阿莫斯去修正外界認為他們是不平等夥伴的觀感。他需要走這一步，因為他懷疑阿莫斯也和外界一樣做如是想。「他似乎很樂於看見我活在他的陰影下。」丹尼爾說。阿莫斯私下對麥克阿瑟獎只頒給他卻漏了丹尼爾一事，感到憤憤不平，但是當丹尼爾打電話恭喜他時，他卻只是淡淡地說：「沒拿這個獎，也會有其他的獎。」阿莫斯可以為丹尼爾寫無數封推薦信，但當丹尼爾告訴阿莫斯哈佛大學找上他時，阿莫斯卻說：「他們想請的人是我。」這話他脫口而出，而且當場就後悔了。阿莫斯常忍不住在情感上傷害丹尼爾，而丹尼爾也常感覺受到傷害。在史丹佛大學，芭芭拉的研究室就在阿莫斯隔壁，「我可以聽到他們講電話的內容，」她說：「情況比離婚還糟。」

為什麼你有香蕉，給我的卻是黃瓜

更令人不解的是，丹尼爾不只是要斷絕兩人的關係。一九八〇年代末，丹尼爾似乎陷進了某種非常苦惱的狀態。一旦你與阿莫斯．特沃斯基心意相通，就很難再將他趕出你的腦袋。

丹尼爾的做法是，不讓自己看見阿莫斯，於是一九九二年他離開柏克萊，轉往了普林斯頓大學。「阿莫斯讓我的人生蒙上陰影，」他說：「我必須逃離。**他占據了我所有的心思。**」阿莫斯無法理解，丹尼爾為何有必要讓兩人相距三千英里之遠。他無法理解丹尼爾的行為。「我就告訴你一個小例子，」一九九四年初阿莫斯在給瓦爾達．利伯曼的信上寫道：「有一本談人類判斷行為的新書，簡介中有段話提到丹尼爾和我是『拆不開的』。當然，這說得有點誇張，但丹尼爾竟寫信給作者，說對方寫錯了，並加了一句：『我們已經有十年時間，是完全不相干的兩個人。』但其實過去十年，我們還一起發表了五篇論文，也共同合作過幾項研究計畫，雖然一直都沒完成（主要是因為我的關係）。這是小事，我只是想讓你知道他的心理狀態。」

有很長一段時間，即使兩人之間仍有往來，但是在丹尼爾心裡，兩人的關係已經結束了。然而，在阿莫斯的心裡，他們的關係並未結束。「你似乎是下定決心要給我一個我不能接受的提議。」一九九三年初，阿莫斯提出某個提議後，丹尼爾在給阿莫斯的信上寫道。他們仍是朋友。他們找到不用在一起也能合力完成研究的方式。他們從未向別人提起兩人之間的問題，所以外界都以為他們仍在一起工作。阿莫斯喜歡這樣的誤解，丹尼爾則相反。阿莫斯希望可以寫一本十五年前他兩人說好要寫的書，而丹尼爾讓阿莫斯知道，這事不可能發生。

「對於要如何完成這本書，丹尼爾有新的想法。」一九九四年初阿莫斯在給利伯曼的信上寫道：「他說可以將我們最近各自發表的論文——雖然沒有任何關聯，也沒有統一的架構——集結成書。我覺得這太荒謬了，那感覺就像是兩個過去曾一起工作的人，現在卻連章節都無法好好坐下來討論……如果是這樣，我連往下想的動力都沒，更別談動筆了。」

阿莫斯無法給丹尼爾所要的，或許是因為他完全不知道丹尼爾要什麼。丹尼爾要的，其實很難明說。以前在以色列，他們兩人手上都有一根黃瓜，而現在阿莫斯拿的是一根香蕉。但丹尼爾在意的，也不全然是這根香蕉。丹尼爾不需要哈佛的教職，也不需要什麼麥克阿瑟天才獎的肯定——有也很好，但前提是能夠改變阿莫斯對他的觀感。丹尼爾需要的，是阿莫斯能繼續毫無保留地接受他以及他的想法，就像當初兩人關著門做研究一樣。如果以前阿莫斯是刻意迎合丹尼爾，就應該一路迎合下去。畢竟，不管對誰來說，所謂婚姻不就是兩個人互相遷就嗎？「我在意的是他，不是全世界。」

我們是朋友，無論你怎麼想

一九九三年十月，丹尼爾和阿莫斯在義大利杜林舉辦的一場研討會上相遇。有一天晚上，兩人一起外出散步，阿莫斯提出了一個請求。他們的論文出現新的批評者——德國心理學家格爾德．蓋格瑞澤（Gerd Gigerenzer）。打從一開始，那些被他們激怒的人認為，他們的論文只關心人類心智陷阱，誇大了人類思維的謬誤。丹尼爾和阿莫斯曾多次在演說或文章中澄清：其實他們也同意，人們在面對不確定性時，根據經驗法則來做決策通常都不會有問題，只是有時候會失靈，而這種失靈的現象值得關注，是因為能讓我們看見自己的心智是如何運作的。既然如此，為什麼不加以研究呢？畢竟，當我們用視覺錯覺去理解眼睛如何運作時，也沒聽到有人批評啊。

蓋格瑞澤的批評角度與其他批評者差不多，但在丹尼爾和阿莫斯看來，他扭曲了論文內容，斷章取義，還刻意低估或忽略了他們提出的多數證據，以及所有最強而有力的證據。他的行為就和某些評論者一樣，依據的是個人好惡而非事實。阿莫斯提到，有人肯定蓋格瑞澤「勇敢批評美國人」，這真的太奇怪了，因為他們明明是以色列人。「阿莫斯說，我們一定要還擊。」丹尼爾回憶道：「但是我說：我不想，一來這會耗掉我們很多時間，二來我會很生氣，而我討厭自己生氣。再說，最後還未必能吵贏。阿莫斯說：我從來沒有以朋友的身分求過你，這次我是以朋友的身分提出請求。」丹尼爾心想：他從沒有這樣過，我實在不忍心拒絕。

不久之後，丹尼爾就後悔當初沒有拒絕阿莫斯。阿莫斯不只是跟蓋格瑞澤宣戰，還想摧毀他（「阿莫斯只要一提到蓋格瑞澤，都一定會加上『混帳東西』。」曾是阿莫斯學生的加州大學教授克雷格・福克斯〔Craig Fox〕說）。不過丹尼爾還是一貫的盡量與人為善，試著找出蓋格瑞澤文中的優點——只是很難。丹尼爾一向不喜歡對別人發脾氣，他努力不在這位德國批評者身上破戒，他甚至有部分同意蓋格瑞澤對「琳達問題」的觀點：只要簡單修改原來的版本，可以引導人們得出正確的答案。他的做法是：把問題修改成「有一百個人和琳達相似，你認為以下描述適用多少人？」如果你給他們這樣的提示，他們就會明白琳達是銀行出納的機率，高於「琳達是銀行出納，平日積極參與婦女運動」的機率。但是丹尼爾和阿莫斯早就知道這一點，在原來的論文中也曾經提過，只是沒有特別強調而已。

蓋格瑞澤後來被歸類為所謂的演化心理學派（evolutionary psychology），這個學派主張人類的心智為了持續適應環境變化，必須具備良好的調適能力，而且容易受到系統性偏誤所影響。但是，阿莫斯認為這樣的想法很荒謬。心智比較像是一種應對機制（coping mechanism），而不是設計完美的工具。「大致來說，人類大腦最初的設定，是盡可能提供確定性。」他在對華爾街高階主管演講時說：「我們大腦的設計，不會替我們列出所有不確定性，而是會主動尋找最可能支持我們想法的證據。」在面對不確定的情境時，人類的心智就像一把瑞士刀，它的能力足以應付大多數必要的工作，但並非完全適合所有的工作，也還沒有完全「演化」。「只要聽演化心理學家談論夠久的時間，」阿莫斯說：「你就不會再相信演化理論。」

丹尼爾答應「以朋友身分」幫助阿莫斯，但沒多久，他的心再度被這個朋友所傷。他們一再修改回應蓋格瑞澤攻擊的文章，不斷相互修正遣詞用字。阿莫斯認為丹尼爾的語氣太溫柔，而丹尼爾則認為阿莫斯的語氣太嚴厲。丹尼爾總希望息事寧人，而阿莫斯得理不饒人。他們似乎沒有一件事能取得共識。「我非常不高興，必須一再重讀回應蓋格瑞澤的文章，幾乎都決定動用機率裝置（或三人評審團），在我們兩個版本之間做選擇了。」丹尼爾寫信給阿莫斯說：「我不是想找碴，而是你所寫的內容我實在看不下去。」四天後，阿莫斯仍不願修改，丹尼爾再度寫信給阿莫斯：「在這個科學家宣布發現有四百億個新星系的今天，我們還在為了文章中的六個字爭執不下……透過 email 討論這些事，每一封信件都讓我難過很久，我受不了。」

阿莫斯回說：「我不明白你為什麼會這麼敏感，你是我認識的人當中，心態最開放、最沒有防衛心的人。但只要我改寫了你喜歡句子，或是把我無心的話解讀成有惡意，你就會非常生氣。」

有一天晚上在紐約，丹尼爾和阿莫斯住在同一間公寓，丹尼爾做了一個夢。「在夢裡，醫師告訴我，我只剩下六個月的生命。」他回憶道：「我跟上帝說，真是太好了！這樣就不會有人硬要我把人生最後的六個月，都花在處理這篇無聊的文章上！隔天早上，我把這個夢告訴阿莫斯。」沒想到，阿莫斯看著丹尼爾，淡淡地說：「換作是別人，或許會覺得你這個夢有意思，但我不覺得。**就算你只剩下六個月的生命，我還是希望你能和我一起寫完這篇文章。**」

就在這次對話之後沒多久，丹尼爾看到了美國國家科學院公布新的院士名單，將近十年前，阿莫斯就已經是院士之一。再一次，丹尼爾的名字不在其中。再一次，所有人都看到了他們之間的差距。「我問他：你為什麼沒有推薦我？」丹尼爾其實心裡知道為什麼——假設兩人的情況互換，阿莫斯也絕對不容許自己靠著兩人的好友關係，去換來特別待遇。「我說，朋友不應該這樣！」丹尼爾說。

丹尼爾轉身離開了，再也不跟阿莫斯合作，不會再寫回應蓋格瑞澤的文章，也不會再合作寫論文了。他告訴阿莫斯，他們不再是朋友。「我跟他……離婚了。」丹尼爾說。

三天後，阿莫斯打電話給丹尼爾，說他剛得知一個壞消息。醫生在他的眼睛內發現腫瘤，已確診為皮膚癌，經過全身掃描後，發現癌細胞已經擴散了。醫生預估他最多只剩下六個月生命，丹尼爾是他第二個想告知這個消息的人。

聽到這個消息，丹尼爾一顆心往下沉。「他是在告訴我：我們是朋友，無論你怎麼想。」

尾聲
一日是英雄，終身是英雄

請思考以下的模擬情境：

傑森K是無家可歸的十四歲男孩，住在美國某個大城市裡。他個性害羞、畏縮，卻非常機靈。父親在他很小的時候被殺害，母親吸毒上癮，傑森只能自己照顧自己。有時候睡在朋友公寓的沙發上，但多數時候是睡在街上。他預計上學到九年級。他常常餓肚子。二〇一〇年的某一天，他接受當地幫派的提議，販賣毒品並輟學。幾星期後，就在他十五歲生日前夕，遭到槍殺身亡。死時身上沒有任何武器。

我們想找出方法來「抹除」傑森K已經死亡的記憶。下列描述請依照可能性高低進行排序：

一、傑森的父親沒有被謀殺。

二、傑森身上帶著一把槍，可以保護自己。

三、美國聯邦政府讓無家可歸的兒童更容易取得應得的免費早餐和午餐。傑森不再需要餓肚子，可以繼續上學。

四、一位熟悉阿莫斯．特沃斯基和丹尼爾．康納曼研究的律師，在二〇〇九年到聯邦政府任職。他引用康納曼和特沃斯基的研究並推動修法，從此無家可歸的小孩不用登記就能加入學校早午餐計畫，自動取得免費的早餐和午餐。傑森從未餓肚子，仍繼續上學。

如果你認為選項四的可能性高於選項三，你就違反了最簡單也最基本的機率定律。但你肯定知道這事有搞頭，對了，這名律師的名字叫凱斯．桑斯坦（Cass Sunstein）。

請你留在經濟學界，我們需要你

阿莫斯和丹尼爾的研究，讓經濟學家和政策制定者開始重視心理學。「我成了信徒，」諾貝爾經濟學獎得主彼得．戴蒙說，他完全相信丹尼爾和阿莫斯提出的論述：「全都是真的，這些都不只是象牙塔裡的理論，而是可以套用到現實生活中。這對經濟學家很重要，我花了好幾年的時間思考要如何運用它，但總是失敗。」

一九九〇年代初期，許多人都說應該讓心理學家和經濟學家多多合作，讓他們更加了解彼此。經濟學家個性魯莽，又極度自信；心理學家心思細膩，總是抱持懷疑。「心理學家打斷台上的演講，通常只是為了釐清事實。」心理學家丹尼爾・吉爾伯特（Daniel Gilbert）說：「經濟學家打斷演講，多半是為了顯示自己有多聰明。」

「在經濟學界，沒禮貌是很常見的。」經濟學家喬治・魯文斯坦（George Loewenstein）說：「我們原本想在耶魯大學舉辦一系列心理學與經濟學講座，結果第一次舉辦時，就讓心理學家心裡非常受傷，所以再也沒有第二次講座。」一九九〇年代初期，在法國舉辦的一場研討會上，阿莫斯以前的學生史蒂芬・斯洛曼分別邀請了人數相同的經濟學家和心理學家參加。「我向天發誓，我花了四分之三的時間請經濟學家閉嘴。」斯洛曼說。「問題在於，」哈佛大學社會心理學家艾美・柯蒂（Amy Cuddy）說：「心理學家認為經濟學家沒有道德感，而經濟學家認為心理學家太愚蠢。」

在這場由丹尼爾和阿莫斯的論文所引發的學術論戰中，阿莫斯扮演了策略顧問的角色，至少他部分認同經濟學家的想法。阿莫斯的思維一直都跟多數的心理學家扞格不入，他不喜歡以情緒為研究主題，他研究潛意識，只是為了要證明它並不存在。他就像是一個穿著條紋衣服的人，而周遭的所有人卻都穿著格子圖案和圓點花紋。他和經濟學家一樣，偏好建立純粹的模型，而不喜歡蒐集心理現象。他和他們一樣，不把禮貌當回事。他也和他們一樣，希望自己的想法可以影響全世界。經濟學家希望可以在金融、商業和公共政策領域發揮影響力，心理學家幾乎不曾想過要涉入這些領域。

但情況即將改變。

丹尼爾和阿莫斯都認為，想用心理學來改變經濟學是不可能的事，經濟學家只會對入侵者視而不見。他們需要的，是對心理學有興趣的年輕經濟學家。神奇的是，就在阿莫斯和丹尼爾抵達美國後不久，便開始遇到這樣的經濟學家。

喬治．魯文斯坦是其中之一。他接受的是經濟學訓練，但卻對經濟模型缺乏心理學洞見深感失望。原本他讀完阿莫斯和丹尼爾的論文後心想：算了，我轉行當心理學家好了！其實，他正是佛洛伊德的曾孫，可是「我一直試著要逃離家族的過去」，魯文斯坦說：「我發現我很喜歡心理學，但卻從來沒上過一堂心理學的課。」他主動聯絡阿莫斯，聽聽他的建議。「我應該從經濟學轉到心理學嗎？」他問，阿莫斯說：「不，你應該留在經濟學界，我們需要你。」看來早在一九八二年，阿莫斯就已經知道他將會掀起一場運動，而他需要有人在經濟學圈子裡當內應。

丹尼爾和阿莫斯引發的論戰，後來擴及到法律和公共政策領域。而心理學正是透過經濟學，打入這些領域。曾經懷才不遇的理查．塞勒，在一頭栽進丹尼爾和阿莫斯的論文後，也協助開創了新的研究領域，並取名為「行為經濟學」。〈展望理論〉一文刊登後的頭十年，內容幾乎不曾被其他論文引用過，但到了二〇一〇年，卻是所有經濟學論文中被引用次數第二高的論文。「過去人們想盡辦法要忽略它，」塞勒說：「老一輩的經濟學家不會改變他們的想法。」二〇一六年，每十篇經濟學論文中，就會有一篇是從行為經濟學的角度切入，也就是說，全受到丹尼爾和阿莫斯論文的影響。理查．塞勒還一度擔任美國經濟學會（American Economic Association）主席的職務。

小小的改變，大大的革新

塞勒最早向傳統經濟學宣戰時，凱斯．桑斯坦還是一位年輕的芝加哥大學法律教授。當時塞勒發表了一篇論文〈通往消費者選擇的實證理論〉（Toward Positive Theory of Consumer Theory，其實他心裡屬意的標題是〈人們會做的蠢事〉），桑斯坦看了塞勒提供的參考書目後，直接找到了丹尼爾和阿莫斯刊登在《科學》期刊、探討人類判斷行為的文章，以及〈展望理論〉這篇論文。「對一位律師來說，這兩篇文章都很難理解。」桑斯坦說：「我必須反覆讀，但我記得當時的感受，就像是燈泡突然亮起來！你心裡原本已經有了一些想法，然後你讀到某篇文章，這些想法立刻變得有條理起來，那種感覺就像觸電一樣。」二〇〇九年，桑斯坦接受美國總統歐巴馬邀請，擔任白宮資訊及管制事務辦公室主任，當時他推動的許多小改革，為日後所有美國人的日常生活帶來深遠影響。

桑斯坦推動的改革，都有一個共同點：直接或間接引用自丹尼爾和阿莫斯的論文內容。你不能說丹尼爾和阿莫斯的論文，導致總統歐巴馬下令禁止聯邦政府員工開車時打簡訊，但是歐巴馬這道行政命令確實與兩人的論文有關。美國政府現在對於「損失趨避」和「框架效應」也有一定程度的理解：我們不是在「不同事物」之間做選擇，而是在「不同事物的描述」之間做選擇。過去，新車的燃料標籤上只會顯示每加侖汽油可以跑多少英里，現在則會加上每一百英里消耗多少加侖的汽油。過去我們用「食物金字塔」來標示營養，現在改為「我的餐盤」圖表，餐盤上分成四個不同顏色的區塊，外加一小盤乳製品，代表五種類型的食物，讓美國人一看就能理解健康的飲食組合。還有其他更多的例子。桑斯坦認為，除了經濟顧問委員會之外，白宮還應該成立心理顧問委員會。抱持相同理念的人，不只有他一人。二〇一五年，桑斯坦離開白宮之後，全球各國政府也發出類似的呼籲，認為應賦予心理學家或是心理學研究更重要的角色。

桑斯坦對於現今所謂的「選擇架構」（choice architecture）特別有興趣。人們在面對選擇時，會受到這些選擇呈現方式的影響。人們通常不知道自己要什麼，而是會從環境中找尋線索。他們會**建構**自己的偏好，然後挑最方便的路走，即便必須付出高昂代價。二〇〇〇年的某一天，數百萬名美國企業和政府的員工一覺醒來，發現自己再也不需要花時間登記加入退休計畫，而是會「被自動」加入。他們可能沒發現這項改變，但這項改變讓退休計畫的參與率增加了三〇％——這就是選擇架構的力量。

桑斯坦進入美國聯邦政府任職後，曾經針對社會的選擇架構進行微調，希望無家可歸的小孩可以更容易取得免費的學校早餐和午餐。他離開白宮後的下一個學年度，可以吃到免費營養早餐和午餐的貧窮孩童人數，比起以前要多出四〇％。

把遊民趕走，對嗎？

即使回到加拿大，唐納．雷德邁的腦海中仍會浮現阿莫斯的聲音。他離開史丹佛大學返回加拿大已經有好多年，但阿莫斯的聲音仍是如此清晰，清晰到讓雷德邁聽不到自已的聲音。雷德邁已經記不得，自己是什麼時候開始，才意識到自己和阿莫斯合作的研究不完全是阿莫斯的功勞，自己也有所貢獻。不過，他倒是清楚記得自己的貢獻從一個簡單的問題開始：遊民。長期以來，遊民為當地醫療系統帶來沉重負擔，他們經常出現在急診室，但很多時候他們根本不需要緊急救護。他們榨取醫療資源，所以多倫多的每位醫護人員都很清楚：如果看到遊民出現在急診室，把他趕走就對了。

但雷德邁認為，這麼做不對。一九九一年，他開始進行一項實驗。他召集大批想要成為醫師的大學生，讓他們穿上綠袍，在急診室周圍駐守。他們的工作就是擔任遊民的私人醫生，每當有遊民走進急診室，他們會負責照顧他的需求，比如給他們果汁和三明治，坐下來和他們聊天，幫他們安排醫療照護等等。

這群大學生都是義工，他們很喜歡這份工作——也就是：假扮成醫師。不過，他們只服務其中一半走進急診室的遊民，另一半遊民仍像平常那樣被醫護人員冷處理。然後雷德邁追蹤這些曾來急診室求診的遊民，看看他們後續使用多倫多健康醫療系統的情形。結果不意外：相較於被醫護人員冷處理的遊民，接受特別照護的遊民回到原醫院急診室的頻率略高一些。但有意思的是：他們造訪多倫多其他醫療系統的頻率卻降低了。也就是說，當這些遊民認為自己受到某家醫院照顧，就不需要跑去其他醫院。「這是對我最好的做法，」遊民說：「多倫多健康醫療系統以錯誤的態度面對遊民，最後自食惡果。」

好的科學研究，就是「看別人看到的」，但「想別人沒說過的」——阿莫斯曾經對雷德邁這樣說，他也一直牢記在心。一九九〇年代中期，雷德邁果然看到別人所看到的、且想到別人沒說過的。有一天，他接到一位愛滋病患打來的電話，這位病患因為藥物而產生副作用。講到一半，病患突然打斷他的話，然後說：「雷德邁醫師，很抱歉，我要掛電話了，我剛剛發生了意外。」原來，這名病患邊開車邊和雷德邁講電話。雷德邁不禁在想：開車時用手機講電話，會增加發生車禍的風險嗎？

開車講手機就跟酒後開車一樣危險

一九九三年，他和康乃爾大學的統計學家羅伯特．提布沙拉尼（Robert Tishirani）共同完成一項研究，可以解答上述問題。他們於一九九七年完成的論文證明，開車時講手機，就和血液酒精濃度達到法定上限時開車一樣危險。開車時講手機，比起沒有講電話的人，發生車禍的機率是後者的四倍——**不論他是否手上拿著手機**。這篇論文首度透過嚴謹的研究，發現手機使用和車禍緊密相關，結果引發全球呼籲管制的聲浪。之後，他們又進行另一項更複雜的研究，目的是為了確定他們究竟挽救了多少性命。

這項研究也激起了雷德邁的好奇心，他想要知道車禍當下，駕駛的心裡在想什麼？在新寧醫院創傷中心附近的四〇一號高速公路上，車禍傷患被送到急診室後，會由創傷中心的醫生接手後續的醫療工作。雷德邁認為，不去解決問題發生的源頭，實在是太荒謬了。每年全球有二百萬人死於車禍，還有許多人終身殘廢。「每年有二百萬人死亡，」雷德邁說：「等於是每天發生一場日本海嘯。」

開車時，人類的判斷力會導致無可挽回的嚴重後果。人的大腦是有局限的，我們的注意力會出現落差，而心智盡可能讓我們看不到這樣的落差。我們認為我們知道，其實我們並不知道；我們認為我們是安全的，其實並不安全。「對阿莫斯來說，這是重要的啟示之一。」雷德邁說：「這並不是說，我們認為自己是完美的。不，不是這樣的，我們都會犯錯，只是我們沒意識到自己有多不可靠。你可能會說『我只喝了三或四杯，我的狀況只比平常差五％』，錯！你的狀況比平常要差三〇％！正是因為這樣的落差，導致美國每年發生上萬起致命車禍。」

有時候讓世界變得更好，比證明你已經讓世界變得更好，還要容易。

阿莫斯就曾說過這句話。「阿莫斯讓我們願意接受人為錯誤。」雷德邁說，這就是阿莫斯讓世界變得更好的方法。雷德邁所做的每一件事，都體現了阿莫斯的精神。你可以在他探討開車講手機的危險性這篇文章中看到，阿莫斯也看過這篇文章。阿莫斯打電話來告知他罹癌消息時，雷德邁正是在準備這篇論文。

人生就像一本書，而我這本書很好看

不久人世的消息，阿莫斯只告訴少數幾個人，他也要求這些人不要花太多時間和他談論罹癌的事。他是在一九九六年二月，得知自己得了癌症，從那一天開始，他用過去式時態談論他的人生。「當醫師告訴他來日無多，他給我打了電話。」阿維賽．馬格利特說：「我飛過去和他見面，他到機場來接我，一起開往帕洛奧圖。我們在半路上停車，看著風景，談論著生死。能控制自己的死亡，對他來說很重要。我感覺他說話的方式不像是在討論他自己，不是在討論**他的**死亡，平靜得不可思議。他說，人生就像一本書，雖然是一本很薄的書，但不代表就不是一本好書，照樣可以是一本非常好看的書。阿莫斯似乎了解到，早逝是身為斯巴達人必須付出的代價*。」

到了五月，阿莫斯完成他在史丹佛大學的最後一堂專題討論，內容是關於職業籃球出現的各種統計謬誤。他之前的研究所學生和合作夥伴克雷格．福克斯問阿莫斯，可不可以把這堂課錄影下來。「他想了一下，說：不，不可以。」福克斯說。阿莫斯維持原來的作息，照常與身邊的人互動，只有一個例外。

這個例外就是：他生平第一次，告訴大家他參戰的故事。例如，他告訴瓦爾達．利伯曼，當時他如何拯救一名昏倒在班加羅爾魚雷上的士兵。「他說，那件事某種程度上影響了他的一生。」利伯曼回憶：「他說：當我救了那名士兵之後，我覺得必須記住自己這個英雄形象——一日是英雄，終身是英雄。」

多數與阿莫斯往來的人，都不知道他病了。有一名研究生問阿莫斯，是否可以擔任他的論文指導教授，他只是簡短地回答「未來幾年我會很忙」，便把研究生打發走了。他去世前幾星期，打電話給在以色列的老友葉許．柯隆尼。「感覺他很煩躁，以前他從不會這樣。」柯隆尼說：「他說，葉許你聽好，我就快死了，這沒什麼好哀傷的，但我不想自己跟任何人說。我需要你幫忙，打電話給我們共同的朋友，然後告訴他們這個消息，叫他們不要打電話給我，也不要來看我。」

謝絕探訪的唯二例外，一個是瓦爾達．利伯曼，他們兩人正合作完成一本教科書；另一個，就是史丹佛大學校長格哈達．卡斯帕爾（Gerhard Casper）。因為阿莫斯聽到消息，說史丹佛大學為了紀念他，要將某個專題講座系列或論壇以他命名。「阿莫斯告訴卡斯帕爾，你想做什麼都可以，」利伯曼回憶道：「但是我請求你不要以我的名字為論壇命名，我不想讓那些平庸的人在有我

＊編按：斯巴達人的特質：崇武尚勇、紀律嚴明、打死不退。

名字的論壇上，高談闊論他們的作品，或是大言不慚地說和我的論文多有關。你可以把我的名字放在建築上，或一間教室，或一張長椅上，可以放在任何不會移動的物體上。」

他只接了少數幾通電話，其中之一是經濟學家彼得．戴蒙。「我知道他快要離開了，」戴蒙說：「我也聽說他不接電話，但我正好完成要交給諾貝爾委員會的報告。」戴蒙想讓阿莫斯知道，他被提名諾貝爾經濟學獎，並將在秋季進行頒獎。但是，諾貝爾獎一向只給還在世的人。他不記得當時阿莫斯說了什麼，阿莫斯接電話時，瓦爾達．利伯曼也在場。「非常謝謝你讓我知道，」她聽到阿莫斯說：「我可以向你保證，諾貝爾獎是我絕對不會錯過的事。」

最後幾個星期，阿莫斯在家陪太太和小孩。他說哪天他覺得不值得再活下去，就會找方法自我了結。「你認為安樂死如何？」有一次他隨口問兒子泰爾。到了末期，他的嘴巴變成藍色，全身腫脹，完全沒有吃止痛藥。五月二十九日，以色列舉行總理大選，鼓吹軍國主義的班傑明．尼坦雅胡（Benjamin Netanyahu）擊敗西蒙．裴瑞斯（Shimon Peres）。「看來，我沒法活著看到和平到來了，」阿莫斯得知選舉結果後說：「我這輩子沒看過和平。」六月一日深夜，阿莫斯的小孩聽到父親在房間內踱步和說話的聲音。也許他是在自言自語，在思考。一九九六年六月二日早上，阿莫斯的兒子歐瑞恩走進父親房間，發現他已經走了。

他的葬禮讓人感覺很不真實。參加的人可以想像任何情景，就是無法想像阿莫斯．特沃斯基已經離他們而去。「你無法把死亡跟阿莫斯連在一起。」他的朋友保羅．斯洛維克說。阿莫斯在史丹佛大學的同事對丹尼爾的印象，總感覺他來自遙遠的過去，因此當丹尼爾出現並走近猶太教堂時，所有人都嚇了一跳——「就像是他媽的見到鬼一樣！」有人說。「他看起來震驚、迷惘，」阿維賽．馬格利特說：「你可以感覺得到一種很深的遺憾。」

所有人都穿著深色套裝，只有丹尼爾穿著長袖襯衫，之前他參加以色列人葬禮時也是這身打扮。有人覺得不妥，但所有人都認為丹尼爾是念悼文的唯一人選。「很明顯，只有他。」馬格利特說。

只要相信你在我心中的樣子，你就沒有辦不到的事

他們最後的對話，多半是在討論他們的論文。當然，不全是在談論文，他有話要對丹尼爾說。阿莫斯想告訴丹尼爾，沒有任何人曾帶給他的人生這麼多痛苦。丹尼爾必須努力克制住自己，才能不去回應阿莫斯的說法。阿莫斯還說，丹尼爾是他最想說話的人，到現在依然如此。「他說，我是最能讓他自在說話的人，因為我不害怕死亡。」丹尼爾回憶道：「他知道我隨時都可以去死。」

在阿莫斯即將離世之前，丹尼爾幾乎每天都陪他說話。他知道阿莫斯希望一切照常，對其他新事物沒有興趣。「我還能幹嘛？跑去波拉波拉島度假嗎*？」阿莫斯說。從此以後，丹尼爾就算曾經想去波拉波拉島，如今再也沒半點意願。還有掛名，永遠是丹尼爾心中的一根刺，只要提到就會渾身不自在。就在阿莫斯告訴他自己將不久人世後，丹尼爾提議兩人一起寫篇文章，也就是兩人論

文集的前言。還沒來得及寫完，阿莫斯就過世了。最後一次見面時，丹尼爾告訴阿莫斯，光想到要以阿莫斯的名義寫一些阿莫斯可能不認同的內容，就讓他感到害怕。「我告訴他，我不知道該怎麼做。」丹尼爾說，但阿莫斯告訴他：「要相信你心中我的樣子。」

丹尼爾依然留在當年為了逃離阿莫斯而選擇的普林斯頓大學。阿莫斯去世後，打給丹尼爾的電話比以前多了很多。阿莫斯雖然離開了，但他們的論文依然流傳著，而且得到越來越多的關注。人們談到他們的論文時，已經不再是「特沃斯基和康納曼」的那篇論文，而是開始改口「康納曼和特沃斯基」。二〇〇一年秋季，丹尼爾接到邀請，在斯德哥爾摩舉辦的研討會上發表演說。諾貝爾委員會的成員以及重要的經濟學家都會出席。除了丹尼爾，其他講者都是經濟學家。有些人和丹尼爾一樣，很明顯的也是諾貝爾經濟學獎的熱門人選。「那是一場考試。」丹尼爾說。

他很用心準備演講，他知道主題不應該是他和阿莫斯共同完成的論文。有些朋友覺得奇怪，因為諾貝爾委員會真正感興趣的正是兩人合寫的論文。「我確實是因為我們兩人共同合作的研究而獲邀，」丹尼爾說：「但我必須證明，我自己一個人也足夠優秀。重點不在於論文是否值得，而是：我值得嗎？」

丹尼爾通常不會特別準備自己的演講稿。有一次他在大學畢業典禮上發表的演說，完全是即興之作，臨場想到什麼就說什麼。沒有人發現，其實直到他坐上講台前，完全不知道自己要說什麼。但是在斯德哥爾摩的演說，他必須做好準備。「我真的非常努力，甚至花了很長時間選擇簡報的背景色。」他說。這次，他要談的主題是：快樂。他談到了他最後悔的，是有些想法沒有和阿莫斯一起持續研究。人們預期的快樂與真正體驗到的快樂，是不同的兩回事，兩者存在著明顯的落差，而這兩種快樂，又跟記憶中的快樂大不相同。你要如何衡量這些快樂？又要如何衡量痛苦，比如在大腸鏡檢查之前、檢查期間和檢查之後？如果快樂是如此的容易受到影響，等於是給了假定人們會讓「效用」最大化的經濟模型一巴掌。那麼，究竟是什麼東西被最大化了？

演講結束後，丹尼爾回到普林斯頓大學。他認為，如果他可以拿到諾貝爾獎，應該是下一年。他們已經親眼見過他，也聽了他的演講，他們會判斷他是否值得。

所有可能的得獎者都知道哪一天會接到來自斯德哥爾摩的電話，如果打來的話，會是一大早。二〇〇二年十月九日，丹尼爾和安妮就坐在普林斯頓的家中等電話，但其實也不是在等電話。丹尼爾正在為他的明星研究生泰瑞·歐迪恩（Terry Odean）寫推薦信。他還真的沒想過要是拿到諾貝爾獎會怎樣，或者說，他刻意不去想如果拿到諾貝爾獎要做什麼。小時候，他曾想像過自己未來的人生，會精心設計場景，而他就是這些場景的主角。例如，他想像自己一心一意要贏得戰爭並結束戰爭。不過，對於自己幻想的人生，丹尼爾訂下了一條規矩：絕不去想像有可能成真的事，因為他知

---

*波拉波拉島位於南太平洋，在大溪地附近，被稱為「上帝之作」。

道，一旦他想像的事可能成真，他就會失去讓想像成真的動力。他幻想的人生是如此逼真，「彷彿你真的擁有這樣的人生」，但如果你真的擁有了，又何須費心地努力工作去得到？他無法終結那場害死他父親的戰爭，所以如果他想像一個他贏得戰爭的場景，又有何妨呢？

丹尼爾不讓自己想像，萬一拿到諾貝爾獎會怎樣。他也不去想，如果電話沒有響怎麼辦。後來安妮起身，有些遺憾地說：「嗯，就這樣吧。」每一年都有人失望，每一年都有老人在等電話。安妮出去運動，留下丹尼爾一個人在家。他總是有心理準備有可能得不到他想要的，而且比起其他事情，這不算是嚴重的打擊。現在他可以安心想像，如果拿到諾貝爾獎他會做什麼了：他要帶著阿莫斯的太太和小孩一起出席，他會在得獎感言念自己為阿莫斯寫的悼文。他會帶著阿莫斯一起去斯德哥爾摩，他會做所有阿莫斯不曾為自己做過的事。有很多事情可以做，眼前就有件事情等著他：他得幫泰瑞・歐迪恩寫一封熱情的推薦信。

然後，電話響了。

致謝

我一直不是很清楚知道，應該要感謝誰，或是否要寫致謝詞。問題不在於沒有要感謝的人，而是我欠太多人情、虧欠太多人，所以不知道該從哪裡開始。然而，如果不是某些人的幫助，這本書就不可能出版，我必須要感謝這些人。

首先，我要感謝丹尼爾・康納曼和芭芭拉・特沃斯基。我在二〇〇七年末與丹尼爾碰面，當時我還沒計畫要寫一本關於他的書。決定寫書之後，我花了大概五年時間，才讓丹尼爾逐漸對出書這件事感到放心，但他還是非常小心謹慎。「要描述我們兩個人，內容必定會有簡化或誇耀成就之嫌，不然就是誇大我們兩人性格的差異。」他說。「這就是寫書本身會碰到的問題，我很好奇你會如何解決這些問題，但我並不想太早看到內容。」

至於與芭芭拉的認識過程，又是另一個故事了。一九九〇年代末期，因為一次偶然的機會，我有幸指導（或說是努力指導）她的兒子歐瑞恩。當時我完全不知道特沃斯基這號人物，更沒想到他就是特沃斯基的兒子。後來，我帶著以前的學生幫我寫的推薦信去找芭芭拉，芭芭拉讓我翻閱阿莫斯的論文，並提供適當指引。阿莫斯的小孩歐瑞恩、泰爾以及朵娜分享了他們對阿莫斯的看法，這是我無法從其他人身上得到的資料。我真的很感謝特沃斯基一家人的幫忙。

就像我過去寫書一樣，我只是一個闖入者，無意間開始研究這個故事。如果沒有馬婭・巴爾—希勒爾（Maya Bar-Hillel）和丹尼爾・葛登（Daniela Gordon）的協助，我必定會在以色列走失。在以色列期間，我一直覺得這些受訪者本身比我還要有趣，而且比我更清楚知道哪些事需要被解釋。寫這本書不僅需要作者，還需要速記員。我要特別感謝幾位以色列人，願意讓我進行口述記錄，包括 Verred Ozer、Avishai Margalit、Varda Liberman、Reuven Gal、Ruma Falk、Ruth Bayit、Eytan and Ruth Sheshinski、Amira and Yeshu Kolodny、Gershon Ben-Shakhar、Samuel Sattath、Ditsa Pines，以及 Zur Shapira。

對於心理學領域，我的感覺也沒有比我待在以色列時自在多少。我還是需要很多的指引。我要感謝以下這些人對我的協助，包括 Dacher Keltner、Eldar Shafir、Michael Norton。謝謝阿莫斯和丹尼爾的學生以及同事，願意撥出時間和我分享他們的看法。我要特別感謝以下這些人 Paul Slovic、Richard Gonzalez、Craig Fox、Dale Griffin、Dale Miller，並謝謝 Steve Glickman 為我講解心理學的發展歷史。如果沒有邁爾斯・修爾（Miles Shore），如果一九八三年他沒有想去採訪丹尼爾和阿莫斯，我不確定自己能否完成這本書。要抹除這一切，邁爾斯・修爾必定會很痛苦。

一本書能順利出版，經過了許許多多的決策。我要感謝許多人幫助我做決定：Tabitha Soren、Tom Penn、Doug Stumpf、Jacob Weisberg，以及 Zoe Oliver-Grey 閱讀初稿後，給了我許多寶貴建議。Janet Byrne 的編輯功力爐火純青，已經達到藝術境界，讓這本書更適合閱讀。如果沒有編輯 Starling Lawrence 的催促和鼓勵，我也不會動念寫這本書，更不會如此努力地完成。最後，這本書交給 Bill Rusin 出版，我非常放心，他總是知道如何施展他的魔法。

參考書目

在社會科學期刊上發表的論文，原本就不是給一般大眾閱讀的。一開始，這些論文都是為了提出自己的主張，在許多作者的心中，學術論文的讀者多數都帶有敵意，有些甚至會不以為然。這些論文的作者從來沒想過要給一般讀者看，更別提要提供閱讀樂趣。他們只是努力地想讓自己能夠活下去。因此，我後來發覺，和學術論文的作者聊天，比起閱讀論文本身，更能享受並理解其中的想法。當然，我還是把論文讀完了。

特沃斯基和康納曼的論文完全不一樣，它們很重要。雖然讀者是少數的學者，但是他們兩人似乎都意識到，未來有一天，一般讀者也都將是這些論文的追隨者。丹尼爾的著作《快思慢想》（*Thinking, Fast and Slow*）就是寫給一般人看的，你能從書中獲得許多、體會許多。事實上，我親眼看到丹尼爾為了寫這本書痛苦了好幾年，我也看了早期的草稿。他所寫的內容，正如同他所說的話，充滿了趣味。每隔幾個月，他就會感到極度的絕望，然後宣布說在他自毀名聲之前，他要完全放棄寫作。為了阻止自己的書出版，他甚至付錢給一位朋友，請他幫忙找有誰能說服他不要出書。

等到書出版並登上《紐約時報》暢銷書排行榜後，他遇到了另一位朋友，這位朋友後來形容，他不曾聽過有人會這樣回應自己的成功，太怪了。「你絕對不相信發生了什麼事，」丹尼爾懷疑地說：「《紐約時報》搞錯了，竟然把我的書列入暢銷書排行榜！」過了幾星期，丹尼爾又見到這個朋友，「真的不敢相信會發生這樣的事，」丹尼爾說：「《紐約時報》搞錯了，把我的書放進暢銷書排行榜，居然到現在都沒有更正。」

我鼓勵喜歡我書的人，也去讀讀丹尼爾的書。對心理學有高度好奇心的人，我推薦另外兩套書，這兩套書有助於我了解心理學。一套是八大冊的《心理學百科全書》（*Encyclopedia of Psychology*），這套百科全書可以清楚又直接地回答你關於心理學的任何問題。另一套是九大冊的《心理學史自傳》（*A History of Psychology in Autobiography*），所有跟心理學家有關的問題，你都可以在書中找到答案，但可能沒那麼直接。這套書的第一冊於一九三〇年出版，隨後一直增加冊數，因為總是有源源不絕的新能量加入：心理學家認為有必要解釋他們為什麼會是現在這個樣子。

在我敲定要寫這本書時，參考了許多資料，以下是我的參考書目。

前言：《魔球》背後，一個動人的心理學故事

Thaler, Richard H., and Cass R. Sunstein. "Who's on First." *New Republic*, August 31, 2003. https://newrepublic.com/article/61123/whos-first.

第1章 那些年，NBA的選秀會上……

Rutenberg, Jim. "The Republican Horse Race Is Over, and Journalism Lost." *New York Times*, May 9, 2016.

第2章 少年康納曼的煩惱

Meehl, Paul E. *Clinical versus Statistical Prediction*. Minneapolis: University of Minnesota Press, 1954.

——— "Psychology: Does Our Heterogeneous Subject Matter Have Any Unity?" *Minnesota Psychologist* 35 (1986): 3–9.

第3章 遇見天才阿莫斯

Edwards, Ward. "The Theory of Decision Making." *Psychological Bulletin* 51, no. 4 (1954): 380–417. http://worthylab.tamu.edu/courses_files/01_edwards_1954.pdf.

Guttman, Louis. "What Is Not What in Statistics." *Journal of the Royal Statistical Society* 26, no. 2 (1977): 81–107. http://www.jstor.org/stable/2987957.

May, Kenneth. "A Set of Independent Necessary and Sufficient Conditions for Simple Majority Decision." *Econometrica* 20, no. 4 (1952): 680–84.

Rosch, Eleanor, Carolyn B. Mervis, Wayne D. Gray, David M. Johnson, and Penny Boyes-Braem. "Basic Objects in Natural Categories." *Cognitive Psychology* 8 (1976): 382–439. http://www.cns.nyu.edu/~msl/courses/2223/Readings/Rosch-CogPsych1976.pdf.

Tversky, Amos. "The Intransitivity of Preferences." *Psychological Review* 76 (1969): 31–48.

——— "Features of Similarity." *Psychological Review* 84, no. 4 (1977): 327–52. http://www.ai.mit.edu/projects/dm/Tversky-features.pdf.

第4章 戰火下，課堂裡

Hess, Eckhard H. "Attitude and Pupil Size." *Scientific American*, April 1965, 46–54.

Miller, George A. "The Magical Number Seven, Plus or Minus Two: Some Limits on Our Capacity for Processing Information." *Psychological Review* 63 (1956): 81–97.

第5章 在交會時互放的光亮

Friedman, Milton. "The Methodology of Positive Economics." In *Essays in Positive Economics,* edited by Milton Friedman, 3–46. Chicago: University of Chicago Press, 1953.

Krantz, David H., R. Duncan Luce, Patrick Suppes, and Amos Tversky. *Foundations of Measurement*—Vol. I: *Additive and Polynomial Representations*; Vol. II: *Geometrical, Threshold, and Probabilistic Representations*; Vol III: *Representation, Axiomatization, and Invariance.* San Diego and London: Academic Press, 1971–90; repr., Mineola, NY: Dover, 2007.

Tversky, Amos, and Daniel Kahneman. "Belief in the Law of Small Numbers." *Psychological Bulletin* 76, no. 2 (1971): 105–10.

第6章 揭開心智之謎

Glanz, James, and Eric Lipton. "The Height of Ambition," *New York Times Magazine*, September 8, 2002.

Goldberg, Lewis R. "Simple Models or Simple Processes? Some Research on Clinical Judgments," *American Psychologist* 23,

no. 7 (1968): 483–96.
——— “Man versus Model of Man: A Rationale, Plus Some Evidence, for a Method of Improving on Clinical Inferences.” *Psychological Bulletin* 73, no. 6 (1970): 422–32.
Hoffman, Paul J. “The Paramorphic Representation of Clinical Judgment.” *Psychological Bulletin* 57, no. 2 (1960): 116–31.
Kahneman, Daniel, and Amos Tversky. “Subjective Probability: A Judgment of Representativeness.” *Cognitive Psychology* 3 (1972): 430–54.
Meehl, Paul E. “Causes and Effects of My Disturbing Little Book.” *Journal of Personality Assessment* 50, no. 3 (1986): 370–75.
Tversky, Amos, and Daniel Kahneman. “Availability: A Heuristic for Judging Frequency and Probability.” *Cognitive Psychology* 5, no. 2 (1973): 207–32.

第7章　為什麼千金難買早知道

Fischhoff, Baruch. “An Early History of Hindsight Research.” *Social Cognition* 25, no. 1 (2007): 10–13.
Howard, R. A., J. E. Matheson, and D. W. North. “The Decision to Seed Hurricanes.” *Science* 176 (1972): 1191–1202. http://www.warnernorth.net/hurricanes.pdf.
Kahneman, Daniel, and Amos Tversky. “On the Psychology of Prediction.” *Psychological Review* 80, no. 4 (1973): 237–51.
Meehl, Paul E. “Why I Do Not Attend Case Conferences.” In *Psychodiagnosis: Selected Papers*, edited by Paul E. Meehl, 225–302. Minneapolis: University of Minnesota Press, 1973.

第8章　派出信使，到未來之地

Redelmeier, Donald A., Joel Katz, and Daniel Kahneman. “Memories of Colonoscopy: A Randomized Trial,” *Pain* 104, nos.

1–2 (2003): 187–94.

Redelmeier, Donald A., and Amos Tversky. "Discrepancy between Medical Decisions for Individual Patients and for Groups." *New England Journal of Medicine* 322 (1990): 1162–64.

——— Letter to the editor. *New England Journal of Medicine* 323 (1990): 923. http://www.nejm.org/doi/pdf/10.1056/NEJM199009273231320.

——— "On the Belief That Arthritis Pain Is Related to the Weather." *Proceedings of the National Academy of Sciences* 93, no. 7 (1996): 2895–96. http://www.pnas.org/content/93/7/2895.full.pdf.

Tversky, Amos, and Daniel Kahneman. "Judgment under Uncertainty: Heuristics and Biases." *Science* 185 (1974): 1124–31.

第9章　從快樂到遺憾

Allais, Maurice. "Le Comportement de l'homme rationnel devant le risque: critique des postulats et axiomes de l'ecole americaine." *Econometrica* 21, no. 4 (1953): 503–46. English summary: https://goo.gl/cUvOVb.

Bernoulli, Daniel. "Specimen Theoriae Novae de Mensura Sortis," *Commentarii Academiae Scientiarum Imperialis Petropolitanae, Tomus V* [Papers of the Imperial Academy of Sciences in Petersburg, Vol. V], 1738, 175–92. Dr. Louise Sommer of American University did apparently the first translation into English: for *Econometrica* 22, no. 1 (1954): 23–36. See also Savage (1954) and Coombs, Dawes, and Tversky (1970).

Coombs, Clyde H., Robyn M. Dawes, and Amos Tversky. *Mathematical Psychology: An Elementary Introduction*. Englewood Cliffs, NJ: Prentice-Hall, 1970.

Kahneman, Daniel. *Thinking, Fast and Slow.* New York: Farrar, Straus and Giroux, 2011. The Jack and Jill scenario in chapter 9 of the present book is from p. 275 of the hardcover edition.

von Neumann, John, and Oskar Morgenstern. *Theory of Games and Economic Behavior*. Princeton, NJ: Princeton University

Press, 1944; 2nd ed., 1947.
Savage, Leonard J. *The Foundations of Statistics*. New York: Wiley, 1954.

第10章 人生有賺有賠

Kahneman, Daniel, and Amos Tversky. "Prospect Theory: An Analysis of Decision under Risk." *Econometrica* 47, no. 2 (1979): 263–91.

第11章 橡皮擦計畫，未完成

Hobson, J. Allan, and Robert W. McCarley. "The Brain as a Dream State Generator: An Activation-Synthesis Hypothesis of the Dream Process." *American Journal of Psychiatry* 134, no. 12 (1977): 1335–48.
———. "The Neurobiological Origins of Psychoanalytic Dream Theory." *American Journal of Psychiatry* 134, no. 11 (1978): 1211–21.
Kahneman, Daniel. "The Psychology of Possible Worlds." Katz-Newcomb Lecture, April 1979.
Kahneman, Daniel, and Amos Tversky. "The Simulation Heuristic." In *Judgment under Uncertainty: Heuristics and Biases*, edited by Daniel Kahneman, Paul Slovic, and Amos Tversky, 3–22. Cambridge: Cambridge University Press, 1982.
LeCompte, Tom. "The Disorient Express." *Air & Space*, September 2008, 38–43. http://www.airspacemag.com/military-aviation/the-disorientexpress-474780/.
Tversky, Amos, and Daniel Kahneman. "The Framing of Decisions and the Psychology of Choice." *Science* 211, no. 4481 (1981): 453–58.

Cohen, L. Jonathan. "On the Psychology of Prediction: Whose Is the Fallacy?" *Cognition* 7, no. 4 (1979): 385–407.

——— "Can Human Irrationality Be Experimentally Demonstrated?" *The Behavioral and Brain Sciences* 4, no. 3 (1981): 317–31. Followed by thirty-nine pages of letters, including Persi Diaconis and David Freedman, "The Persistence of Cognitive Illusions: A Rejoinder to L. J. Cohen," 333–34, and a response by Cohen, 331–70.

——— *Knowledge and Language: Selected Essays of L. Jonathan Cohen*, edited by James Logue. Dordrecht, Netherlands: Springer, 2002.

Gigerenzer, Gerd. "How to Make Cognitive Illusions Disappear: Beyond 'Heuristics and Biases.' " In *European Review of Social Psychology*, Vol. 2, edited by Wolfgang Stroebe and Miles Hewstone, 83–115. Chichester, UK: Wiley, 1991.

——— "On Cognitive Illusions and Rationality." In *Probability and Rationality: Studies on L. Jonathan Cohen's Philosophy of Science*, edited by Ellery Eells and Tomasz Maruszewski, 225–49. Poznañ Studies in the Philosophy of the Sciences and the Humanities, Vol. 21. Amsterdam: Rodopi, 1991.

——— "The Bounded Rationality of Probabilistic Mental Models." In *Rationality: Psychological and Philosophical Perspectives*, edited by Ken Manktelow and David Over, 284–313. London: Routledge, 1993.

——— "Why the Distinction between Single-Event Probabilities and Frequencies Is Important for Psychology (and Vice Versa)." In *Subjective Probability*, ed. George Wright and Peter Ayton, 129–61. Chichester, UK: Wiley, 1994.

——— "On Narrow Norms and Vague Heuristics: A Reply to Kahneman and Tversky." *Psychological Review* 103 (1996): 592–96.

——— "Ecological Intelligence: An Adaptation for Frequencies." In *The Evolution of Mind*, edited by Denise Dellarosa Cummins and Colin Allen, 9–29. New York: Oxford University Press, 1998.

Kahneman, Daniel, and Amos Tversky. "Discussion: On the Interpretation of Intuitive Probability: A Reply to Jonathan

Cohen." *Cognition* 7, no. 4 (1979): 409–11.

Tversky, Amos, and Daniel Kahneman. "Extensional versus Intuitive Reasoning: The Conjunction Fallacy in Probability Judgment." *Psychological Review* 90, no. 4 (1983): 293–315.

——— "Advances in Prospect Theory." *Journal of Risk and Uncertainty* 5 (1992): 297–323. http://psych.fullerton.edu/mbirnbaum/psych466/articles/tversky_kahneman_jru_92.pdf.

Vranas, Peter B. M. "Gigerenzer's Normative Critique of Kahneman and Tversky." *Cognition* 76 (2000): 179–93.

尾聲｜日是英雄，終身是英雄

Redelmeier, Donald A., and Robert J. Tibshirani. "Association between Cellular-Telephone Calls and Motor Vehicle Collisions." *New England Journal of Medicine* 336 (1997): 453–58. http://www.nejm.org/doi/full/10.1056/NEJM199702133360701#t=article.

Thaler, Richard. "Toward a Positive Theory of Consumer Choice." *Journal of Economic Behavior and Organization* 1 (1980): 39–60. http://www.eief.it/butler/files/2009/11/thaler80.pdf.

全書通用

Kazdin, Alan E., ed. *Encyclopedia of Psychology*. 8 vols. Washington, DC: American Psychological Association, and New York: Oxford University Press, 2000.

Murchison, Carl, Gardner Lindzey, et al., eds. *A History of Psychology in Autobiography*. Vols. I–IX. Worcester, MA: Clark University Press, and Washington, DC: American Psychological Association, 1930–2007.

國家圖書館出版品預行編目（CIP）資料

橡皮擦計畫：兩位天才心理學家，一段改變世界的情誼 / 麥可.路易士 (Michael Lewis) 著；吳凱琳譯. -- 初版 . -- 臺北市：早安財經文化，2018.04
面； 公分 . --（早安財經講堂；77）
譯自：The undoing project : a friendship that changed our minds
ISBN 978-986-6613-94-4(平裝)

1. 生理心理學 2. 神經學

172.1 107004248

早安財經講堂 77

橡皮擦計畫

兩位天才心理學家，一段改變世界的情誼

The Undoing Project

A Friendship That Changed Our Minds

作　　者：麥可・路易士 Michael Lewis
譯　　者：吳凱琳
特約編輯：莊雪珠
封面設計：Bert.design
責任編輯：沈博思、劉詢
行銷企畫：楊佩珍、游荏涵

發 行 人：沈雲驄
發行人特助：戴志靜、黃靜怡
出版發行：早安財經文化有限公司
台北市郵政 30-178 號信箱
電話：(02) 2368-6840　傳真：(02) 2368-7115
早安財經網站：www.goodmorningnet.com
早安財經粉絲專頁：http://www.facebook.com/gmpress

郵撥帳號：19708033　戶名：早安財經文化有限公司
讀者服務專線：(02)2368-6840　服務時間：週一至週五 10:00~18:00
24 小時傳真服務：(02)2368-7115
讀者服務信箱：service@morningnet.com.tw

總 經 銷：大和書報圖書股份有限公司
電話：(02)8990-2588
製版印刷：中原造像股份有限公司
初版 1 刷：2018 年 4 月
初版 35 刷：2024 年 1 月

定　　價：420 元
I S B N：978-986-6613-94-4（平裝）